ISBN 978-0-483-70041-3
PIBN 10411852

1 MONTH OF
FREE
READING

at

www.ForgottenBooks.com

By purchasing this book you are eligible for one month membership to ForgottenBooks.com, giving you unlimited access to our entire collection of over 1,000,000 titles via our web site and mobile apps.

To claim your free month visit:

www.forgottenbooks.com/free411852

English
Français
Deutsche
Italiano
Español
Português

www.forgottenbooks.com

Mythology Photography **Fiction**
Fishing Christianity **Art** Cooking
Essays Buddhism Freemasonry
Medicine **Biology** Music **Ancient
Egypt** Evolution Carpentry Physics
Dance Geology **Mathematics** Fitness
Shakespeare **Folklore** Yoga Marketing
Confidence Immortality Biographies
Poetry **Psychology** Witchcraft
Electronics Chemistry History **Law**
Accounting **Philosophy** Anthropology
Alchemy Drama Quantum Mechanics
Atheism Sexual Health **Ancient History**
Entrepreneurship Languages Sport
Paleontology Needlework Islam
Metaphysics Investment Archaeology
Parenting Statistics Criminology
Motivational

R. BLANCO-FOMBONA

RANDES ESCRITOR

DE AMÉRICA

(SIGLO XIX)

RENACIMIENTO
SAN MARCOS, 42
MADRID
1917

Imp. de Juan Pueyo, Luna, 29, teléf. 14-30.—Madrid.

Como el hombre es siempre el principal objeto para el hombre, era ya mi ocupación favorita descubrir el carácter bajo el pensamiento y con arreglo al escrito construir al escritor.

(Palabras de Teufelsdröckh, en Sartor Resartus.)

PRÓLOGO

No es, á la verdad, sin un sentimiento de desconfianza que el autor entrega á las cajas de imprenta, es decir, al juicio ajeno, este volumen. ¿Por qué lo entrega entonces? Cuatro palabras de aclaratoria sincerarán al autor á los ojos de aquellas pocas personas que saben ver; y estas pocas personas que saben ver, únicas de quienes puede preocupar la opinión, ya favorable, ya adversa, acojan con benevolencia á quien tanta benevolencia necesita.

El autor no es, á Dios gracias, crítico profesional. Su propósito, al discurrir sobre eminentes americanos, nunca fué de levantar sumario ni rendir juicio. Fué simple, exclusivamente, de contribuir á divulgar en toda la extensión del mundo castellano el nombre de varones magníficos, que nos dieron ejemplo con su vida, y despertar la curiosidad hacia la obra espiritual de esos hombres de pro.

Se cree, se dice en Europa que la América no posee más que riquezas naturales y coroneles y generales de revolución. El autor de esta obra opina que en América, durante el siglo XIX, han vivido y luchado por ideales generosos personajes de mucha cuenta; que al lado de los generales hubo los pensadores y los artistas, y que por encima de las crestas andinas se levantan algunas cabezas.

El autor de estos ensayos se complace en reconocer, antes de que otros se lo echen en cara, su incapacidad crítica, su falta de preparación filosófica, para juzgar á espíritus obreros, como los de Hostos, Bello, Sarmiento, etcétera. Él no es sino un narrador de cuentecitos y cosas por el estilo. Por eso insiste: no quiso juzgarlos, sino exaltarlos en la medida que pudo y supo; con la probidad, eso sí, que nadie podrá nunca negarle y que es la única virtud literaria de la cual se enorgullece.

Baste recordar cómo nacieron los presentes trabajos, para comprender el propósito que movió á publicarlos. Uno tras otro fueron apareciendo como prólogos á reediciones de maestros mas ó menos olvidados fuera del país donde nacieron, y, en algunos casos, olvidados aun allí donde nacieron. Se quiso refrescar en la memoria y estimación de las nuevas generaciones americanas nombres y obras meritísimos. ¿Para qué? Para que las nuevas generaciones, solidarizándose con las antiguas, reconozcan y aprecien la tradición de cultura con que cuentan.

Al mismo tiempo, los extranjeros verían con ese sacar á luz los antiguos tesoros, las antiguas joyas de familia, que no todo lo americano es improvisación digna de hacer alzar los hombros. Los maestros que nos antecedieron trabajaron, en efecto, por vincularnos, y nos vincularon—aunque á veces parezca lo contrario—á una antigua y gloriosa civilización europea, sin descaracterizarnos en lo que tenemos de propio y nuevo. Al mismo tiempo crearon blasones: de ellos data nuestra nobleza.

Los nombres que aquí figuran, escogidos á la ventura, no son los únicos que debieran figurar en un libro que se titula Grandes escritores de América, *y se contrae al siglo XIX. ¿Cómo silenciar en ¡justicia, entre los maestros del pensamiento americano en el siglo XIX, á hombres que ejercieron ó ejercen tanta influencia y valen tanto como Cecilio Acosta, Alberdi, Bilbao, Baralt, Miguel Antonio Caro, Juan Vicente González, José Martí, Rafael Núñez, José Joaquín Olmedo, Justo Sierra y muchos otros?*

Observa el autor con placer, ya al corregir las pruebas, que todos los personajes de quien aquí se trata son ó fueron espíritus y hombres libres. Ningún adulador de tiranos, ningún espíritu arrodillado, ninguna pluma servil, ningún escritor de librea tiene aquí altares. El autor, pues, sin propósito deliberado, se inclinó al través de los libros, como hace en la vida, sólo ante aquellos que llevan la frente y la conciencia erguidas.

Y observa también, y también con placer, que en sus estudios se da más importancia al hombre que al literato, y que la vida y el carácter de cada autor le merecen tanta atención, por lo menos, como la obra.

R. B.-F.

Madrid, 1917.

ANDRÉS BELLO

(1781-1865)

Don Andrés Bello, que nació en Caracas el 20 de Noviembre de 1781, murió en Santiago de Chile el 15 de Octubre de 1865.

Sus días, como los días de los patriarcas, fueron largos. Su obra, tan luenga como su vida.

Raras veces hombre de pluma y de pensamiento ha ejercido en varios pueblos influencia tan eficaz y perdurable como la influencia que, en cuanto hombre de pensamiento y de pluma, ejerció y aún ejerce D. Andrés Bello en los países de lengua española.

Á raíz de la independencia, cuando la antipatía americana hacia todo lo peninsular era más cruda—y se explica, por la cruenta y prolongada lucha de emancipación—, D. Andrés Bello contribuyó á salvar la tradición española en lo que tenía de bueno; la civilización europea en lo que tenía de fundamental, contra la barbarie voluntariosa del medio. Contribuyó á salvarlas sin ahogar los caracteres típicos y diferenciales de nuestra alma americana. Por el contrario: procuró crear asimismo de los primeros, y merced á su ponderación de espíritu y multiplicidad de aptitudes, la Poesía de América, el Derecho internacional americano, los Códigos civiles de nuestras repúblicas —ya que el de Chile, obra suya, fué copiado por otros países—, y la legislación de la lengua desde el punto de vista nuestro, contando con nuestras particularidades lingüísticas de que antes de él no se hizo jamás mérito.

Y aquel esclarecido y benemérito ciudadano realizó esa obra de tanta monta sin menospreciar las disciplinas clásicas, antes bien apoyándose en ellas; sin aborrecer de la cultura heredada de España, sino antes bien continuándola, acreciéndola, amoldándola para nuestra mejor adaptación. Gracias á él, en mucha parte, no hubo solución de continuidad en nuestro espíritu, sino modificaciones de provecho.

El servicio, pues, que aquel civilizador ha prestado á la antigua madre patria no es menor que el prestado á los jóvenes pueblos cuyo pensamiento nutría, y cuyo camino señalaba. Así lo han reconocido los españoles que, ayer no más (1910), olvidadas las viejas disidencias por un comprensible anhelo de solidaridad racial, buscaron á un pensador americano para saludar al continente en el primer Centenario de las Repúblicas, y no encontraron nada más alto, ni más grato á la América, ni más simpático al sentimiento español que el nombre de Andrés Bello.

Las características del pensamiento de Bello, en cualquier rama de actividad en que se ejercite, son: la serenidad, el análisis crítico, el sentido práctico, la

honradez, la precisión, el amor á las realidades, el odio
á lo abstruso, á lo abstracto.

Así fué Bello filósofo, tratadista de Derecho internacional, filólogo, gramático, poeta, erudito, legislador,
diplomático, educador de pueblos.

Pensador, distínguese por la dialéctica, por la con-
catenación lógica, por la profundidad del raciocinio,
por la agudeza psicológica, por el personal observatorio en que se sitúa á menudo y por la imposibilidad
de divagar, de salirse fuera de los términos precisos
de la realidad. Gracias á Condillac, á quien estudió
desde temprano, se apartó de las divagaciones metafísicas, acostumbrándose á escudriñar los problemas
del alma con criterio filosófico de base experimental.
En su *Psicología* y en su *Lógica*, que se publicaron
juntas después de muerto Bello, con el título de *Filosofía del entendimiento*, se excusa el autor de inmis-
cuirse en cuestiones metafísicas. "La *Metafísica* y la
Teodicea, dice allí Bello, no formarán secciones especiales en este libro.» Rompía, pues, con la costumbre,
independizando su espíritu y tratando de independi-
zar el de sus alumnos. Pero no se crea por ello que
el humanista era un *sans-culotte* de la inteligencia: dis-
ta tanto de Diderot y Voltaire como de Santo Tomás,
siendo una excepción en la América de su tiempo, que
pasó de la teología y el absolutismo de origen español,
en la época colonial, al rousseaunismo y la demagogia, ambos de origen francés, en nuestra época revolucionaria. El espíritu de Bello entroncó más bien con
aquella familia inglesa de espíritus que empieza en Ba-
con y terminaba entonces en Bentham y Stuart Mill.
Pero no fué—entiéndase bien—discípulo incondicional
ó loro de ningún pensador europeo. Él era él. Sus ideas

filosóficas á veces están en abierta oposición con las
de aquellos mismos filósofos—ideologistas ó experi-
mentalistas—á quienes admira y á quienes, sin embargo, rebate, como ya lo observó Amunátegui. No ha-
biendo olvidado por completo D. Andrés Bello, hijo
de una colonia española, lecturas é influencias de sus
años mozos —y siendo por naturaleza hombre enemigo de extremos—trató un tiempo de conciliar el
idealismo filosófico con el criterio antagónico, incli-
nándose á la transacción de los eclécticos; pero hoy
no podría considerarse á Bello sino como á un positivista, en toda la madurez y lo global y mejor de su
obra (1).

_____

(1)   He aquí algunas consideraciones de Bello en la *Introducción* que puso á trabajos filosóficos suyos en 1844. Se
vislumbrarán así algunas actitudes del espíritu del maestro.
«Entre los problemas que se presentan al entendimiento
en el examen de una materia tan ardua y grandiosa hay
muchos sobre que todavía están discordes las varias escuelas. Bajo ninguna de ellas nos abanderizamos. Pero tal vez
estudiando sus teorías encontraremos que su divergencia
está más en la superficie que en el fondo; que reducida á su
más simple expresión, no es difícil conciliarlas; y que, cuando la conciliación es imposible, podemos á lo menos ceñir
el campo de las disputas á límites estrechos, que las hacen
hasta cierto punto insignificantes y colocan las más precio-
sas adquisiciones de la Ciencia bajo la garantía de un
asenso universal. Tal es el resultado á que aspiramos; resultado que nos parece, no sólo el más conforme á la razón,
sino el más honroso á la Filosofía. Porque si fuese tan grande como pudiera pensarse á primera vista la discordia de
las más elevadas inteligencias sobre cuestiones en que cada
escuela invoca el testimonio infalible de la conciencia, se-

Tratadista de Derecho internacional, supo descuajar esa tupida selva. Á Bello puede situársele, como tratadista de Derecho internacional, entre Wattel, á quien seguía á menudo, y Wheaton, que á menudo lo sigue á él. Su originalidad en este respecto, la originalidad compatible con tal género de estudios, consiste en su punto de vista esencialmente sur-americano; en ser el primero que, como sur-americano, consideró el Derecho de gentes y expuso principios en que se acuerdan la justicia en abstracto y nuestra conveniencia particular. Agréguese á esta originalidad, que en aquel tiempo subía de mérito por su carácter de inicial, la de ser Bello el primero, como asienta el sabio tratadista Calvo, que señaló la insuficiencia de los principios emitidos por Wattel; el primero que se empeñó en colmar esas lagunas; el primero, por último, que trató en obra elemental de tal ciencia gran número de materias hasta entonces no tocadas siquiera por las obras similares en lengua de Castilla (1).

---

ría preciso decir que el alma humana carece de medios para conocerse á sí misma, y que no hay ni puede haber filosofía.

„Nueva será bajo muchos aspectos la teoría que vamos á bosquejar de la mente humana... tendremos que remontarnos á puntos de vista generales y comprensivos que dominen, por decirlo así, las posiciones de las sectas antagonistas...“

(1) La obra de Bello fué traducida pronto al francés y al alemán; y fué considerada, en España, como el más completo tratado sobre Derecho Internacional para la época en que apareció. Cuando se hizo en España una edición de los *Principios de Derecho Internacional* de Bello, un diario de Madrid—*El eco del Comercio*—la saludó como "la obra más completa en su clase de cuantos han·aparecido hasta

Filólogo y gramático, D. Andrés Bello, que estudió
con espíritu científico el castellano y razonó con hondo
criterio filosófico sobre Filología, ha dejado una huella
tan profunda en estudios de lengua española, que cincuenta años después de muerto, á pesar de haber flo-
recido en América, posteriormente, un D. Rufino
Cuervo, su nombre es todavía la autoridad más alta
en este punto para los hispano-americanos; el de uno
de los legisladores de la lengua más tomados en cuenta, y con más reverencia, por España. Hasta Bello, los
gramáticos españoles asimilaban el castellano al latín,
é incapaces de hacer una buena gramática de nuestra
lengua, adaptaban al idioma castellano la gramática
latina, con el éxito y consecuencias que puede supo-
nerse. Así se declinaban—como en latín, atríbuyéndo-
les seis casos en el singular y seis en el plural—los
nombres castellanos. Así preconizábase en lengua cuyos adjetivos sólo tienen dos terminaciones, masculina
y femenina, la existencia de un género neutro. Así
"prestaban al verbo castellano voz pasiva, haciendo
de *soy amado*, verbigracia, una parte integrante de la
conjugación de *amar*, como en latín *amor* lo es de *ama-
re*." Pero apareció D. Andrés Bello, y todas aquellas
y muchas otras barbaridades cesaron. Bello, no sólo
abrió nuevos rumbos, sino llegó por el nuevo camino
al término. Por eso escribe con razón, aunque dubita-

---

ahora..." Y agrega: "tiene el mérito de abrazar todas las
partes del Derecho de gentes; y no sólo nos presenta sobre
cada una de ellas las doctrinas generales antiguas y modernas, sino que nos enseña también las novedades que, de pocos años acá, se han introducido en la jurisprudencia internacional con motivo de las pretensiones mutuas de las Potencias de Europa y América".

tivamente, el académico y crítico español D. Manuel Cañete: la gramática de Bello "es tal vez la mejor de cuantas se han compuesto modernamente, sin exceptuar la misma de la Real Academia Española." (1). Por eso, con más decisión, opina de Bello D. Marcelino Menéndez Pelayo: «Á él se debe, más que á otro alguno, el haber emancipado nuestra disciplina gramatical de la servidumbre en que vivía respecto de la latina, que torpemente querían adaptar los tratadistas á un organismo tan diverso como el de las lenguas romances, y á él también, en parte, aunque de modo menos exclusivo, el haber desembarazado nuestra métrica de las absurdas nociones de cantidad silábica que totalmente viciaban su estudio.» (2).

Poeta, Víctor Hugo hubiera podido escribirle, á conocer de veras el castellano, aquellas palabras de Lamartine á su traductor inglés: *Me admiro en vuestros versos.* Él ha sido el creador de las *Silvas americanas*, donde se hermanan la hermosura de un estilo castigado, el corte y sabor clásicos en medio de su natural y elegante desenvoltura, con la pintura virgiliana de nuestros campos del trópico ó con la celebración de nuestros próceres, la exaltación de nuestros sentimientos y una constante y disimulada preocupación moral por nuestro porvenir.

Erudito, D. Andrés Bello rastreó la infancia de la lengua latina y la formación de las tres grandes lenguas romances, y estudió los orígenes de la literatura inglesa y sus primeros balbuceos. Apuntó los errores

(1) *Véase* M. L. AMUNÁTEGUI: *Vida de Don Andrés Bello, págs. 532-541 ed. Santiago de Chile,* 1882.

(2) M. MENÉNDEZ Y PELAYO: *Historia de la poesía hispano-americana, ed. Madrid.*

del Quadrio sobre la cantidad de las sílabas griegas y
latinas. Inquirió el origen del endecasílabo italiano. Se
inclina á creer que los alejandrinos franceses origina-
ron de dos hexasílabos porque «acostumbraban los
antiguos copistas, cuando las estancias se componían
de lineas cortas, escribirlas de seguido como prosa».
«La composición inglesa más antigua en verso blanco
es una traducción del segundo y cuarto libro de la
Eneida, por Enrique Howard, conde de Surrey.» Bello
arrojó el primero nuevas y decisivas luces sobre el
Poema del Cid, que restableció antes que ninguno á su
sér prístino; analizó con éxito el de los infantes de
Lara; discurrió con sabiduría sobre la *Crónica de Turpín*, abriendo el campo á los investigadores europeos;
estudió á Boscán, y señaló las fuentes del poema de
Berceo, *Duelos de la Virgen María*.

Legislador, fué D. Andrés Bello autor del Código
civil chileno.

Diplomático, descontando sus útiles servicios á Venezuela, á Chile y á la Gran Colombia en Londres, su
mayor competencia en este ramo la desplegó en Chile, donde fué alma del ministerio de Relaciones Exteriores, desde que llegó á aquella República austral, á
promedios de 1829. «Desde que estuvo en nuestro
país—escribe el erudito y minucioso D. Miguel Luis
Amunátegui, en uno de sus prólogos á las *Obras Completas* de Bello,—ejerció en realidad, no el empleo
mencionado, sino el de consultor y secretario en el ministerio de Relaciones Exteriores.» Á los tres años apenas después de su arribo á Santiago, ya ajustaba don
Andrés Bello, el 16 de Mayo de 1832, en nombre de
Chile, el tratado de paz, amistad, comercio y navegación entre aquella República del Sur y los Estados

Unidos. Y éste no es sino uno, escogido al capricho, entre sus incontables servicios diplomáticos en la altiva y circunspecta nación chilena.

Educador de pueblos, su obra es luenga y múltiple. Director del Colegio de Santiago desde casi su arribo, D. Andrés Bello fué rector de la Universidad chilena desde que ésta se fundó, en 1843, hasta la muerte del sabio. No había textos adecuados: él los creó. Muchas de sus obras, como la *Gramática*, los *Principios de Derecho*, la *Cosmografía*, su *Filosofía*, etc., fueron en origen textos para sus discípulos.

Pero la obra del civilizador es más compleja.

El 17 de Septiembre de 1830 salió á luz en Santiago *El Araucano*, periódico doctrinario: Bello lo redactó desde que apareció hasta 1853. De aquella hoja periódica brotó un manantial inagotable de enseñanzas que la gratitud chilena, tan liberal como práctica, ha salvado del olvido. Un día habla allí Bello de *Geometría moderna*, otro de *Los huesos fósiles encontrados en Talca*, otro sobre *Las leyes patrias*, otro sobre *El modo de estudiar la Historia*, otro sobre *El modo de escribir la Historia*; ó bien discurre sobre los más altos problemas éticos, ó comenta las teorías filosóficas en boga por ambos mundos, ó enseña derecho público americano, ó entra en útiles disquisiciones de Gramática; y una vez, y otra y otra juzga los libros, las escuelas, las teorías, las ideas y los hombres. Todo sin olvidar su papel de civilizador y desde el punto de vista aprovechable y beneficente para los pueblos de Hispano-América, y en particular para Chile, su segunda patria.

II

Hasta 1810 vivió D. Andrés Bello en su Caracas nativa. De allí iba á salir para Londres, en servicio diplomático de su patria, que había dado el primer paso hacia la emancipación el 19 de Abril de aquel año.

Tenía entonces Andrés Bello veintinueve años de edad.

Empezábase la revolución de independencia, que iba á ser tan cruenta y luenga en Venezuela y que iba á convertir aquella fértil nación en un erial cubierto de líquida púrpura humana, en donde, por catorce años, según la frase magnífica de Juan Vicente González, «sabían á sangre los frutos de la tierra».

Bello no volverá á su patria, aunque á veces la sirva de lejos, á menudo la cante en sus versos y siempre la recuerde con amor hasta en las últimas horas de su vejez, como dan fe las cartas del poeta á su familia de Caracas, de las que publica fragmentos D. Arístides Rojas, en el estudio de este ameno escritor sobre *El poeta virgiliano*. Baralt también echaba menos, desde España, sus campiñas de Venezuela y su patrio lago de Maracaibo; Guzmán Blanco, antiguo presidente de la República, á pesar de sus millones y de su vida regalada en París, exclama en la vejez: *se me hielan los huesos lejos del sol de Venezuela;* Pérez Bonalde, que pasó toda la vida peregrinando por el mundo, quiso restituirse á morir, en 1892, al feo pueblucho de La Guayra, y Miguel Eduardo Pardo suspiraba, moribundo en París, poco antes de expirar, por los cocales de Macuto, las azules crestas del Ávila y el caliente sol de Caracas.

Bello, de familia pobre, no podía mantener durante los últimos días de la colonia, aquella posición independiente y señoril de patricios adinerados como los Bolívar, los Toro, los Ribas, los Palacios, los Blanco, los Tovar, los Ustáriz, los Montilla, los Salias, los Ponte, la mayoría de cuantos iban á iniciar la revolución, á perecer en ella ó á darle cima.

Amigo de algunos de éstos, como de D. Luis de Ustáriz, con quien lo unía el amor á las Letras, maestro de algunos otros, como de D. Simón Bolívar, á quien enseñaba castellano, latín y literatura, más ilustrado que casi todos y más serio, obtuvo por recomendación y valimiento de uno de los Ustáriz el puesto de «oficial segundo de la secretaría de Gobierno y Capitanía general de Caracas». El capitán general, don Manuel de Guevara Vasconselos, cobró estimación á su escribiente y pretendió llevarlo consigo á Madrid. Pero Guevara Vasconselos murió en Octubre de 1807 y la revolución iba á estallar tres años más tarde. Andrés Bello no iría á Madrid, en servicio del rey; iría á Londres en servicio de la revolución, que él no había preparado ni previsto.

Distinguíase el amanuense de la Capitanía general por su carácter circunspecto y por sus muchas y buenas letras, mayores de seguro que las que poseía cualquier otro empleadito subalterno, ó el secretario, ó el propio capitán general, escogido entre políticos y soldados y no entre literatos.

La infancia de Bello, en efecto, había sido estudiosa.

Suplió á la deficiente instrucción del país y de la época con asidua autodidascalia. En la biblioteca del antiguo seminario tridentino de Caracas, fundado en 1698, encerrábase Bello á devorar los clásicos españoles y los clásicos latinos.

Formada por esfuerzo de particulares, no del Gobierno, esa biblioteca contaba autores latinos y castellanos y algunos volúmenes sobre historia de América, aparte de las indispensables obras teológicas y ascéticas. Esa biblioteca y las colecciones de los conventos, si bien éstas más reducidas y de librería circunscrita á temas teológicos, eran los únicos focos encendidos, y en ellos bebió luz el espíritu sediento de claridad y sabiduría de D. Andrés Bello. No debe olvidarse también que, á despecho de las autoridades españolas, los venezolanos introducían subrepticiamente gran número de obras francesas é inglesas; lo que denunciaba en ellos hambre de saber y de libertad espiritual y política. D. Andrés Bello era del número de esos venezolanos que encargaban y leían á la chita callando obras extranjeras. Quedan varias cartas de un inglés, un tal John Robertson, comerciante de Curaçao, en que anuncia á Don Andrés, en 1809, envíos de periódicos y libros para Bello y, por medio de Bello, para otros caraqueños (1).

---

(1) He aquí fragmentos de esas cartas: "*Curaçao, 2 de Febrero de 1809...* He escrito á Inglaterra pidiendo varios ejemplares del *Viaje* de Depons, tanto en inglés como en francés, de la *Gramática* de Palinquais y del *Diccionario inglés-español.* No necesito declarar que cualquiera de los amigos de usted será preferido cuando yo reciba estos libros." *(Véase Amunátegui, ob. cit., pág. 56.)* En otra carta anterior, del 10 de Enero, le anuncia el envío del *Political*

No se menciona la Universidad de Caracas como fuente de luz intelectual para Bello, porque esa «real y pontificia Universidad», como casi todas sus similares en la América Colonial, no fué sino semillero de teológos vacuos y bachilleres ergotistas con más pedancia que ciencia. De ese instituto y de lo que allí se aprendía puede repetirse lo que de la Universidad donde estudió el Teufelsdröckh de Carlyle, dijo el mordaz autor de *Sartor Resartus:* «los jóvenes hambrientos alzaban los ojos hacia sus nodrizas espirituales; y por todo alimento se les invitaba á comer el viento del Este.»

Había también aprendido Bello el francés y, mal que bien, el inglés. De lo primero es prueba la traducción, perdida, de una pieza de Voltaire, que leyó en un banquete literario dado por Simón Bolívar, tan amigo siempre y protector de la buena literatura, como gran prosador que era y exquisito temperamento de excepción. La pieza de Voltaire vale poco; la traducción no valdría más. En nada deslustra á Bello la pérdida de su versión.

De que sabía inglés sale garante la circunstancia de que, llegada á Caracas una gaceta británica con la noticia de la ocupación de España por los franceses, fué Andrés Bello, empleado en la secretaría de Gobierno, quien la tradujo y leyó al capitán general.

Su competencia como latino la abona el que por entonces · desde mil ochocientos y tantos—enseñara esa lengua, lo extendida que ella estaba á la sazón, la traducción que hizo el poeta del libro V de la *Eneida,*

Register, de Cobbett, periódico, dice el corresponsal, del "escritor más hábil y atrevido de Inglaterra desde los tiempos de *Junius*."

leída también en una tertulia de Bolívar, y sobre todo su arreglo castellano de una de las odas breves de Horacio (1).

Cuanto á su maestría para entonces, es decir, antes de salir de Venezuela, en el manejo del idioma patrio, ¿no están ahí su romance juvenil *Al Anauco*, sobrio, castigado y de tendencia filosófica, digno de Horacio, cuyo estilo y lenguaje evoca, y el célebre soneto, más fácil y suelto, *Á la victoria de Bailén?*

Rompe el león soberbio la cadena
con que atarle pensó la felonía,
y sacude con noble bizarría
sobre el robusto cuello la melena.

La espuma del furor sus labios llena,
y á los rugidos que indignado envía,
el tigre tiembla en la caverna umbría
y todo el bosque atónito resuena.

El león despertó: temblad, traidores.
Lo que vejez creísteis, fué descanso;
las juveniles fuerzas guarda enteras.

Perseguid, alevosos cazadores,
á la tímida liebre, al ciervo manso,
¡no insultéis al monarca de las fieras!

Este soneto, como la batalla de Bailén, data de 1808. Andando el tiempo iba á hacerse célebre en toda América y, entre los literatos, en España. Ayer no más, el 5 de Julio de 1911, lo recitaba un poeta de la corte española en la velada con que la Unión Ibero-

---

(1) *O navis referent.*

americana conmemoró en Madrid, 'obedeciendo á un sentimiento de raza, superior al sentimiento patrio, el primer centenario de la independencia venezolana.

En las luchas partidarias de Venezuela iba también á representar su papel ese clásico soneto de Bello á la victoria de España contra los franceses. Á Páez se le llamó, después de alguno de sus triunfos, el león de Payara; era además, en realidad, un león por lo valiente, y ya viejo se parecía, por su corpulencia, su cara majestuosa y sus melenas, al rey de los bosques. En la celebración de no recuerdo qué fiesta en memoria de Páez, los admiradores póstumos del héroe reprodujeron en litografía un retrato del viejo centauro homérico, y al pie del retrato de Páez el soneto de Bello, sin título. El soneto iba de perlas al pie de aquella litografía. Parecía referirse al prócer. Fué un homenaje astuto de los conservadores á la memoria del fundador y jefe del partido conservador.

Estos primeros poemas de Bello y sus preferencias literarias de entonces proporcionan elementos para indagar la psicología del poeta. Horacio y Virgilio son sus predilectos. De Horacio posee, no la ironía ni menos el epicureísmo placentero de la juventud horaciana—que no en balde fué Bello espíritu noblemente cristiano—, sino el amor de la claridad, la tendencia á no abandonarse á la inspiración, el apego á la lima, la reflexión, el arte sumo, paciente y escrupuloso. Estos caracteres, más propios de la edad madura que del alborear de una carrera, definen el temperamento de Bello.

No posee la sensibilidad de Virgilio, ni su flexibilidad y soltura como versificador, sino su lírica didáctica, su afección á describir labores de campo y la babilidad de entremezclar lo propio y lo imitado, hasta culminar en obra maestra. Hasta 1810, Bello no ha seguido á Virgilio sino al través de las *Églogas*. Poco á poco se distanciará de Horacio, sin olvidarlo nunca; pero aunque otras tendencias, como la de Víctor Hugo y el romanticismo triunfante, soliciten su atención, la sombra del poeta de *Las Geórgicas* y de la *Eneida* será la que presida sus poemas á la agricultura de la zona tórrida y sus himnos en pro de los héroes americanos. Cuando en su egregia silva *Á la zona tórrida* aconseja con empeño deponer las armas y cultivar la tierra, cuando celebra la vida del campo sobre la ciudadana, aparte lo oportuno del consejo á la América de 1826 —que era un desierto erial, y sangriento—, ¿no parece escucharse la voz de Virgilio enseñando que ni los vasos magníficos, ni las tintas de Asiria, ni las puertas incrustadas, ni los tapices de oro valen lo que la vida rústica?

> O fortunatos nimium, sua si bona norint,
> agricolas! quibus ipsa, procul discordibus armis,
> fundit humo facilem victum justissima tellus.
> Si non ingentem foribus domus alta superbis
> mane salutantum totis vomit aedibus undam,
> nec varios inhiant pulchra testudine postes,
> illusasque auro vestes, Ephyreïquae aera,
> alba neque Assirio fucatur lana veneno,
> nec casia liquidi corrumpitur usus olivi:
> at secura quies, et nescia fallere vita,
> dives opum variarum... (1)

El preferir, desde su mocedad, á estos dos poetas latinos manifiesta que poseía, ya en sus verdes años, el

---

(1) *Georgica* II, 7.ª *pars.*

amor de la forma: lo que revela temperamento artístico; el respeto de la sencillez: lo que indica buen gusto;
la admiración de los campos, por lo menos al través
de hermosos versos: lo que prueba el sentimiento de
la Naturaleza; la tendencia á la literatura sabia y didas-
cálica: lo que significa vocación de enseñanza.

Esas primeras aficiones líricas de Bello bastarían,
pues, si ya no fueren tan conocidas su obra y su vida,
á clasificarlo entre los hombres de sereno razonar, de
juicio reposado, de generosas lecciones y de culto á las
letras clásicas.

Se argüirá tal vez, con visos de lógica estricta, que,
dado el medio político y social en que le tocó florecer,
eran precisamente Horacio y Virgilio, entre los poetas
latinos, aquellos que podía cultivar, y aun imitar, sin
riesgo ni zozobra, y que el escogerlos como guías prueba juicio ponderado, pero no indica con certeza el temperamento, ni preferencia voluntaria hacia la perfección formal que aquellos poetas, aunque de tan distinto
carácter, representan.

Es verdad que Bello no podía, sin exponerse á tro-
piezos, seguir á Lucrecio, pongo por caso; es verdad
que las indignaciones del viejo moralista Juvenal, sus
mordiscos impresos en carne viva, habrían sido, más
que extemporáneos, peligrosos; pero, ¿quién le impedía, á inducirlo su ser moral y literario, amar á los
poetas elegíacos de Roma: el fácil Tíbulo, el brillante
Propercio y el indigno, insincero, libresco y enamorado
Ovidio? Además, Bello salió pronto de la Colonia, la
Colonia misma dejó de serlo. Aquella fidelidad de Bello
mientras su musa conservó el ímpetu y el amor del
vuelo, á Horacio y á Virgilio, ó al ideal literario que
ellos encarnan, prueba la constancia de su afección,

cuánto fué de sincero en sus preferencias líricas desde
la aurora de la vida, y cómo esas preferencias nos
sirven, aunque faltasen otros testimonios, para conocer la psicología del humanista americano.

III

LA CALUMNIA DE INFIDENCIA CONTRA BELLO, Y LA POLÍTICA DE DIFAMACIÓN

El primer grito de autonomía, el primer movimiento
hacia la independencia que escuchara la América, en
la revolución de 1810, ocurrió en Caracas, como se
sabe, el 19 de Abril de aquel año.

La conjura debía estallar antes. Debía estallar el 1.º
de Abril. Marróse el golpe, por infidencia de alguno ó
algunos de los conjurados. El capitán general, que no
prestó importancia al asunto, se contentó, benevolente
como era, y por otras circunstancias, con confinar á
provincias ó haciendas distantes de la capital á los
comprometidos. Diez y ocho días más tarde caía del
Poder, y los revolucionarios, pagándole con la propia
magnanimidad, lo embarcaron respetuosamente para
el extranjero, después de proporcionarle cuanto hubo
menester, buque, dinero, etc., y con las pruebas de
estimación personal que merecía el capitán general
D. Vicente Emparan.

¿Quiénes fueron los infidentes cuya perfidia hizo
malograr el golpe del 1.º de Abril, que pudo costar
cabezas de patricios y el paralizamiento de la revolución?

José Domingo Díaz, gacetero y libelista caraqueño al servicio del rey, virulento memorialista, autor de
unos *Recuerdos sobre la rebelión de Caracas*, señaló,
uno de los primeros ó el primero, en obra impresa, á
D. Andrés Bello, oficial mayor, para 1810, de la Secretaría del capitán general, y al teniente del batallón
veterano D. Mauricio Ayala, como autores de aquella
delación (1).

No es extraño que los conjurados tocasen con Bello,
por cuanto lo hicieron con otros empleados militares
y aun civiles.

No extraña tampoco la lenidad del capitán general
Emparan hacia los revolucionarios, aunque fuese empleado en la secretaría de Gobierno el delator, por
cuanto no todos los iniciados en el proyecto conocían
el plan verídico, ni menos el alcance de la revuelta,
sino unos pocos. Varios de entre los revolvedores,
como el canario Llamozas, alcalde de primera elec-
ción, se arrepintieron bien pronto, y, amedrentados
ó arrepentidos, se excusaron de seguir el movimiento
separatista. El propio brillante y fogoso adalid pa -
triota D. José Félix Ribas, que tantos lauros iba á co-
sechar como soldado en 1813 y 1814, José Félix Ribas, en cuya casa se reunían los conspiradores, confesó en 1811 al realista José Domingo Díaz, que todos
los comprometidos no conocían en igual grado los
trazos ni el propósito de la conspiración. «Entonces
supe—escribe el gacetero realista—que una parte de
los conjurados estaba engañada por la otra. Aquélla
se componía de algunas personas de riqueza é influen-

_____

(1) J. D. DÍAZ: *Recuerdos sobre la rebelión de Caracas,*
pág., 13, ed. de 1829, Madrid.

cias en el país, cuyos designios eran establecer en él la oligarquía; y ésta la de aquellos jóvenes inquietos y en quienes las ideas de licencia y democracia eran el ídolo de su adoración...» — (1)

Bello, hombre pacífico, empleado además en la secretaría de Gobierno, y *sin riqueza ni influencia en el país*, mal podía estar en los más íntimos secretos de la conspiración, y, de seguro, si se tocó con él, pertenecía á la clase iniciada apenas, á conspirador de segunda clase.

Si fué Bello el delator, como la maledicencia divulgó, sin probarlo nunca, no podía revelar al capitán general detalles que ignoraba, ni planes ó propósitos que jamás le comunicaron. Por ahí se explicaría, aparte la relativa bondad de Emparan, por el afrancesamiento de este gobernante y lo incierto de la situación en España, en manos de franceses y en lucha contra ellos, la lenidad del gobernante peninsular con los conspiradores de Caracas.

Pero existen razones psicológicas, de mucha cuenta, si ya no hubiera otras, para sincerar á Bello del cargo de traidor. Me desentenderé de cuantas opiniones se hayan aducido hasta aquí en descargo del poeta, y expondré las que imagino razones psicológicas.

1.ª No es extraño que los realistas concibieran odio hacia Bello, antiguo empleado del rey, ya que éste se alistó desde 1810 en servicio de la República y partió como diplomático para Europa.

Nada de extraño tiene, dadas las pasiones de la

_____

(1)   J. D. Díaz, *ob. cit.*, págs. 11-12.

época, que los realistas inventaran esa calumnia. Así vemos que el comisionado Urquinaona, hombre moderado, se apresura á divulgarla en letras de molde y la patrocina en sus Memorias sobre la revolución de Costa Firme (1).

Nada de extraño tiene tampoco que la hayan inventado los caraqueños.

Caracas fué siempre una fragua de calumnias é injurias contra todo el que se eleve allí sobre el nivel común. Recuérdese cómo á Miranda, en su juventud, impidieron vestir el uniforme militar; cómo procesaron á D. Sebastián, padre de Miranda, é hicieron á éste abandonar el país. Á José Félix Ribas, el héroe sin segundo de 1813 y 1814, no consentían los promotores del movimiento de Abril en concederle un cargo de importancia, so pretexto de fogosidad extrema, y en realidad por envidia y temor de aquella resaltante y brillantísima personalidad que entonces se ignoraba á sí misma. Baralt no pudo vivir allí por el crimen de haber erigido aquel grandioso monumento patrio que se llama la *Historia de Venezuela*. Á Guzmán Blanco, petimetre inofensivo, aunque ambicioso, lo lanzaron á los campamentos, por haberlo humillado injustamente mientras daba un baile en su hogar. Pérez Bonalde, el mejor poeta de su época, en su tierra, fué devorado por hambrienta traílla de académicos sin Academia y retóricos sin talento, y no pudo vivir en Caracas. El periodista y novelador Miguel Eduardo Pardo, después de años de ausencia fué á Caracas con su esposa, una española. La más sangrien-

_____

(1) Pedro de Urquinaona y Pardo: *Relación documentada*, pág., 17 ed., 1821. Madrid.

ta é inmerecida burla se hizo por la Prensa de aquella
dama, por odio al marido: un día apareció entre los
anuncios de un periódico una *réclame* suscrita por Pardo y recomendando no sé cuál medicamento que había curado - decía—las hemorroides á su mujer. La
señora renunció á permanecer entre aquellos villanos,
y Pardo se fué á morir en el extranjero. Queda un
ejemplo, el más ilustre, el de Bolívar. Á Bolívar nadie
lo calumnió y afrentó como Caracas, desde 1810 hasta después de muerto. Caracas lo condenó al ostracismo; Caracas se negó á tratar con Nueva Granada
mientras el padre de la Patria pisara tierra granadina;
Caracas declaró, por boca del diputado Angel Quin-
tero, que cualquiera tenía derecho para victimar á Bolívar, y Caracas recibió entre repiques de campana
esta noticia que suscribía una mano venezolana: «Bolívar, el genio del mal, la tea de la discordia, ó, mejor
diré, el opresor de su patria, ya dejó de existir y de
promover males que refluían siempre sobre sus conciudadanos. Me congratulo con ustedes por tan plau-
sible noticia.» Por último, durante años y años des -
pués de muerto el Libertador, no se podía en Caracas pronunciar su nombre, como no fuera para revol-
carlo en lodo. En cambio al tártaro Páez se le besa-
ban los pies.

2.ª   Uno de los divulgadores de la nueva, sin prueba alguna que la abone, es José Domingo Díaz, escritor furibundo, poeta mediocre, político fracasa-
do, persona de mala fe, vasija de odio, el hombre
que más abominó á sus condiscípulos, camaradas y
conciudadanos de Caracas, máxime á los intelectua-

les, hasta empujarlos á los patíbulos de la reacción.

Cuatro líneas á Boves, ¡á Boves!, en carta de tigre, pintan el aborrecimiento de aquel energúmeno realista á los escritores patriotas. «Dios se cansó de sufrir los insultos que nos hacían: los castigó por medio de usted de un modo seguro y enérgico, y su justicia se extendió hasta poner en las manos del Gobierno español de Venezuela al sacrílego é insolente redactor de aquella gaceta (*La Gaceta de Caracas*): D. Vicente Salias, mi querido condiscípulo, prófugo en el bergantín correo de Gibraltar, apresado por el corsario español *El valiente Boves*, armado por D. Simón de Iturralde, uno de los apasionados de usted, y conducido á este puerto. Si la justicia es tan recta como debe ser, su vida terminará poco tiempo después de su gaceta.» (1)

Las manipulaciones políticas de Díaz se acordaban con sus sentimientos de hiena: él se vanagloria de haber falsificado documentos revolucionarios y proclama que á una de estas adulteraciodes se debió el fusilamiento del general Piar. «Piar—escribe—era uno de nuestros más temibles enemigos. Valiente, audaz, con talentos poco comunes y con una gran influencia... Una casual reunión de circunstancias felices me proporcionó pocos meses después el hacerle desaparecer. No era necesario para ello sino conocer el irreflexivo aturdimiento, la suma desconfianza, la irritabilidad excesiva de Simón Bolívar. Así desde mi habitación pude excitarlos por personas intermedias y por un *encadenamiento de papeles y de sucesos verdaderos ó aparentes.*» (2)

(1)   Ob, cit., pág. 180.
(2)   Ob. cit., pág. 214.

José Domingo Díaz lo que buscaba cuando escribía
en 1829 semejantes fanfarronadas, que bastarían, de
ser ciertas, á mancillar á un hombre, era un modesto
empleo del Gobierno español, empleo que obtuvo en
Puerto Rico. Por lo demás, si él hubiera podido, desde su habitación de Caracas, hacer que Bolívar, puesto al servicio de los realistas, fusilara á todos los generales patriotas, ¿cuál no hubiera sido exterminado?
Ya se conocen los sentimientos y los procedimientos
de Díaz, uno de los primeros en divulgar sin pruebas
en letras de molde la deshonorante noticia sobre don
Andrés Bello.

3.ª Si los prohombres de la revolución de Abril,
los que estaban en los secretos de Estado y tenían en
las manos el hilo de todas las intrigas, hubieran creído
á Bello un infidente, un traidor, ¿lo habrían nombrado
pocas semanas después secretario ó auxiliar de la Comisión diplomática á Londres? Recuérdese que ese era
cargo de mucha confianza en aquella sazón, como que
iban los comisionados á solicitar el apoyo moral y material de Inglaterra en pro de la Colonia insurrecta, y
que se declarase, á pesar de las leyes españolas y de la
alianza hispano-inglesa, libre el comercio de las Antillas británicas con la Costa Firme, para facilitársenos
así, como se nos facilitó, la introducción de armas y
municiones. El entonces coronel de milicias Simón Bolívar, principal miembro de aquella Misión diplomática,
hombre extremo é intransigente en punto á radicalismo revolucionario é incontaminado amor al terruño,
¿hubiera aceptado á Bello como auxiliar de la Co-

misión, creyéndolo culpable de felonía y de traición á la Patria?

4.ª ¿Recibió Bello algún beneficio de España, en premio de tan fea traición? Dominada por Boves, primero, y luego por Morillo, la rebelde Costa Firme; ocupada en 1815 por un ejército de 25.000 á 30.000 soldados realistas, entre españoles y americanos, sin esperanza lógica de rescate, ¿no permaneció Bello en Inglaterra, fiel á su Patria y á la revolución, sin pedir ni aceptar nada á los dominadores, á pesar de la miseria que le acosaba en Londres, al punto de pasar días enteros sin más alimento que un mendrugo, ni más calefacción que la del Museo británico, donde permanecía mañana y tarde, sobre gruesos infolios eruditos?

Ni siquiera fué á Madrid, como pudo, aun sin protestar contra la revolución, aun sin aducir servicios á España en Caracas, ya bizcos como el que se imputa, ya francos como empleado de la Capitanía en tiempos coloniales. En Madrid, metrópoli de nuestra lengua castellana, habría, sin embargo, encontrado puertas abiertas, mayores medios de vida, más abrigo, que en la intemperie de Londres.

5.ª El carácter austero, la moral exigente, la probada fortaleza, la vida entera de Bello, la larga vida de Bello, tan larga y tan pura, protestan contra esa infamia que la maledicencia, sin fundamento alguno, le achacó.

Existe incompatibilidad psicológica entre aquel

hombre y aquella acción: entre aquella dilatada existencia de deposición, de estudio, de altivez, de resig-
nación cristiana, de mansedumbre, de generosidad, de
buen sentido, de patriotismo americano, de honor, y
la aberración de un instante menguado que se le atri-
buye sin pruebas.

En resumen: la acusación lanzada contra Bello pudo
ser invención de los realistas contra un enemigo, ó
malas artes de la infame Caracas, por envidia hacia
tan eminente ciudadano. Los prohombres de la revolución de Abril no tuvieron á Bello por infidente, sino
le dieron, por el contrario, pruebas y cargos de confianza. Bello soportó con entereza su miseria de Londres y no se le ocurrió tender la mano á España por
aquellos hipotéticos favores ó por servicios reales, ni
siquiera dirigirse al solar de nuestra lengua. La vida
entera de Bello protesta contra la acusación.

Puede concluirse, en consecuencia, y sin temor de
cometer grave yerro, que la acusación contra Bello,
jamás probada, no parece verídica, no es sostenible y,
por incompatibilidad psicológica con el prócer, puede
y debe considerarse como vil calumnia.

A comienzos de 1829 se publicó en Madrid la obra
donde José Domingo Díaz recopiló todos sus ataques
contra los patriotas durante la revolución. Ese mismo año partió Bello para Chile. Tal vez la circunstancia de aquella publicación, que iba á tener resonancia
en Venezuela, contribuyó en algo á que Bello endere-
zara sus pasos de peregrino, en busca de felicidad, hacia la tierra de Arauco (1).

_____

(1) Se ha advertido con justicia, en descargo de Bello,
que la calumnia no fué inventada en 1810, sino andando el
tiempo, cuando el odio de los realistas contra los patriotas

Aquella flecha enherbolada taladró el corazón del poeta, envenenándolo de pesadumbre. El 4 de Mayo de 1829, desde la bahía de Río de Janeiro, rumbo á Chile, escribe D. Andrés Bello al escritor granadino Fernández Madrid: «Concluyo rogando á usted se interese por mi buen nombre en Colombia...» (1)

Años adelante, en pleno bienestar económico y social, rodeado de su familia, de discípulos que lo veneran y amigos que lo respetan, allá en su segunda patria, tan generosa para con él que le dió todo, hasta la felicidad, D. Andrés Bello, que no ha olvidado, siente dentro del pecho, de cuando en cuando, la punta del viejo dardo, y se lamenta.

En 1842 traduce los versos *A Olimpio*, de Víctor Hugo. El escoger esa poesía para verterla en octosílabos de Castilla es una revelación, por cuanto allí se cantan las tristezas de uno á quien la vida clavó las zarpas.

---

no reconoció límites y cuando no se escapó de la injuria y de la calumnia conversada ó escrita en letras de molde ningún patriota de viso, sin exceptuar á hombres tan espectables como Miranda, Bolívar, etc. El argumento que señala fecha ulterior á 1810 á la calumnia contra Bello, es de mucho peso y pertenece al propio Bello, que en 1826 hizo practicar una averiguación en Caracas para esclarecer la verdad. Á este respecto le escribía á Bello, desde Caracas, el abogado Álamo: "No te preocupes, querido Bello... Esa defensa es inoficiosa... La calumnia es el arma favorita de los españoles para desunirnos, para desacreditarnos ante el mundo."

·(1) *Cita de Don Miguel Antonio Caro: Véase su estudio sobre Don Andrés Bello, en cuanto poeta, que sirvió de prólogo á una edición madrileña de las Poesías· de Bello, publicadas en la Colección de Escritores Castellanos.*

Tú, á quien la calumnia muerde
lo más sensible del alma.

El año siguiente, en 1843, tradujo ó arregló Bello
La divina *oración por todos.* Allí puso, creo que de
su cosecha, al encomendar á su hija el que pidiese á
Dios por cuantos somos los humanos:

Por el que en mirar se goza
su puñal de sangre rojo,
buscando el rico despojo
ó la venganza cruel;
y por el que en vil libelo
destroza una fama pura,
y en la aleve mordedura
escupe asquerosa hiel.

Su corazón destilaba todavía amargura. Sin embargo, el maestro era feliz.

IV

LA MISIÓN BOLÍVAR EN LONDRES.—TESTIMONIO DESAUTORIZADO
DE BELLO. — EL CONCEPTO HISTÓRICO DE UN ESCRITOR AR-
GENTINO

Ha corrido como verídico, y el autor de estas notas,
como casi todo el mundo, lo ha creído, que Bolívar, en
su misión diplomática á Londres, en 1810, se condujo
con la precipitación de un atolondrado, que habló de

independencia á sir Ricardo Wellesley, ministro del «Foreign Office», sin estar autorizado para ello, y que hasta le entregó, en la primera entrevista, las instrucciones por las que debían seguirse él y López Méndez, el otro comisionado, en vez de las credenciales que los acreditaban por comisionados de Caracas; en resumen: que su misión fué un fracaso.

Semejantes datos provenían de una fuente que se tuvo por indiscutible y que lo parecía, en efecto: los había comunicado, aunque en su vejez, muertos ya Bolívar y López Méndez, D. Andrés Bello, secretario ó «auxiliar», que era su verdadero título, de aquellos diplomáticos.

No por creer ciertos tales informes juzgaba el autor de estas líneas menos hábil diplomático á Bolívar. Conociendo íntimamente su historia, sabe que fué diplomático, á pesar de sus violencias, toda la vida, y que sus mayores triunfos como tal no fueron ni podían ser los de 1810, sino el de 1816 con Petion, en Haití; el de 1820 con Morillo y con los comisionados de España, en Venezuela; el de 1822 con San Martín, en Guayaquil; el de 1823 y 1824 con los peruanos; el de 1825 con el Brasil y con los argentinos; el del Congreso de Panamá, en 1826, y los de 1829 con Inglaterra y con Francia.

La información de Bello, que no aminora ni ensombrece á Bolívar, inserta por el historiador chileno Miguel Luis Amunátegui en su *Vida de don Andrés Bello* (1), la creía verídica, sobre todo el autor de estas notas, primero, por aparecer escudada con el nombre de Bello y de Amunátegui, y luego, porque el historial

_____

(1) Pág. 88-91.

aquel pintaba al futuro Libertador como un impulsivo, y Bolívar lo fué siempre.

En vano recordaba la malquerencia, tal vez justa, de Bello contra el Libertador, malquerencia que no se escapa á cuantos estudiaron la vida de Bello, al punto que D. Marcelino Menéndez y Pelayo lo observa y escribe, refiriéndose á una de las silvas de Bello: «Miranda, Roscio, *de la naciente libertad no sólo defensor, sino maestro y padre*, San Martín, y otros capitanes y próceres de la independencia, están digna y decorosamente celebrados. Y es grandiosa la imagen con que el autor excusa la preterición del elogio de Bolívar, el más grande de sus héroes, pero no el predilecto de su alma.» (1)

En vano había sorprendido ya el que esto escribe una contradicción entre lo aseverado por Bello á Amunátegui, respecto á su puesto en la misión, esto es, que iba como igual de Bolívar y López Méndez, pero que se convino en que figurase sólo como secretario, y la credencial que copiada del archivo inglés de Relaciones Exteriores publica el historiador don J. M. de Rojas (2).

En vano todo. El autor de estas líneas daba crédito á Bello y á Amunátegui. Sólo que ulteriores averiguaciones han venido á quitárselo.

Los documentos, esos testigos mudos, pero elocuentes, cuya mera presencia testimonia en honor y beneficio de la verdad, han desvanecido un error, y, sincerando á Bolívar de una ligereza en que no incu-

---

(1) M. MENÉNDEZ Y PELAYO: *Historia de la poesía hispano-americana, vol. I. pág. 390 ed. de Madrid.*

(2) J. M. DE ROJAS: *Simón Bolívar, págs. 14-15-16 ed., 1883. París.*

rrió, acusan á D. Andrés Bello ó á Don Miguel Luis
Amunátegui de una exageración que parte límites con
la mentira. Bolívar habló de independencia á sir Ricardo Wellesley, porque las instrucciones lo autorizaban
para que tratase el punto, como consta de las mismas
instrucciones recién encontradas en los archivos de
Londres por el laborioso historiógrafo C. A. Villanueva. Los que puedan conciliar la referencia de Amunátegui con la presente noticia, que lo hagan. El autor de
estas notas cíñese á insertar la carta que sigue:

«París, 26 de Mayo de 1912.

Sr. D. Rufino Blanco-Fombona.
Ciudad.

Mi querido amigo:

Me es grato acusar recibo á su carta de ayer, cuyos
particulares paso á contestar. El estudio que hice en
Londres, en el propio *Foreign Office*, con vista del expediente de la misión Bolívar, destruye toda la narración de Bello en cuanto á la primera conferencia de
nuestros diplomáticos con el marqués de Wellesley,
que es el punto sobre lo que usted desea esclarecimiento.

Bolívar no entregó al marqués las instrucciones, sino
las credenciales; y si lo hubiera hecho no pudo el marqués leerlas allí mismo, por ser bastante largas. Me
fundo en que no las entregó, en el hecho de que ellas
no existen en el expediente, donde sólo están las credenciales y la nota de la Junta Suprema al secretario
de Estado de Su Majestad Británica.

No es cierto que Bolívar se hubiera ido á la conferencia como un atolondrado, sin leer sus instrucciones. Es evidente que las leyó, puesto que habló de *independencia, tal cual ellas se lo mandaban.*

Extraño que la memoria faltase á D. Andrés en tan interesante cosa, cuando ella se mantiene clara en otros puntos, cuya verificación he practicado en los documentos originales.

En el fondo de su narración encuentra la crítica, apoyada en circunstancias varias, una malquerencia de Bello para con Bolívar, originada tal vez en el abandono en que dejó Colombia en Londres al eminente publicista. Bolívar no tuvo culpa en que lo dejaran en la mayor miseria en Londres ni en aquella triste injusticia de no darle á él la plenipotencia de Colombia, á que tenía derecho por su saber, virtudes y servicios. Esas fueron cosas de Santander.

Su amigo y colega,

CARLOS A. VILLANUEVA.»

El éxito de la misión, por otra parte, fué tan completo como lo esperaba la Junta de Caracas. Bolívar regresó á Venezuela en un barco de guerra inglés, llevando elementos de guerra y ál general Miranda, que era por entonces el venezolano más célebre y el más perito en cuestiones de guerra.

En la nota verbal de los comisionados á sir Ricardo Wellesley, y en donde resumían por escrito el objeto de su misión, en esa nota celebrada por diplomáticos profesionales como Gil Fortoul (1) y M. Jules Manci-

---

(1) J. GIL FORTOUL: *Historia Constitucional de Venezuela, vol. I, pág. 130 ed. 1907. Berlín.*

ni (1) consta que Bolívar y López Méndez, si bien obedeciendo á instrucciones, se escudaban con los ilusorios derechos del prisionero Fernando VII para desconocer el Gobierno español, la Regencia; al mismo tiempo, so pretexto de luchar contra Francia, enemiga de España, pedían apoyo moral á la aliada de esta nación, á Inglaterra, á quien lisonjeaban con promesa y facilidades de intercambio comercial. Dada la posición de Venezuela frente á las colonias inglesas del Caribe, insinuaban con mucha habilidad los diplomáticos, previendo que las Antillas iban á ser futuro arsenal de la República en la inevitable guerra, que se librasen instrucciones á los jefes británicos en las Antillas para que las comunicaciones con nosotros, «muy especialmente de comercio», comunicaciones con legalidad inexistentes, se facilitaran en lo posible. Inglaterra satisfizo las exigencias de Venezuela. La diplomacia de Bolívar y de López Méndez triunfó, á pesar de los gruñidos de España contra su aliada. El 7 de Diciembre de 1810 libraba órdenes lord Liverpool á las autoridades de las Antillas en el sentido que exigía la Comisión (2).

En cuanto al éxito personal y social de los comisionados, fué extraordinario. Por primera vez se acaba de escribir sobre este asunto. Lo ha hecho el diplomático francés, historiador de Bolívar, M. Jules Mancini, con vista de los periódicos de la época y de documentos inéditos de los archivos ingleses. Es una página tan nueva como interesante.

---

(1) JULES MANCINI: *Bolívar et l'émancipation des Colonies espagnoles, vol. I, pág. 322 ed. 1912. París.*

(2) *Documentos para la historia de la vida pública del Libertador, vol. II. págs. 524-525 ed. de Caracas.*

«Ellos *(los comisionados)*—dice Mancini—recibían
en el Morin's Hotel numerosas visitas. El conde de
Mornington, el hermano del almirante Cochrane, se
hacían anunciar diariamente. El duque de Gloucester,
sobrino del rey, organizaba en su honor *parties fines*
y los invitaba á comer. «Los embajadores de la América del Sur» es el título con que las gacetas designa-
ban á Bolívar y á López Méndez, y ellos trataban de
corresponder con una fastuosa elegancia á los home-
najes de que eran objeto. Aprovechando los últimos
bellos días de la estación, ambos se mostraban por
Bond street ó *Hyde Park* en soberbia carroza. Los
periódicos señalaban su presencia en la Ópera, en
Astley's Amphitheatre. Bolívar se hizo pintar por
Gill, el artista á la moda.» (1).

El triunfo de la misión había sido completo.

Mitre, siempre falto de veracidad, asegura en su
indigesto novelón, al que cínicamente titula *Historia
de Sur-América*, que «el objeto de la misión era buscar un acomodamiento con la regencia de Cádiz para
evitar una ruptura»; que «Bolívar no había leído sus
credenciales ni sus instrucciones, ni dádose cuenta de
su papel diplomático...» (2). En otra parte de su obra
tilda al Libertador por haberse encargado de aquella
misión sospechosa.

Semejantes conceptos de Mitre, antítesis de la verdad, tienden á falsear el carácter de nuestra revolución, radical en cuanto á independencia, y republicana
desde su iniciación, y el carácter de Bolívar, irreductible, intransigente con cuanto no fuera la soberanía
absoluta de los Estados que libertó. Esta firmeza en

(1)   JULES MANCINI: *ob cit., pág. 321.*
(2)   Cap. XXXVI.—IV ed. de Buenos Aires.

los caudillos y ese ideal político concreto, donde faltó precisamente fué en Buenos Aires.

Baste recordar que la independencia no se declaró allí hasta 1816, que la inmensa mayoría de los próceres esperaba la salud de un príncipe extranjero; que se solicitó el protectorado de Inglaterra; que se llamó á los brasileños para que sometieran la provincia oriental del Plata, revuelta por Artigas, y que en las propias vísperas de Ayacucho, Rivadavia pactaba con los españoles.

V

BELLO EN LONDRES

Dado nuestro propósito, que es el de presentar un esbozo de Bello, donde se adviertan apenas los grandes lineamientos del conjunto, y sólo uno que otro detalle que permita diferenciar esa vida de cualquiera otra vida, y esa obra de cualquiera otra obra; dado lo somero de este boceto, que, como los bocetos de Carrière, debe tener más expresión que dibujo y más sentimiento que minucias, la permanencia de Bello en Londres podemos cruzarla de un vuelo, como si nuestro pensamiento fuese un ave y aquellos años del maestro, entre su salida de Caracas y su arribo á Santiago, un brazo de mar entre dos islas.

Desde promedios de 1810 hasta Febrero de 1829 permaneció en Londres. Allí prestó servicios diplomáficos, como secretario de Legación, á Caracas, primero, en 1810; á Chile, luego, en 1822, y á Gran Colombia

desde 1824 hasta 1828. En los intervalos, y á causa de
los altibajos de la revolución americana ó de los gobiernos patriotas, encontróse D. Andrés Bello, á menudo, sin cargo y sin sueldo, ó con el cargo satisfecho
á la buena de Dios, cuando los gobiernos podían.

Como la vida no espera, como es necesario comer
todos los días, y en invierno y en Londres, comer,
abrigarse y calentarse bien, D. Andrés Bello pasó
amarguras, careciendo, en aquel suelo extraño, de dinero, ese padre de la tranquilidad espiritual, del *con-
fort*, de lo superfluo, indispensable para vetear la existencia de alegría y de placer.

El Gobierno inglés, liberal en extremo en aquella
ocasión, socorrió á Bello cuando éste quedó súbita-
mente sin cargo y sin recursos, á consecuencia del
triunfo de los españoles sobre Caracas en 1812, por
incapacidad del célebre é infortunado general Miranda. El Gobierno inglés no socorría al Sr. Bello ni al señor López Méndez, como á tales López Méndez y
Bello, sino por el cargo que ejercían ó habían ejercido, por las circunstancias del caso y como prueba de
simpatía indirecta á la rebelión de las colonias.

Pero todo tiene un límite, hasta la magnanimidad ó
beneficencia inglesa, que lleva su lápiz en la mano, y
pierde con dificultad la cabeza. El auxilio británico
cesó. Había durado un año. Fué menester ganarse
el pan.

Bello, que siempre tuvo inclinaciones al profesorado, y que buscó una actividad de acuerdo con su carácter y conocimientos, dedicóse á enseñar la lengua
castellana y latín. Así fué maestro de los hijos de sir
William Hamilton. Á veces las lecciones escaseaban
y entonces sobrevenían las horas negras; sobre la som-

bra del exilio, caía la sombra de la miseria. Pero Bello no se abatía. Su amor al estudio lo salvaba. En Londres aprendió griego, perfeccionó el inglés, analizó los monumentos más antiguos de la lengua castellana, rastreó los orígenes de la versificación francesa, de la literatura inglesa, de la poesía italiana; y sus estudios abrieron en filología, desde el primer cuarto del siglo xix, rumbos nuevos (1).

Pero el amor al estudio no bastaba para alimentarse, ni para alimentar á los suyos. Bello había casado, en 1814, con una dama inglesa, María·Ana Boyland, y tuvo pronto dos ó tres hijos. Viudo luego, casó de nuevo con otra señora de la misma nacionalidad.

El emigrado español Blanco White, de relaciones

---

(1) "Desde 1823—escribe el ilustre crítico americano D. Miguel Antonio Caro en su estudio del poeta caraqueño— anticipaba Bello luminoso concepto acerca del *Poema del Cid*. Sobre este antiquísimo monumento de nuestra lengua emprendió Bello una obra de restauración, con la paciencia y escrupulosidad propias de un filólogo alemán que sólo á eso se dedicase. Investigó las fuentes en que debió de beber el poeta; trató de fijar algunas leyes de la medida al parecer anómala é informe de sus versos; y cotejando el texto rimado con *La Crónica del Cid*, introdujo en él lecciones nuevas, llenó lagunas, uniformó la ortografía y añadió muchas notas históricas y críticas. Trabajando sobre el texto de Sánchez, no conoció Bello el códice que después sirvió de base á la edición paleográfica de D. Florencio Janer (*Biblioteca de Rivadeneyra*, 1854). Confrontado con este texto fidedigno el de Bello, aparece que en algunos casos adivinó el restaurador la verdadera lección, alterada ú obscurecida en la edición de Sánchez, y restablecida por Janer; en otros casos aventuró conjeturas atrevidas y acaso no fundadas, pero siempre ingeniosas."

en Londres, le puso á menudo en el camino del boca-
do cotidiano. Bello se empleó en los quehaceres más
heterogéneos: descifró un día manuscritos de Bentham;
otro corrigió pruebas de la Biblia; otro daba lecciones. Pensó en irse á Buenos Aires: el Gobierno argentino le ofreció dinero para el viaje y hospitalidad generosa, tomando en cuenta los méritos de Bello, «qué
hacen más recomendables los padecimientos de nuestros hermanos de Caracas». Era en 1815. El año anterior Boves, el hermano de Atila, había exterminado á
Venezuela. Lo que quedaba, el territorio, estaba en
1815 dominado por Morillo y su expedición. Sólo per-
manecían en los Llanos grupos de patriotas, errantes
indestructibles. Pero Bolívar iba á apoyarse en ellos,
en 1816: ellos eran la célula viva de la patria.

Bello no aceptó, después de haberla solicitado, la
hospitalidad argentina. Su situación acababa de mejo-
rarse en Londres, merced al ministro de las Colonias,
Hamilton, á cuyos hijos empezó á aleccionar.

En Londres fundó y redactó, en compañia del guatemalteco Irisarri, excelente prosista y, andando el
tiempo, historiador del crimen de Beruecos, el *Censor
americano*, en 1820; tres años más tarde, en 1823, sacaron á luz el mismo Bello y el granadino García del
Río, antiguo mentor del general San Martín, la *Biblioteca americana*, y de 1826 á 1827 apareció, con Bello
á la cabeza, el *Repertorio americano*.

En aquellas revistas publicó el ilustre caraqueño sus
dos mejores poemas: la *Silva á la agricultura de la
zona tórrida*, escrita en 1826 (*Repertorio*), y la *Alo-
cución á la poesía*, obra de 1823, inserta en dos números de la *Biblioteca*.

Para que se penetre el carácter de Bello y como

detalle interesante para su psicología, recuérdese que estas dos perlas de la poesía castellana, estas dos verdes hojas de laurel, estas dos cimas claras del parnaso de América, estas dos obras maestras, las publicó su autor sin firma, sin poner siquiera al pie sus iniciales, como aquellos arquitectos de la Edad Media que después de fabricar una catedal olvidaban grabar su nombre en alguna piedra.

Si Bello muere por esos días, tal vez nunca se hubiera conocido á ciencia cierta el autor de ambas joyas. Agréguese que solía suscribir modestamente sus trabajos de más médula con apenas las iniciales A. B. En Chile, más tarde, será lo mismo: Bello colaborará constantemente en la Prensa, sin darse la pena de firmar, y sin firma publicó también su elegía *El incendio de la Compañía*, con ocasión de haberse destruido por el fuego, en Santiago, una hermosa y venerada iglesia de los jesuítas.

Ha sido menester toda la diligencia acuciosa de un erudito como D. Miguel Luis Amunátegui, y la voluntad decretada del Gobierno chileno, para que se encontrase y viese la luz tanta minucia anónima y desperdigada del maestro.

Otras piedras del parnaso talló el maestro en la época de sus revistas londinenses.

Vertió en versos castellanos y castizos el *Orlando enamorado*, de Boyardo; y publicó y tradujo en el *Repertorio* (1827) un fragmento de *Los jardines*, de Delille, poema superior en castellano que en francés, aunque casi tan pesado en la versión como en su lengua vernácula. De 1827 es también la hermosa *Epístola á Olmedo*. Esta epístola, en clásicos tercetos, no fué publicada nunca por el poeta caraqueño, sino por extraños generosos que la encontraron, muertos Bello y Olmedo, entre los papeles del ilustre cantor de *Junín*. ¿No esbozan semejantes detalles el ser moral del sabio?

También publicaba por entonces, en los menciona-dos periódicos, sus descubrimientos y pensares sobre filología romana, estudios de prosodia y métrica espa-ñolas, apuntes de erudito, artículos divulgadores de ideas y obras científicas, y cien juicios críticos sobre volúmenes, ya filosóficos, ya literarios, de ingleses, franceses, españoles é hispano-americanos.

Entre estos juicios críticos figuran como de más in-terés, los que escribió sobre *Elementos de Ideología*, de Destut de Tracy, cuyo idealismo deslumbró á Bello antes de abandonarse á su propio espíritu y obedecer á la influencia del positivismo inglés; *Elements of Phy-sic*, por N. Arnott, de quien era amigo personal; el que dedicó á la obra del presbítero italiano Pietro Tamburini, y el que consagra á la iglesia española. No son tan extensos como pudieran ser, ni tan jugosos, el artículo á propósito de las *Noticias secretas de Amé-rica*, por los ilustres marinos y sabios peninsulares D. Jorge Juan y D. Antonio de Ulloa, ni otro respecto á las *Causas de la grandeza y decadencia de España*, obra de un antiguo magistrado, de nombre Sampere. Pero, en cambio, ¡cuán interesantes, en medio de su parquedad, los juicios críticos sobre Moratín, Martínez de la Rosa, Cienfuegos, Olmedo y Heredia!

Bello, como se advierte, aprovechó su estada en Londres para redondear sus conocimientos, para ga-nar el sustento diario, para formar una y otra vez ho-gar, para servir á Chile y á Colombia en cargos diplo-máticos, para redactar periódicos en los cuales divulga aquellas ideas que juzgó de más utilidad en América, que era donde sus revistas iban á circular y para quien él escribía principalmente.

Allí se había encontrado con emigrados españoles, víctimas de sus opiniones antiopresoras, entre los cuales se contaban el célebre Blanco White, que redactaba *El Español*, y que se portó bien con Bello; el no menos célebre D. Vicente Salvá, filólogo; el poeta José Joaquín Mora, de tanta fama en América, y con los hispano-americanos Irisarri, ministro de Chile, aunque guatemalteco de nacimiento, que lo nombró secretario de la Legación en Junio de 1822, con 2.000 pesos de sueldo anuales; García del Río, colombiano, que pasó á Europa en servicio del Perú, y Fernández Madrid, poeta mediano y caballero de distinción, ministro de Colombia, á quien Bello sirvió como secretario de la Legación colombiana, desde 1824 hasta 1828. Á esos camaradas de raza española, ya americanos, ya europeos, únanse las relaciones de su mujer, sus discípulos, las personas cuyo conocimiento granjeó en los cargos diplomáticos que una y otra vez ejerciera, las amistades por afinidad intelectual ó de estudios, como la del médico y físico Arnott y la de James Mill, padre de Stuart Mill, y se vislumbrará el medio en que se agitaba y vivía D. Andrés Bello, durante sus diez y nueve años de Londres.

Llamado y protegido por Chile, sale de Londres en la mañana del 14 de Febrero de 1829. Se embarcó en el bergantín inglés *Grecian*, rumbo á Valparaíso. Iba á cruzar no lejos de las costas de Venezuela, dirigiéndose hacia al estrecho de Magallanes. No volverá á ver ni á pisar la tierra nativa. Una nueva patria, más generosa que la antigua, le abre las puertas.

VI

ESTADO POLÍTICO DE CHILE CUANDO ARRIBA DON ANDRÉS BELLO

Cuando Bello arriba á Chile cuenta cuarenta y ocho años de edad.

Su primera impresión del país no es favorable. «El país hasta ahora me gusta—escribe en la intimidad á un amigo de Londres, pocos días después de su arribo, aunque lo encuentro inferior á su reputación, sobre todo en bellezas naturales.» Y líneas adelante: «La bella literatura tiene aquí pocos admiradores.» Es verdad que añade que la juventud de las primeras familias manifiesta deseo de instruirse, que las mujeres son agradables y que el país prospera; pero semejantes loas, si bien tributadas en el secreto de una correspondencia íntima, ¿no parecen aplausos de huésped agradecido? En suma: echaba de menos lo que abundaba en su patria: bellezas naturales en la tierra y amor del Arte é imaginación en los hombres.

La nación, por otra parte, era presa de las facciones; la anarquía imperaba, situación nada propicia á un hombre que salía de la seguridad inglesa y ciudadano pacifista, pacífico y de estudios.

Chile no era una excepción en la América de 1829. Toda la América ardía en llamas de odio, envuelta en los horrores de la demagogia y la anarquía. Acababa de salir triunfante de una guerra internacional que fué al propio tiempo guerra civil, por cuanto la mitad de América apoyaba á España contra la otra mitad, que la combatía; de una guerra cruenta y gloriosa que emancipó á la América de la tutela peninsular. Pero los soldados triunfadores se disputaban el poder y la prédica de un radicalismo democrático, mitad yanqui, mitad francés, en pueblo analfabeto, de castas y sin preparación, encrespaba los instintos y las ambiciones del pópulo, el espíritu de resistencia en clases superiores y contribuía á acrecer el desconcierto social.

No se necesitaba de aquellas teorías extremas, de aquellas teorías absurdas en la América de entonces, absurdas, por cuanto no existía correspondencia entre el ideologismo importado y el medio social existente; no se necesitaba de aquel aguacero de petróleo sobre las vivas llamas para producir la conflagración de todo el continente. Esta conflagración era efecto de la geografía, de la historia, de la étnica, de la despoblación, de la ignorancia americanas. Los teóricos demagógicos y los soldados rapaces eran distintos sintomas del propio mal.

¡Cuánto daño produjeron los demócratas exaltados, aun los de buena fe! ¡Cuánto aquellos que encubrían ambioncillas de localidad con palabras resonantes y teorías de seducción, talentosos para asimilarse lo ajeno, pero sin talento trascendente, creador, sin ojos para ver las realidades diarias de carne y hueso, tales como Santander y sus secuaces en Colombia!

Otros ilusos reformadores hubo, ideólogos de verborrea, en quienes la memoria locuaz se tuvo por altitud y potencia mentales; doctrinarios de imitación, repetidores de lo europeo, como Rivadavia en Argentina, sin capacidad para amoldar lo ajeno y foráneo á lo idiosincrático de América..

Todos aquellos teóricos, incluso los de buenas intenciones, con la cabeza llena de principios aprendidos en libros ó en viajes; pero sin la humilde y positiva penetración de las realidades sociales existentes, hicieron tanto daño á la América recién emancipada como los soldados ambiciosos y sin mayores alcances: Páez en Venezuela, Freyre en Chile, Lamar en Perú.

La América para 1829, época del arribo de Bello á Santiago, parecía un campo de Agramante. Chile no era, se repite, una excepción: era un ejemplo.

En 1823 había caído O'Higgins, después de una dictadura de seis años. El general Freire, que lo sucede merced á una revuelta, sin los servicios ni los méritos de su brillante y heroico antecesor, no goza de calma durante su trienio, ni acaso merecía gozarla. El país se fraccionó en bandos irreconciliables. Freire, arbitrario y soldadesco, disuelve el cuerpo legislativo en 1826. Así terminó el primer Congreso de Chile. El primero! O'Higgins y San Martín, en efecto, no se allanaron nunca á gobernar sino dictatorialmente. Hasta un gran patriota, Manuel Rodríguez, cuya sangre mancha á estos dos últimos generales tanto como la sangre de los tres hermanos Carrera, pereció asesinado, víctima de las tropas de la dictadura chilena, porque quiso y reclamó la reunión de un Congreso nacional.

Á Freire le sucede Blanco Encalada: no alcanza á gobernar sino dos meses. El sucesor de éste, Eizaguire, no completa cinco meses de presidente. Freire sube al Capitolio de nuevo; á los tres meses cae. El general Pinto se apodera del mando y logra conservarlo, entre las agitaciones de los partidos, hasta Julio de 1829, en que los conservadores, con el general Prieto, le hacen una revolución. Á principios de 1830 ejerce la presidencia Ovalle. El inquieto Freire lo desconoce, se alza en armas y se hace derrotar en Lircay por el general Prieto. Esta batalla asegura el triunfo del partido conservador.

De aquel maelstrom de pasiones, ambiciones é incapacidades surge la figura autoritaria del «pelucón» Diego Portales, quien, ministro del débil Ovalle, gobierna al presidente y gobierna al país. Por influencia suya se dió á la República una Constitución de hierro en 1833, que era la realización exagerada de algunas ideas de Bolívar.

Desde entonces terminó en Chile esa antimonia, constante aun hoy en otras repúblicas, de poseer la libertad en las leyes y el despotismo,y la esclavitud en las costumbres.

Aunque por medios violentos y férreos empezó á gozar Chile desde entonces ó poco después de aquella estabilidad que ya le auguró Bolívar en 1815: «Si alguna República—opinaba el Libertador—permanece largo tiempo en América, me inclino á pensar que será la chilena. ¡Jamás se ha extinguido allí el espíritu de libertad!... No alterará sus leyes, usos y prácticas; preservará su uniformidad en opiniones políticas y religiosas; en una palabra: Chile puede ser libre.» (1)

El general Pinto administraba la nación en una de aquellas efímeras presidencias cuando Bello arribó á las playas de Arauco. El espectáculo de la anarquía imperante y de la barbarie en auge debió de apesadumbrar el espíritu de aquel hombre tan de orden, tan

_____

(1) *Carta de Bolívar: Jamaica, 6 de Septiembre de 1815.* Consúltese la edición crítica de las CARTAS DE BOLÍVAR, prólogo de J. E. Rodó, Notas de R. Blanco-Fombona, páginas 131-152, ed. de París y Buenos Aires.

de paz, tan de letras y tan amante de América. ¡Qué
desilusión para el poeta que busca los jardines de Aca-
demo y encuentra un circo romano!

¿Era eso la América que él había cantado? ¡No
valía la pena de emanciparse para sólo ejercer el
derecho de rebatiña y mutuo degüello! El porvenir no
pareció de seguro lisonjero al sabio en medio de en-
conadas pasiones banderizas. Por su temperamento
metódico y pacífico, no menos que por su profesión
como varón de letras y de ciencias, necesitaba de la
tranquilidad social. Él no era púgil de circo, ni sus
modestas ambiciones se conquistaban en la arena, ni
las discordias civiles favorecían su empresa de acuñar
y circular el oro del pensamiento.

Así, desiluso y cariacontecido, escribió á su amigo
Fernández Madrid, á Londres, el 8 de Octubre de
1829:

«La situación de Chile no es en este momento nada
lisonjera: facciones llenas de animosidad, una Constitución vacilante, un Gobierno débil, desorden en todos los ramos de la Administración. No sabemos cuánto durará este período, que aquí llaman de crisis, y que
puede tal vez prolongarse años... Aquí nada se lee.» (1)

Pero D. Andrés Bello era ante todo hombre de
buen sentido. Su buen sentido lo salvó. No se mezcló
en las contiendas partidarias, y el odio banderizo no
alcanzó hasta sus umbrales; aunque la envidia y la infamia sí le royeran á veces los zancajos y hasta se le
echase en cara el pan material que Chile estaba dándole, á trueque de otro pan más noble y no menos
necesario, el pan del espíritu, que él estaba dando
á Chile.

(1) *Véase* M. A. CARO: *Estudio citado.*

Asegurado en el Poder poco más tarde el partido conservador, por medio del triunfo del general Prieto en Lircay, Bello empezó, á la sombra de ese partido, sus servicios á la nación chilena, servicios que sin interrupción iba á prolongar, en varia forma, hasta el día de su muerte.

VII

BELLO EN CHILE.—MALQUERENCIAS QUE SUSCITA.—SU OBRA CULTURAL

Sólo en sociedades que se constituyen, lo que no ocurre cada día, puede un ciudadano ayudar con tan eficaz virtud y con tan múltiple esfuerzo—como Bello en Chile—á levantar el edificio nacional. Sólo en tales circunstancias puede un hombre, como calce las botas de siete leguas, recorrer territorios entre sí antipodas. Sólo en tales ocasiones de creación, en que todo es indicar rumbo, abrir cauce, descuajar montes, puede un hombre como Bello, si su aparición en la Historia coincide por fortuna con el instante de nacer una Re-·pública, desplegar su entera virtualidad.

Así logró el maestro enseñar á pensar, por medio de su *Filosofía* (1); enseñar á hablar, por medio de su *Gramática;* enseñar á conocer la hermosura y á gustarla, por medio de su *Métrica* y sus versos; enseñar el pasado del Arte, por medio de su *Historia de la Literatu-*

. (1)   Aunque impresa por primera vez después de muerto Bello.

ra; enseñar la Ciencia astronómica, por medio de su *Cosmografía.* Así pudo codificar leyes, dictar principios de Derecho para que el Estado se guiase en sus relaciones con otros pueblos, llevar el pan cotidiano de la inteligencia á los espíritus en la hoja del periódico, legislar desde su curul de senador, dirigir las relaciones exteriores de la República y ser rector de la Universidad. Y todo á un tiempo. Como subió tanto en la admiración y gratitud de los hombres, la más clara y prolongada lección moral fué la que dió viviendo, dejándose vivir, dejándose ver vivir aquella vida de sabio, de repúblico, de apóstol, tan cristiana y tan ejemplar (1).

Chile, que lo tenía sentado á su mesa en puesto de honor, escuchaba el primero y con más beneficio la palabra del maestro; pero la palabra pronunciada en Santiago repercutía en casi todo el continente.

Atravesando todas las repúblicas, sin excepción alguna, el mismo período de crecimiento y organización, nada convenía á cualquiera de ellas que no fuese utilizable á todas. Cuando aparecía, impreso en Santiago, algún libro de Bello, el libro se devoraba y hasta se reproducía, ora en los diarios, ora en volumen, ya en Lima, ya en Buenos Aires, ya en Bogotá, ya en Ca-

_____

(1)   La enseñanza de Bello no se contrajo sólo á Chile, sino que se difundió, por medio de sus obras, al resto de América y aun á España. La Real Academia Española prohijó, por ejemplo, el tratado de Prosodia Castellana de Bello. En 27 de Junio de 1852, se dirige este Cuerpo, oficialmente, á Bello y le dice: "La comisión formada por esta Academia para formar un tratado de prosodia de lengua castellana... opina que la Academia podría adoptarla *(la obra de Bello)* previo el consentimiento de Usía".

racas, ya en México. Las múltiples ediciones de sus libros llevan al pie el nombre de las distintas capitales americanas. Y lo que de perdurable y general tenía su obra, repercutía también, aunque más vagamente, en Europa. El tratado de *Derecho*, la *Gramática castellana*, los estudios filológicos, los versos, han sido publicados varias veces en España, ya en Madrid, ya en Barcelona. La mejor edición de la *Gramática*, edición avalorada por las notas del ilustre D. Rufino Cuervo, ha sido publicada en París y circula en ambos mundos.

Para comprender la influencia de este patriarca de las letras y de las ciencias es menester conocer á Bello primero y luego conocer á Chile. Después bastará observar al hombre actuando en el medio.

De Bello sabemos ya cuánta era su ciencia; lo que falta por averiguar es su carácter. Nadie podrá introducirnos con más autoridad en los secretos de aquel espíritu é indicarnos mejor los pasos del hombre como sus contemporáneos y discípulos. Amunátegui ha erigido un monumento á Bello como pocos lo tienen igual en América, con la biografía del maestro, erudita, minuciosa, llena de revelaciones y de juicio. Otros chilenos contemporáneos de Bello han dejado también pinturas, aunque más someras, del sabio.

Oigamos á D. Francisco Vargas Fontecilla: «Bello era entonces jefe (cuando llegó á Chile) de un hogar en que vivían siete hijos pequeños que pedían pan y educación. Su fortuna era escasa... Estaba dotado de una constitución física que, aunque desnuda de apariencias atléticas, era fuerte y dejaba ver una perfecta regularidad. Gozaba de constante salud y veía, por otra parte, asegurada la subsistencia de su familia con los emolumentos de su empleo... Respetuoso del derecho ajeno, reposado y amigo de la paz, miraba con profunda antipatía todo lo que tenía aires de rencilla ó de rivalidad... Su conversación era una enseñanza, exenta de toda pedantería y de toda ostentación. Siempre grave, sin dejar de ser amable y cortés; siempre modesto, sin detrimento de su dignidad; siempre indulgente para oir las observaciones y los juicios ajenos, su palabra era escuchada con placer... Daba sus lecciones en su casa, en medio de la selecta biblioteca que, mediante sus economías, había reunido en Europa, y que había traído consigo, como su más valioso tesoro... El maestro empleaba franqueza y dignidad en el trato con sus alumnos. Éstos le amaban y escuchaban sus lecciones con sumo interés.» (1)

Era Bello, en resumen, un ciudadano grave, afable, benévolo, de carácter moderado, enemigo de extremos, respetuoso de las opiniones ajenas, defensor de las suyas con serenidad. Era un espíritu muy equilibrado. Convencido Bello tal vez de que la región es freno social de primer orden, y acaso con el propósito de no chocar, en cuanto á sentimientos religiosos, con el medio, ó por sinceridad, conciliaba sus ideas filosóficas, por lo menos en la apariencia de la vida social, con la religión del país. Así, no chocó con el catolicismo. Es más: puede considerársele como católico en religión y conservador en política, todo con ingénita moderación. Amigo del orden, de la tranquilidad, del estudio, era al mismo tiempo algo tímido y hombre que no hablaba sino lo preciso y sin adustez ni ostentación de superioridad.

---

(1) *Discurso universitario.*

Un francés, el señor Th. Mannequin, que lo conoció en 1861 por medio de Barros Arana, escribió en un periódico de París *(Journal des Économistes, Février, 1865):*

«Le savant vieillard était à son bureau, où il passe régulièrement huit ou dix heures tous les jours... Je n'ai jamais vu de plus belle tête ni de physionomie plus douce et plus bienveillante. Contrairement à l'habitude des hommes âgés il parle peu et il aime qu'on lui parle. Il y a toujours à apprendre, dit-il, dans le commerce de ses semblables.»

Tal era el hombre. ¿Qué mucho que se sintiera á sus anchas y amase como amó á un país como Chile, circunspecto por naturaleza, católico por educación, conservador por instinto, donde las jerarquías están graduadas, donde un puño selecto de oligarcas dirigentes encarrila el país y donde no son fáciles las improvisaciones, ni las audacias demagógicas, ni las escaladas nocturnas, ni los retozos democráticos?

Es verdad que Bello contribuyó precisamente á la educación del país, á hacerlo lo que hoy es; pero la educación es una cosa y el carácter es otra: el carácter es anterior á la educación. Los gérmenes que desarrolló en Chile más tarde existían ya en potencia en aquella nación. Á Bello precisamente le tocó hacer que germinasen.

Ese Chile, hoy tan brillante y adelantado, era para fines del siglo xviii y comienzos del siglo xix una de las colonias más atrasadas de España en el Nuevo Mundo, para no decir la más atrasada.

En el siglo xvii no existían allí sino dos colegios rudimentarios: uno dirigido por miembros de la famosa Compañía de Jesús, otro por dominicos. Á promedios

del siglo xvIII se inauguró en Santiago la Universidad,
es decir, se inauguró el edificio. Diez años más tarde
aún no se habían iniciado los estudios. En rigor, Universidad, verdadera Universidad á la moderna, no
hubo hasta 1843. Siendo Chile, por otra parte, país
pobre, y estando geográficamente muy distante de
Europa, viajaban sus naturales poco y no tuvieron
ocasión de instruirse ni pulirse en frecuentes idas al
Viejo Mundo, como hicieron los de otras colonias más
favorecidas por su posición en el Atlántico, tales como
Venezuela y México, ó por ser, como Nueva Granada
y Perú, fastuosos y opulentos virreinatos.

El citado Fontecilla, en sus páginas sobre Bello,
escribe con verdad, y no sin dolor: «En todas esas
capitales (México, Lima, Bogotá, Buenos Aires, Quito y Caracas) hubo poetas, literatos y escritores de
nota que florecieron durante toda la revolución de la
independencia y cuyos nombres hizo resonar la fama
por todo el continente y hasta fuera de él. Chile no
puede ahora recordar el nombre de ningún hijo suyo
que se elevase á la misma altura.»

Á Bello, cuando arriba, le choca lo iliterato del país,
más que su estado anárquico, que comprendió mo-
mentáneo. «La bella literatura tiene aquí pocos admiradores», escribe al ministro de Colombia en Londres; y dos meses más tarde le repite: «Aquí nada se
lee».

¡Qué habían de leer los bravos hijos de Arauco,
cuando apenas sabían hablar! El pronunciar, la ortografía, la construcción, eran pésimos. Se deformaba no
sólo el sentido de las voces sino su fonética; se crea-
ban voces absurdas por deformación de las genuinas
y se construían oraciones en las que la concordancia

resultaba archivizcaína. En suma, el idioma castellano iba camino de convertirse en jerigonza.

Haiga se decía en vez de haya; *veniste*, por viniste; *ponré*, por pondré; *güebo*, por huevo; *arbolera*, por arboleda; *pader*, por pared; *advitrio*, por arbitrio. Y se decía también *supliente*, *diferiencia*, *sandiya*. Á Agustín se le llamaba *Austín;* al vidrio, *vidro;* á despensa, *espensa;* á la destiladera, *estiladera;* al rocío, *roceo*.

Eso era nada.

Entre las personas de más viso y cultura corrían como válidos, *copeo*, *agraceo*, *vaceo*.

Y el autor donde me documento sobre estos datos, que es don M. L. Amunátegui, á quien siempre habrán de ocurrir cuantos estudien á Bello, no por los juicios que deja, sino por la copia de documentos y la riqueza de pormenores con que avalora su admirable estudio sobre el gran humanista, agrega: «lo que sucedía, *verbi gratia*, en materia de conjugación era espantoso». Al *que* lo habían convertido en verbo y se decía, según el ejemplo de Amunátegui: «ese volatinero ya se *qué*».

«Los hechos enumerados—añade el biógrafo chileno—, y muchos otros de la misma clase que podrían agregarse, manifiestan que allá por el tiempo en que Bello vino á Chile, los habitantes de este país empleaban un idioma tan adulterado, que iban creando rápidamente un dialecto grosero, que nos habría separado de los pueblos de lengua española y nos habría dejado aislados en el mundo.» (1).

_____

(1)   Ob. cit., pág. 408. Un cumanés, pariente del Mariscal de Ayacucho, que estuvo por Chile, escribía al Mariscal sobre una sesión del Congreso: aquéllas no eran voces humanas sino relinchos de caballos. José Joaquín Mora, el ri-

Uno de los trabajos de Hércules de Bello fué salvar en Chile la lengua castellana, vinculando por ese único hecho su patria de adopción á una civilización secular de Europa y al uniforme porvenir, cada día más risueño, de la América de origen español.

La barbarie, naturalmente, protestó. Los demagogos tildaron á Bello de afecto á España, de monárquico, y lo calificaron, por boca y pluma de un chileno llamado Infante, de «miserable aventurero», tomando pie no sólo en la obra educadora de Bello, sino en su moderación, su antijacobinismo, su propósito, al fin triunfante, de que Chile y todas las repúblicas americanas se acercaran, por nexos de relación internacional, á Europa, sin excluir por de contado á España. Los literatos y seudos literatos no anduvieron á la zaga de los demagogos ignorantones para desconocer los méritos de Bello y la inmensa obra de cultura que estaba llevando á término. Sarmiento, el argentino, y otros argentinos no menos ignorantes y agresivos que el Sarmiento de entonces, atacaron á Bello, porque Bello, demasiado literato, era un anacronismo (*sic*) en la América revolucionaria. «La revolución no necesita de sabios».

El juicio de Sarmiento, á quien ahora el orgullo nacional diputa por genio, merece recordarse.

«Si la ley del ostracismo estuviese en uso en nuestra democración—decía el gaucho, aún cerril—, habríamos pedido en tiempo el destierro de un gran literato que vive entre nosotros sin otro motivo que serlo demasiado y haber profundizado más allá de lo que nues-

---

val de Bello, dijo en verso que los chilenos habían vuelto algarabía la lengua castellana.

tra naciente literatura exige, los arcanos del idioma, y haber hecho gustar á nuestra juventud del estudio de las exterioridades del pensamiento y de las formas en que se desenvuelve nuestra lengua, con menoscabo de las ideas y de la verdadera ilustración.» «Con todos sus estudios no es más que un retrógrado absolutista... Allá *(en Europa)* está en su puesto; aquí es un anacronismo perjudicial.» (1).

En tales manos andaba el pandero para la fecha: 1842. Y cuenta que Sarmiento era uno de los hombres más talentosos del Sur. Por fortuna, con todo su innegable talento y acaso á fuer de genuino talento que va poco á poco educándose, Sarmiento vivió contradiciéndose, rectificando: así el mismo personaje que ataca en Chile á Bello el año 1842 por difundir la cultura europea, resulta como argentino, enemigo encarnizado de Rosas, representante de la barbarie americana, de lo que Sarmiento llama «el monstruo del americanismo», y se declara propagandista acérrimo de la cultura europea.

Chile, desoyendo las declamaciones de Sarmiento, siguió tras las banderas culturales y civilizadoras de Bello. El resultado lo conocemos. El propio Sarmiento—repítase—iba á seguir en Argentina las huellas del humanista caraqueño, divulgando á los márgenes del Plata lo que aprendió, como Bello, en libros europeos.

Quiere decir que Sarmiento comprendió que el problema básico de Argentina era la desbarbarización, como lo comprendió antes en Chile D. Andrés Bello, y como antes que Bello y Sarmiento lo comprendieron, res-

(1) Esto se escribía en un periódico de Santiago el 22 de Mayo de 1842.

pecto á toda la América, dos caraqueños: Simón Bolívar y su maestro Simón Rodríguez.

Como el país le gusta á Bello cuando arriba á Chile,
como éste fué generoso con el poeta desde que el
poeta pisó tierra de Arauco, Bello no tuvo sino una
preocupación primordial: la difusión de la enseñanza.
Creía con ello hacer á su patria de adopción el más
cumplido y transcendental de los servicios, y así fué.

Aunque llamado para desempeñar cargos de otra
índole; aunque se le destinó al principio á la Hacienda y á la Diplomacia, Bello comprendió que no habría Diplomacia, ni Hacienda, ni República sin una
sólida y extensa instrucción pública. Á esa obra dedicó desde entonces sus mejores energías, ya por medio
del profesorado, ya por medio de la Prensa. Poco
tiempo después de su arribo á Santiago, é independientemente de sus cargos y actividades oficiales, que
consistían nada menos que en ser alma y motor de las
relaciones exteriores de la República, D. Andrés
Bello dirige el principal instituto de enseñanza y redacta el mejor periódico.

Como periodista y hombre práctico, es decir, conocedor de las lagunas sociales que era menester colmar,
fué durante años y años el formador de la opinión pública, el faro encendido que señala el buen rumbo y
hace evitar el peligro del escollo. Iluminaba con su
buen sentido y su gran talento, todas las cuestiones
que estaban á la orden del día. Bello endereza, desde
su butaca de Relaciones Exteriores, por ejemplo, la
amistad de Chile hacia España, y obtiene el reconocimiento de la antigua colonia como nación por la antigua metrópoli. La barbarie soberbia del criollo re-
cuenta, desde las columnas de otro periódico, las

atrocidades de los guerreros peninsulares, para concluir que no se debe entrar en relaciones de amistad con un país de verdugos. Bello sale á la defensa de las relaciones chileno-españolas y apacigua los ánimos, indicando las decisivas conveniencias de la amistad con la Península.

Como era época de creación, crea. Un día aconseja la recolección de documentos históricos, otro la fundación de la Estadística, y da el ejemplo formando cuadros estadísticos de ciudades y departamentos chilenos; otro, el modo de escribir la Historia; otro, el modo de estudiarla. Su constante preocupación es aliar las letras y las ciencias en la conciencia pública; dar á la educación una base literaria, por medio del exacto conocimiento del idioma, y una base científica: la Economía política, las Matemáticas, el Derecho.

Su espíritu práctico aconseja el estudio de las ciencias naturales «y toda la utilidad que puede sacarse de ellas», la fundación de escuelas dominicales para que aprendan á leer los adultos «sin que le siga perjuicio en sus ocupaciones formales»; la creación de «un curso especial de Química aplicada á la Industria y á la Agricultura». Y esto dura desde 1830 hasta 1853. tiempo durante el cual redactó *El Araucano*, es decir, dura veintitrés años.

Pero en sus cátedras, en colegios y universidades, está el maestro más á su amor, y difunde con más placer su irradiante sabiduría.

Profesa filosofía, derecho internacional, derecho romano, latín, castellano, literatura, etc., etc.

Es padre intelectual de varias generaciones.

Su influencia, como se comprende, debía ser inmen-

sa, y lo fué. «En Chile—escribe Amunátegui—, los
que no fueron discípulos de Bello lo fueron de sus discípulos, ó de los discípulos de sus discípulos.» Ningún
hombre, en efecto, ejerció influencia social mayor. Su
generación es todo un pueblo.

Vargas Fontecilla, cuyo discurso sobre Bello cito
una vez más, escribe para probar el influjo social del
sabio: «Bello fué tenido en un alto concepto y estima-
do muy sinceramente por nuestros más conspicuos
estadistas. Todos ellos solicitaron su consejo en los
más graves negocios públicos y, particularmente, en
las dificultades diplomáticas y en las cuestiones internacionales; y siempre encontraron en Bello sensatez,
rectitud y conocimiento práctico de las cosas, cualidades que constantemente han distinguido la política de
Chile en sus relaciones con los demás Estados.»

Y para probar la influencia póstuma del maestro,
agrega el mismo escritor, decano de la Facultad ·de
Humanidades en la Universidad de Santiago:

«Ningún chileno podrá hablar su lengua con correc-
ción sin haber recibido y meditado las lecciones del
maestro; ningún poeta podrá dar forma á las creacio-
nes de su fantasía sin conocer las reglas que él dejó
establecidas; ningún magistrado, ningún jurisconsulto
podrá ejercer sus nobles funciones sin pensar en el
sabio Bello, sin leer y meditar la palabra que dejó escrita en el cuerpo principal de nuestras leyes; ningún
estadista podrá desconocer la tradicion de sensatez,
de circunspección y de justicia que dejó impresa en la
política de nuestro Gobierno.»

Nobles palabras, dignas del hombre que las dice, del
hombre á quien se dirigen y del pueblo en que se pronuncian. Epitafio magnífico para aquel benefactor social.

VIII

EL TALENTO ENCICLOPÉDICO DE BELLO.—SIRVE EL JURISTA DE
ÁRBITRO ENTRE NACIONES.—MUERE

Bello no fué un genio como Leonardo de Vinci. Fué un gran talento, un talento de primer orden, servido por una gran curiosidad intelectual; un espíritu metódico, una profunda sagacidad crítica y una inextinguible voluntad de conocimiento. No es un Leonardo de Vinci; pero es necesario remontarse hasta el milanés, ó siquiera hasta Goethe, para encontrar un hombre en quien se mezclen el amor del Arte y su cultivo feliz, con la superior capacidad científica. Porque Bello no fué meramente un sabio de biblioteca, un erudito, sino que observó directamente las sociedades y la Naturaleza. Su obra de Derecho es la realización científica de nuestras necesidades americanas, en orden á relaciones internacionales. Las hormigas las estudió con la paciente curiosidad de un naturalista, y sorprendió las costumbres de estos diminutos seres, que representan por simbolismo esa laboriosidad metódica que tanto amó Bello. Si un día, desiluso, da de mano á sus observaciones y rompe sus manuscritos, es porque aquel sabio probo, que no quiere engañarse ni engañarnos, se informa de que ya existe en Europa un estudio que supera al que está practicando.

Como ha estudiado mucho, sabe de Medicina, y como es patriota americano, quiere arrancar del Nuevo Mundo el sambenito que le ha colgado la antipatía de Europa, mal disimulada esta ocasión con máscara de ciencia, y prueba que la sífilis es anterior en Europa al descubrimiento de América.

Hasta en el mismo estrecho y árido campo de la erudición derramó este magnífico talento chorros de luz, y vió surgir frondosos laureles. Descubrió el origen de los romances castellanos, ignorado hasta él; lo descubrió á poder de paciencia y de gen·o inquisidor y deductivo, al través de los textos del bárbaro latín medioeval. El académico español D. Eugenio de Ochoa no encontró nada mejor, entre paréntesis, que apropiarse aquel descubrimiento de la sabiduría, y publicó en un libro propio al estudio de Bello, sin mencionar el nombre del filósofo. Con idéntico desenfado circuló como propios, D. José María Pando, hijo del Perú, los *Principios del Derecho internacional* de Bello.

Su trabajo sobre el *Poema del Cid*, que ocupa todo el volumen VII de sus *Obras completas*, es un prodigio filológico. Bello lo restauró, en mucha parte, á su ser primero, obrando prodigios de adivinación, como apuntan Miguel Antonio Caro y Menéndez y Pelayo, jueces competentes (1).

_____

(1)   Oigase á Menéndez y Pelayo:

"Bello probó antes que nadie que el asonante no había sido carácter peculiar de la versificación española, y rastreó su legítima filiación latino-eclesiástica en el ritmo de San Columbano, que es del siglo vi, en la *Vida de la condesa Matilde,* que es del xi, y en otros numerosos ejemplos; le encontró después en series monorrimas en los *cantares de gesta,* de la Edad Media francesa, comenzando por la *Canción de Rolando,* y por este camino vino á parar á otra averiguación todavía más general é importante: la de la manifiesta influencia de la epopeya francesa en la nuestra; in-

Como artista de la palabra y hombre de inspiración, ha sido llamado príncipe de los poetas americanos. Sus poemas, menos poderosos que el *Canto á Junín*, de Olmedo, tienen, sin embargo, un sabor nuevo, un sabor de americanismo de que carece el famoso canto del famoso Píndaro americano.

La palabra «nuevo» es de aplicación constante al juzgar muchos trabajos de Bello, á pesar de que versen sobre las más vetustas cuestiones, porque Bello, hombre de veras superior, arrojaba luz especial, luz nueva, hasta en aquellas especulaciones más socorridas, como las de métrica y prosodia castellanas.

También nos vemos á menudo obligados á obser-

---

fluencia que exageró al principio, pero que luego redujo á sus límites verdaderos. Bello determinó antes que Gastón Paris y Dozy la época, el punto de composición, el oculto intento y aun el autor probable de la *Crónica de Turpín*. Bello negó constantemente la antigüedad de los romances sueltos, y consideró los más viejos como fragmentos ó rapsodias de las antiguas gestas épicas compuestas en el metro largo de diez y seis sílabas interciso. Bello no se engañó ni sobre las relaciones entre el *Poema del Cid* y la *Crónica General*, ni sobre el carácter de los fragmentos épicos que en esta obra aparecen incrustados y nos dan razón de antiguas narraciones poéticas análogas á las dos que conservamos, ni sobre las relaciones entre la *Crónica del Cid* y la *General*, de donde seguramente fué extractada la primera, aunque por virtud de una compilación intermedia. Aun sin saber árabe, adivinó antes que Dozy la procedencia arábiga del relato de la *General* en lo concerniente al sitio de Valencia. Comprendió desde la primera lectura el valor de la *Crónica Rimada*, encontrando en ella una nueva y robusta confirmación de su teoría sobre el verso épico y sobre la transformación del cantar de gesta en romance. Bello, con

var que, por ciertos caminos, fué «el primero» que
anduvo.

Bello, en efecto, gustaba de abrir rumbo, y esto se
compaginaba con la época. Era un espíritu que guiaba
á jóvenes pueblos. Hasta lo antiguo, puesto en estudio
ú obra por él, resulta «nuevo» en América, y, como
educador que fué, anduvo él «el primero», al proponer
reformas ó divulgar ideas, con más razón al crear lo
necesario inexistente, como los principios de Derecho
internacional americano y las americanas silvas. Pero
esta palabra de primero, con lo que ella significa de
virgíneo é inexplorado, aplícase también al sabio, ó
puede aplicarse, aun con omisión del medio. Así fué
Bello, independientemente de América, el «primero»

---

el solo esfuerzo de su sagacidad crítica, aplicada á la imperfecta edición de Sánchez, emprendió desde América la restauración del *Poema del Cid*, y consiguió llevarla muy adelante, regularizando la versificación, explicando sus anoma-
lías, levantando, por decirlo así, la capa del siglo XIV con
que el bárbaro copista del manuscrito había alterado las
líneas del monumento primitivo. En algún caso adivinó ins-
tintivamente la verdadera lección del códice mismo, mal en-
tendida por el docto y benemérito Sánchez. La edición y
comentario que Bello dejó preparado del *Poema del Cid*, infinitamente superior á la de Damas-Hinard, parece un portento cuando se repara que fué trabajada en un rincón de América, con falta de los libros más indispensables, y teniendo
que valerse el autor casi constantemente de notas tomadas
durante su permanencia en Londres, donde Bello leyó las
principales colecciones de textos de la Edad Media, y aun
algunos poemas franceses manuscritos. Pero en Chile ya no
tuvo á su disposición la *Crónica General*, y por mucho tiempo ni aun pudo adquirir la del *Cid* publicada por Huber.
Cuarenta años duró este trabajo formidable, en que ni si-

que descubrió los orígenes del romance castellano; «el primero» que restauró el *Poema del Cid;* «el primero» que legisló sobre idioma castellano sin considerar á España como único centro de la lengua ni el castellano como idioma asimilable al latín, en cuanto á su estudio gramatical.

Sobre cultivar con suceso conjuntamente el Arte y la Ciencia, como Leonardo y como Goethe, tiene Bello la actividad del estadista y del legislador, la del instructor y la del periodista.

Desde su curul del Senado chileno, con oratoria moderada, convincente, razonadora, á la inglesa, sin metáforas ni músicas españolas, Bello defiende ó impone leyes útiles. Un día lucha por la admisión del

---

quiera pudo utilizar Bello la imperfecta reproducción paleográfica de Janer, que sólo llegó á sus manos en los últimos meses de su vida, ni siquiera las conjeturas, muchas veces temerarias, de Damas-Hinard, cuya traducción no vió nunca. Y, sin embargo, el trabajo de Bello, hecho casi con sus propios individuales esfuerzos, es todavía á la hora presente, y tomado en conjunto, el más cabal que tenemos sobre el *Poema del Cid,* á pesar de la preterición injusta y desdeñosa, si no es ignorancia pura, que suele hacerse de él en España. No hay que decir las ventajas enormes que su *Glosario* lleva al de Sánchez, ni el valor de las concisas, pero muy fundamentales observaciones sobre la gramática del Poema. Un libro de este género, que comenzado en 1827 y terminado en 1865, ha podido publicarse en 1881 sin que resulte anticuado en medio de la rápida carrera que hoy llevan estos estudios, tiene, sin duda, aquella marca de genio que hasta en los trabajos de erudición cabe. El nombre de Bello debe ser de hoy más, juntamente con los de Fernando Wolf y Milá y Fontanals, uno de los tres nombres clásicos en esta materia." *(Ob. cit.)*

sistema métrico decimal; otro obtiene la exvinculación
de los mayorazgos; otro alcanza una ley benificente,
contra la oposición de chilenos natos, para el desarrollo de los puertos y la apertura de caminos que con-
duzcan á ellos.

Como estadista, dirige las relaciones exteriores de
la República, y hasta en las cuestiones de política interior, aun sin solicitarlo, tiene, ya bien arraigado en
Chile, mucha mano. Así Bello redactó documentos
públicos, los más importantes, de más de un presidente de la República. Y ocurrió á veces que escribiera
el mensaje de un presidente de la República al Congreso y la contestación del Congreso al presidente.

La autoridad moral é intelectual que su vida y sus
obras le granjearon en toda la América fué inmensa.
Los pueblos ponían sus diferencias internacionales en
manos del sabio para que las decidiera y al juicio del
sabio se remitían. Fué árbitro de naciones. El año de
1864 se le escogió por los Estados Unidos y el Ecuador para dirimir una contención entre ambas repúblicas. Al año siguiente, en 1865, lo excogitaron Colombia y Perú para arbitramento semejante. Era acaso la
primera vez que se escogía á un simple ciudadano
como árbitro de pueblos.

Su vida fué toda labor. Él mismo escribió: «*Hic
tandem requiesco* será mi epitafio.»

La tarde de sus días se vió atristada por duelos del
hogar. Sus hijos, armados por él de punta en blanco
para la lucha de la vida, morían prematuramente. El
mayor, Carlos Bello, que fué diputado chileno y ministro plenipotenciario de Chile en Ecuador, murió á
los treinta y nueve años. Francisco Bello, el segundo,
autor de una *Gramática de la lengua latina*, pereció á

los veintiocho años. E! tercero, Juan Bello, murió en
Washington, á los treinta y cinco años, desempeñando
el cargo de ministro de Chile en los Estados Unidos.

Cuando el 15 de Octubre de 1865 D. Andrés Bello
bajó á la tumba, Chile entero vistió de luto. Y después de llorarlo, lo honró. Decretó, liberal y práctico,
una edición de las obras completas del maestro, y le
erigió una estatua de mármol.

SARMIENTO [1]

(1811-1888)

CARÁCTER DEL PERSONAJE

Sarmiento pasa por el primer escritor de la República Argentina y el *Facundo* por la mejor obra de Sarmiento.

Ignoro hasta qué punto exista unanimidad en semejante apreciación; pero, á no dudarlo, mayoría de argentinos letrados considera á Sarmiento como el escritor nacional por excelencia, y el *Facundo* como la otra capital de ese escritor. *Anche io sono pittore*, podría exclamar, si viviese, y repitiendo al Corregio, otro

---

(1) El año de 1908 conocí, en Amsterdam, á Augusto Belin Sarmiento, cónsul argentino, y á su hermana Eugenia, nietos del prohombre y civilizador ríoplatense. Los lunes nos reuníamos, en casa de los Belin Sarmiento, mi hermana Isabel, dos hermanos míos y yo. Otro día de la semana venían los Belin á nuestra casa.—El culto de Sarmiento se mantenía vivo en aquel hogar argentino.—En el salón de nuestros amigos admiré un retrato del leonino apóstol,

grita de voz en cuello cuanto le pasa por la cabeza. ¿Que lo escuchan damiselas remilgadas, jamonas pudibundas, doctores académicos, señoritos de mírame y no me toques? Se le dan tres pitos. Dice lo que tiene que decir con sus bramidos y sus fuerzas de toro. Pueden aplicársele aquellas palabras que aplicó él á Facundo Quiroga: «es el bárbaro que no sabe contener sus pasiones». En el instante que opina cree lo que opina y lo externa sin miramientos á su país, á su partido, á sus antiguos pareceres. «Si levantáis un poco las solapas del frac con que el argentino se disfraza—dice—hallaréis siempre al gaucho más ó menos civilizado, pero siempre al gaucho.»

Mañana rectificará lo que hoy piensa, si mañana piensa distinto, y andando.

«La idea sola del disimulo me indigna», asegura en los *Recuerdos de Provincia*. Pero no se crea que este ímpetu de escritor, esta sinceridad literaria colide en Sarmiento con el oportunismo político. No colide. Así, por ejemplo, cuando en 1840, pobre, desvalido, emigra por segunda vez á Chile, buscando vivir de lo único que posee, la pluma, se aboca con los liberales de Santiago, vencidos. Éstos le ofrecen una plaza de redactor en un órgano de oposición. Sarmiento exige ocho días para reflexionar. Entretanto se entiende con los gobernantes conservadores y empieza á servirlos en la Prensa contra los liberales. De entonces datan sus relaciones con D. Manuel Montt, el estadista conservador, que lo acogió con benevolencia, lo protegió con largueza y supo estimarlo en lo mucho que Sarmiento valía. La grave figura de Montt, el emigrado la abocetará más tarde, en los *Recuerdos de Provincia*.

Rebosante de salud y con exceso de sangre, de vida,

Sarmiento, hombre de pasiones sueltas, fué contradictorio, excesivo, fuerte, vital.

Mentiroso á veces, por exagerado, afirma en sus *Recuerdos* que aprendió el francés en cuarenta días, con un soldado de Napoleón, «que no sabía castellano y no conocía la Gramática de su idioma». «Al mes y once días—agrega - al mes y once días de principiado el solitario aprendizaje, había traducido *doce* volúmenes».

En cuanto al inglés, asegura que lo estudió en Valparaíso, en 1833, mientras servía como dependiente en un comercio «y ganaba una onza mensual». Lo aprendió «*después de mes y medio de lecciones*».

Y no se crea que su aptitud para las lenguas lo convirtiese en fenómeno. Porque, «catorce años—confiesa luego en el mismo libro - he puesto después en aprender á pronunciar el francés, que no he hablado hasta 1846, después de haber llegado á Francia» (1).

Naturaleza de extremos, Sarmiento perora, escribe, habla con exageración. Ese entusiasmo, ese exceso de vitalidad, esa fuerza que no mide su empleo, constituyen á Sarmiento, como á todo el que posea semejante *stock* de potencia, en fogoso energético.

«Las cosas hay que hacerlas, aunque salgan mal», exclamó una vez; y poniendo por obra su apotegma, siempre escribió, cuando tuvo que escribir, aunque del árbol brotasen más bien hojas que frutas, ó sólo frutas pintonas. Por eso escribió tanto. Por eso en las obras de este polígrafo existen tantas páginas efímeras, tan-

---

(1) Las citas de los *Recuerdos de Provincia* son tomadas de la edición popular de *La Nación*, Buenos Aires.

tas páginas de periódico. Por eso tan gallardo prosador cae á veces en lo cursi: «antes de tomar servicio, penetra tierra adentro á visitar á su familia, á su padre político, y sabe con sentimiento que su *cara mitad* ha fallecido».

Sus contradicciones ideológicas son de mucha cuenta, ¿no resulta este escritor positivista, cuando menos se piensa, providencialista anacrónico? «Algo debe haber de predestinado en este hombre», exclama de un jefe argentino; y de Facundo: «la destrucción de todo esto le estaba encomendada de lo Alto...» y otra vez: «la Providencia realiza las grandes cosas por medios insignificantes é inadvertidos». Y otra vez: «no se vaya á creer que Rosas no ha conseguido hacer progresar á la República que despedaza, no; es un grande y poderoso instrumento de la Providencia, que realiza todo lo que al porvenir de la Patria interesa». «Este suceso, que me ponía en la imposibilidad de volver á mi patria, por siempre, si Dios no dispusiese las cosas humanas de otro modo que lo que los hombres lo desean...»

Así este hombre que parece un sociólogo de la pampa, un Buckle del desierto, un Taine de Gauchópolis, un hombre de ciencia, un positivista, concluye por pensar como De Maistre y escribir como Bossuet.

Andando el tiempo, ya en su vejez querrá seguir las huellas de Spencer; pero no abandonará su providencialismo ni aceptará la teoría evolucionista de Darwin.

En cambio, ¡cuántos relámpagos adivinatorios! Su espíritu no procede por raciocinios lentos, ni por deducciones lógicas, sino que presiente la verdad y exclama: «Allí está». Procede como el perro cazador que

olfatea la presa y se embosca en la espesura, obediente al instinto, latiendo, latiendo; y por allí, en efecto,
anda aquella pieza que busca, y que no ha visto.

En la época de Sarmiento pocos hombres recibían
en América sólida instrucción universitaria. Él no fué
excepción. Tampoco vivía en capital con bibliotecas
y otros medios de cultivar su espíritu.

Hasta salir de su San Juan nativo, no había leído, lo
confiesa, sino los tristes libros de una triste biblioteca,
en una triste capital de provincia. Como fué aprendien-
do á la ventura, según le iban cayendo libros en las
manos, y como siempre opinó sin vacilaciones, ni
dudas, ni medias tintas—obediente á su naturaleza
bravía—lanzó absurdos aforismos de una ignorancia
que se ignora á sí misma: «*las novelas han educado á
la mayoría de las naciones*». Era la época del romanticismo y sus novelones.

Y Sarmiento fué un romántico; un romántico tem-
perado, eso sí, por tremendas realidades de la vida
argentina en aquella época: tiranía sangrienta de
Rosas, incultura ambiente, destierro, miseria, lucha por
la libertad y por la vida. Buen romántico, fué improvi-
sador; pero como tuvo la curiosidad intelectual, Sarmiento iba nutriendo su espíritu, aguijoneado por
deseo de saber y por deseo de enseñar—es decir, de
desbarbarizar á su pueblo—. Un hado benéfico hizo
que en 1838 enseriara sus flacas lecturas primerizas,
deparándole á Pierre Leroux, entonces muy á la moda;
Jouffroi, Villemain, quizás Tocqueville, al través del
cual conoció y admiró á los Estados Unidos.

Es necesario insistir en esto: siempre tuvo el ansia
de saber por saber y por enseñar, y una maestrescolía
aguda, que en ocasiones lo empuja á los bordes del

ridíenlo. Así multiplica, aun en sus mejores libros, lecciones de este jaez: "las columnas de Hércules (Gibraltar hoy)"; "Libia (Africa)"; "Verónica quiere decir verdadera imagen"; "el sánscrito, que es la lengua que hablaron los dioses de la India"; "la alhucema, de que se extrae el agua de lavanda"; "penumbra, que señala el límite de la luz y de la sombra"; «Stanley, el heroico repórter del *Herald,* diario por excelencia de Norte-América»; «la propiedad, que es la base de la sociedad». Podrian citarse mil ejemplos.

Ese mismo Sarmiento que asegura que las novelas han educado á las naciones, se preocupó, como nadie, de la instrucción, repito; fué durante mucho tiempo maestro, representa en la cultura argentina uno de los más macizos pilares de la educación popular; y cuando no enseñó desde la cátedra del maestro, divulgó desde la tribuna del periodista.

Empleó siempre su vitalidad superabundante en divulgar, en cultivar, en enseñar. Político, guerrero ocasional, propagandista constante, no fué con todo, por vocación, sino maestro: maestro de escuela en los planteles de educación y maestro de escuela nacional en los periódicos.

Fué, de veras, el maestro de escuela de la República Argentina.

No tuvo la paciencia del sabio sino la vehemencia del apóstol. Pedagogo, fué el combatidor que en nuestros días, y mayormente en las democracias americanas del siglo xix, urgidas de enseñanza, en nuestra sociedades en embrión, suele llamarse periodista. No busquéis en él obras de meditación, de largo aliento; aunque las ensayó, no pudo escribirlas: trabajó siempre improvisando, vertiendo en la noche la experiencia de la tarde y la lectura de la mañana, tras un rápido proceso de asimilación.

¿Qué son sus libros sino enormes editoriales? El mejor de ellos, *Facundo*, ¿no apareció día á día en un periódico de Chile? Su obra entera ostenta un sello de efímero diarismo. Hasta cuando fué presidente de la República escribió para los periódicos, á semejanza de Bolívar, que, César de medio mundo, enviaba muy á menudo su editorial á las gacetas, como un simple gacetero.

Obedecían ambos al afán de redimir por el pensamiento. ¡Varones apostólicos!

Sarmiento declara, sin tapujos femeniles y ridículos, que le faltó una cultura fundamental desde el principio de su carrera. «Si me hubiese preguntado á mí mismo entonces (1840-1841) si sabía algo de política, de litetura, de economía y de crítica, habría respondido francamente que no.» Aunque, en rigor, lo que Sarmiento confiesa no es el ser ignorante sino haberlo sido.

Pero aunque no dispusiésemos de esta sincera confesión de los *Recuerdos*, tampoco nos llamaríamos á engaño. El más superficial espíritu de comprensión bastaría para orientarnos.

En una reciente biografía de cuarenta y ocho líneas, leo: "Nació en San Juan el 15 de Febrero de 1811. Aprendió primeras letras en la *Escuela de la Patria*; en 1821 no consiguió una beca para el Seminario de Loreto, de Córdoba; circunstancias adversas impidiéronle continuar sus estudios... En 1826 se dedicó á enseñar." Lo que vale decir, recordando al clásico

"Deja Fray Gerundio los estudios y se mete á predicador."

Sarmiento, como Fray Gerundio, abandona los estudios para endoctrinar á los demás. Toda su vida hará lo mismo. Pero, en resumen, ¿fué ignorante Sarmiento? No; todo lo contrario: supo demasiadas cosas, como buen periodista. Pero á menudo aprendió á la carrera y mal. Su talento suplía á las deficiencias y rellenaba los vacíos con suposiciones, á veces felices. Tipo del criollo bien dotado, asimilador y brillante, su saber fué la ciencia del hispano-americano durante casi todo el siglo XIX: superficial, de relumbrón, ciencia que se asimila á maravilla exterioridades de la cultura extranjera, sin crear una original cultura propia.

Sarmiento comprende desde temprano que español sólo, por único vehículo intelectual, no basta á su hambre de saber y á su curiosidad de espíritu. Y se puso á aprender lenguas.

Bien ó mal estudia, no sólo francés para leer, sino algo de inglés. Con semejantes instrumentos de cultura en la mano empieza á abrirse camino y á apacentar su espíritu en fértiles lecturas. Lo va descubriendo todo con ingenuos ojos de niño: todo lo revela y lo comenta como si él solo estuviese en autos. Es verdad que d'scurría ante un público de animales: gauchos ceniles, auraucanos de guayuco en el cerebro, bachilleres intonsos, ahitos de latín y de estupidez: la Argentina de la época, el Chile de ese tiempo, nuestra América pintoresca, que no ha hecho hasta entonces, en letras, sino dormir la siesta y aprender demagogia ó teología.

Cuando va á los Estados Unidos lee, si ya no lo conoce, á Tocqueville y á los políticos y pedagogos anglo-americanos. Se vuelve un yancófilo entusiasta.

Los Estados Unidos fueron hasta la primera guerra de México un pueblo sin ambiciones militaristas ni imperialistas, el modelo y el hogar de la libertad civil. Toda la América del Sur los admiraba con el mismo fuego con que hoy los detesta por sus elecciones fraudulentas, por sus *trusts*, por su *Tammany Hall*, por su liviandad en las costumbres femeninas, por la mala fe de su comercio, por su ridículo, palabrero y simbólico coronel Roosevelt, por su diplomacia en mangas de camisa, por sus profesores de Universidad que escriben sobre cosas de Hispano-América con supina ignorancia, por su voladura del *Maine*, por su secesión de Panamá, por su captación de las finanzas de Honduras, por su adueñamiento de las Aduanas de Santo Domingo, por la sangre que vertieron y la independencia que anularon en Nicaragua, por las revoluciones que fomentan en México y su desembarco en Veracruz, por su reclamación de 81.500.000 bolivares á Venezuela, cuando en realidad no se le debían sino 2.182.253, que le reconoció un árbitro extranjero, por su reclamación Alsop á Chile, por sus mal encubiertas miras sobre las islas Galápagos del Ecuador y las islas Chinchas del Perú, por su afirmación diaria de que las estadísticas argentinas no merecen crédito, por la pretensión de impedir que el Brasil valorice como á bien tenga sus cafés, por el acogotamiento de Puerto-Rico, por su enmienda Platt á la Constitución de Cuba, por haber convertido adrede sus cables y sus periódicos en oficina de descrédito contra todas y cada una de las repúblicas de América, por su imperialismo agresivo, por toda su conducta, con respecto á la América, de medio siglo á esta parte.

Pero en tiempos de Sarmiento, los liberales de América y muchos conservadores volvían los ojos al Norte, con un candor, con una incomprensión, con una miopía que manifiestan más entusiasmo que buen juicio. El educador argentino fué de ese número. Le faltó genio para sondear el porvenir y conocer el peligro yanqui. No comprendió el odio de esa raza á la nuestra. No penetró que el problema de ambas Américas se reduce á ésto: un duelo de razas. Leyó y citó á mucho anglo-americano. En 1883 hasta se le acusó, no sin visos de verosimilitud como se verá adelante, de haber coincidido más de lo deseable con una obra de autor estadounidense. Murió yanquizante furibundo.

La vanidad también fué flaqueza de Sarmiento.

Se creía capacitado para descubrir la clave del destino de América con sólo la lectura de algunos autores de cuenta, el viaje por varias capitales del Continente y sus famosas amistades de primo-cartelo. Así escribe, en sus últimos años:

"Podría un sur-americano presentar, como una capacidad propia para investigar la verdad, las variadas y extrañas vicisitudes de una larga vida, surcada su frente por los rayos del sol esplendente de la época de la lucha por la independencia ó las sangrientas de la guerra civil; viviendo tanto en las capitales de Sur-América, como al lado de la cúpula del Capitolio de Washington; y en la vida ruda de los campos, como viajero y soldado; y en los refinamientos de la vida social más avanzada; con los grandes caudillos y con los grandes escritores y hombres de Estado; y lo que es más, nacido en provincia y viviendo en las cortes, sin perder, como se dice, el pelo de la dehesa, como se preciaba."

En esta hora, en esta página de senectud, sólo arrogancia y vanidad quedan en pie; pero hasta el lenguaje ha perdido su fulguración, su filo, su ímpetu. El viejo león se arrastra.

Sin embargo, casi casi se declara genio. Lo han creído bajo la fe de su palabra.

Á cada momento nos encocora, cuando no con citas de autores extranjeros, cuyos nombres escribe á menudo con ortografía disparatada, con sus amistades de personajes. En los *Recuerdos de Provincia*, en su carta á la vieja esposa de un pedagogo yanqui, en artículos, cada vez que la ocasión se presenta, nos abruma, el cándido, con sus relaciones, que parece exhibir como una condecoración. Era una especie de rastacuerismo; el rastacuerismo en esa forma *sui generis*, más humilde en el fondo que orgulloso.

Sus recuerdos personales de vanidad hasta los interpola en páginas de obra seudo-científica como *Conflicto* (1).

Petulante, siempre lo fué Sarmiento: mientras menos supo, más gala hizo de saber. Andando el tiempo, la fácil ciencia de las citas fué abriendo plaza á pretensiones más universitarias. Ya en Chile trató de rivalizar con Bello. En su madurez, hasta quiso escribir una filosofía de la historia americana: era hombre para tanto, de poseer base más sólida de adecuados conocimientos previos.

Como aprendió francés de mozo, la influencia francesa, en tal período juvenil, máxime la de escritores románticos, fué soberana, si bien se conoce que leía

_____

(1)   D. F. Sarmiento: *Conflicto y armonías de las razas en América*, pág. 314; ed. de Buenos Aires, 1915.

con más facilidad en lengua de Castilla y que ahondó
en los clásicos de nuestro idioma, á quienes nunca
menciona.

¡Qué odio á España el suyo! ¡Qué odio á todo lo
que huela, en instituciones, costumbres, letras, á español! ¡Qué odio tan irreductible, tan inapeable, tan agresivo, tan injusto, tan tremendo, tan odio!

Se calla, desaparece en ocasiones para emerger—
como ciertos ríos que corren un trecho bajo tierra—un
poco más adelante.

Conflicto y armonías de las razas en América es-
en este punto, un monumento: un monumento de abo-
minación. Para Sarmiento la inteligencia se ha atrofia-
do en el español, por falta de uso. Ni en materia de
arte le da cuartel á España. Es una guerra á muerte,
peor que la de 1813 y 1814.

«Uno de los más poderosos cargos—dice—que
como publicistas argentinos hemos hecho siempre á la
España, ha sido habernos hecho tan parecidos á ella
misma.» *(Conflicto.)*

Sin embargo, su prosa, aunque bajo el influjo francés, tiene abolengo español.

II

«FACUNDO»

El *Facundo*, la biografía de Juan Facundo Quiroga,
por Sarmiento, no puede tal vez parangonarse, dentro
de la literatura americana de promedios del siglo XIX,
sino con la *Biografía del general José Félix Ribas*, por
Juan Vicente González.

Ambos escogieron como centro del cuadro de bar-

barie que pintan, la figura de un hombre: el argentino,
la de Facundo; el venezolano, la de Ribas. Y no sabe
uno con qué cuadro quedarse, si con aquel de los be-
duínos de la pampa, donde se ven las campiñas del
Sur nadando en sangre, ó con el que describe las blancas pirámides de osamentas que dejó *la guerra á muerte* en los campos del Norte.

Temperamentos románticos, ambos ·fueron juguete
de sus pasiones, y por cálidos chorros de elocuencia
manaba la pasión de su pluma. Ambos fueron diaris-
tas y maestros toda la vida. Ambos pronunciaron tremendas palabras; ambos combatieron contra la tiranía
y lucharon por desbarbarizar á sus respectivos pueblos. Hombre más práctico, Sarmiento figuró más en
la política; hombre de miras más vastas, trabajó mejor
por la cultura de su país; hombre de más ideas, le fué
superior. Juan Vicente González, en cambio, en cuanto
prosador, supera con mucho á Sarmiento. Hasta en las
mejores obras de Sarmiento resalta, á veces, la pedes-
tría del periodista; hasta en los más efímeros editoriales de Juan Vicente González surge siempre el Júpiter
de la expresión.

Confieso que nunca leí novela que me interesase
como *Facundo*, de Sarmiento. Ignoro si en los europeos producirá la misma impresión. Este libro cautiva
tanto más á un americano por cuanto representa aspectos de nuestra vida que tienden á extinguirse, y
conserva retratos de tipos que.se van.

Me refiero mayormente á la primera parte, á aquella
donde evoca Sarmiento con pluma de maravilla la pampa, la pampa inmensa con sus figuras características.

Y tal vez la circunstancia de ser yo venezolano, es
decir, nativo de un país de pampas, de un país con

cientos de leguas de llanuras, y aun el haberlas cruza-
do en parte, contribuye al encanto que me produce
esta primera parte de *Facundo*.

¡Qué semejanza, no sólo en la estructura física del
terreno, sino en los hombres que produce!

El baquiano: así también se llama entre nosotros este
hombre brújula que conoce rumbos ignotos, ya en la
inmensidad de la pampa, ya en el laberinto de los bosques; el *cantor*—creí que se llamaba *payador* en Río de
la Plata—equivale á nuestro cantador venezolano de
corridos y *galerones*. *Corrido*, ¿no se nombra en uno y
otro pueblo al poema narrativo de andanzas llaneras?

Y ¿qué viene á ser el gaucho argentino sino el llanero de nuestra patria, aquel llanero épico de Las Que-
seras que en número de ciento cincuenta lancea y destroza á mil jinetes europeos, en presencia del ejército
de Bolívar y del ejército del Rey? ¿Qué viene á ser el
gaucho sino el llanero venezolano que en río Arauca
y en el Caura tomó embarcaciones á caballo; el centauro prodigioso con la lanza y el potro, cuyas catorce
cargas consecutivas en la sabana de Mucuritas contra
las infanterías recién llegadas de Europa asombraron
á los jefes españoles? El gaucho de Sarmiento, el gaucho del valiente Quiroga y del cobarde Güemes, el
gaucho argentino, aunque en los días de la independencia no realizó como elemento organizado de un
ejército regular ó irregular las múltiples proezas fabu-
losas de nuestro llanero, es el hermano gemelo, el hermano del Sur de aquellos pampeanos nórdicos de
quien el general Morillo, el héroe de Vigo, del Bidasoa,
que penetró un día con sus legiones triunfadoras en
tierra de Francia, exclamó: «Dadme cien mil llaneros y
me paseo por Europa en nombre del rey de España.»

El sitio donde el gaucho del Sur y el llanero del Norte se esparcen y emborrachan lleva el mismo nombre americano: la *pulpería*. El propio cuchillo, inseparable de los gauchos, «*la trompa del elefante*» como dice Sarmiento, ¿no equivale á la ancha hoja de acero de tres cuartas, al *machete*, que no abandona jamás, ni para dormir, el campesino de Venezuela? Ese *gaucho malo* que en su caballejo *pangaré* se pierde, huyendo en la pampa, sin que los mejores jinetes logren alcanzarlo, me recuerda una página que he leido en las *Memorias* de alguno de aquellos oficiales de la Legión británica de Bolívar.

Cuenta el inglés que en San Fernando de Apure, un día, frente al ejército acampado, trajeron á un oficial español preso. Páez lo quiso poner en libertad; pero quiso antes divertir á su público. Entregó el mejor caballo al prisionero, y montando él la bestia despeada del europeo, le dijo á éste:

—Bueno, señor oficial, queda usted libre; váyase á reunir con su gente. Pero trate de huir pronto, porque yo mismo voy á perseguirlo dentro de un rato, y si vuelve á caer en nuestras manos, aquí se queda.

Partió el oficial en su caballo, veloz como una ráfaga.

Momentos después salió Páez en el cuartago maltrecho. Al cabo de una hora ó dos regresaba al campamento, trayendo al oficial prisionero.

Destreza de jinete semejante á la destreza del *gaucho malo* de Sarmiento.

∴

¿Y *Facundo*? ¿Qué es el *Facundo*? Es una obra de

odio político realizada por pensador instintivo de talento máximo, que sobre lo pasajero del hombre y del sistema á quienes clava en la picota estudia el medio físico y social donde sistema y caudillo florecían como producto natural de aquella tierra y de aquella sociedad.

Tal resplandece hoy á nuestros ojos el mérito del *Facundo*. Y ese mérito elévase en potencia cuando uno recuerda que *Facundo* apareció en 1845, en un extremo de la América cerril y caudillesca, y fué obra de un simple periodista, de un hombre que salía de una provincia mediterránea.

Como obra política, diatriba interminable. Empieza denigrando á Quiroga y termina conminando á Rosas.

Como obra exclusivamente literaria, nada más viviente, más bello, más feliz que las pinturas de la pampa, con sus tipos característicos. Son páginas, en su género, clásicas. Pasarán los años; la modalidad de civilización ó el aspecto de barbarie que ellas esbozan habrá desaparecido, y esas páginas de Sarmiento quedarán de pie, como blancas estelas de mármol que señalan el sitio donde reposaron un día despojos humanos que el tiempo convirtió en ácido carbónico, en agua, en polvo, en humus, y ya no existen. La pintura de la naturaleza tucumana, «el edén de América, sin rival en toda la redondez de la tierra», mezcla sus tonos sombríos y majestuosos á tonos claros y alegres en la más graciosa sinfonía de colores. Nos tropezamos á veces con un jardín donde el mirto de Venus crece entre apolíneos lauredales; á veces con bosquecillos de tanto hechizo como aquellos solemnes bosques de Tucumán, en donde los cedros odorantes abovedan las copas, entretejiendo sus ramas con las elásticas frondas del caobo y del nogal.

Como obra histórica es demasiado pintoresca y demasiado pasional, carece de documentación básica, y las mentiras, las exageraciones, las omisiones se cuentan por las páginas.

Como biografía, aunque interesantísima, amena, reveladora, flageladora, epopeya y novela á un tiempo, es tan absurda y monstruosa como aquellos tiarados animales de Persia con cuerpo de toro y alas de cóndor.

Divídese la obra en tres partes: la primera, que esboza el aspecto físico de la pampa argentina y sus tipos; la segunda, única en donde se trata de Facundo Quiroga, y la tercera, que no tiene nada que hacer con el héroe malvado y se contrae á Rosas, al desgobierno de Rosas, á proyectos de revolución contra Rosas y á planes de gobierno reivindicadores.

Muere Facundo Quiroga en la segunda parte, queda muerto y enterrado, ajusticiado el matador del bandolero, cree uno que va á terminar la obra; en realidad concluye, y Sarmiento continúa, continúa, continúa. ¿Con Facundo? No. Con Rosas. Es otro libro, otra biografía, otro libelo, otro proceso. Es la continuación, en páginas pedestres, del volumen sobre Quiroga: es el *Rosas* después del *Facundo*.

Eso prueba dos cosas: abundancia, es decir, talento; mal gusto, es decir, falta de medida. En la parte consagrada á Rosas el estilo decae, la declamación estorba, el odio ciega. Paletadas y paletadas de vacua literatura de editorial oposicionista reemplazan los maravillosos cuadros del verdadero *Facundo*.

Acaso las tres partes de la obra se juntan entre sí

por hilo sutilísimo: en la primera aparece el medio
físico y social que produce al hombre de la segunda
parte, á este hombre, no casualidad, sino exponente
de barbarie, síntoma de una enfermedad social que se
agrava y culmina en aquel Rosas del fin.

Considerado así el *Facundo* con un poco de buena
voluntad, nos encontramos en el disparadero. Hay
que tomarlo como ensayo sociológico.

¿Es obra de sociología? No. Todo allí es subjetivo
histórico, fantástico, pasional; todo pasa por tamices
de odio. Nada aparece impersonal, genérico, científico.

Pero, ¡cuántos atisbos de zahorí!

Lo primero que proclama Sarmiento es que Rosas y
Quiroga no son dos sujetos tales ó cuales aparecidos
á la ventura, sino exponentes del medio, representantes típicos de los campos bárbaros, en lucha contra las
ciudades europeizadas. El caudillismo, la anarquía, la
dictadura, significan en la Argentina de la época el
triunfo del ruralismo ignorante, el triunfo de la barbarie, en un medio propicio que Sarmiento describe, sobre la ciudad y sus minorías civilizadas.

Sin embargo, no puede admitirse íntegra esa interpretación de la Historia. Ó mejor, debe explicársela.
Ese conflicto entre la barbarie y la civilización, entre
los campos y las ciudades, fué provocado en la Argentina por las ciudades. Si Rivadavia, aquel presuntuoso ideólogo, destituído de sentido práctico, aquel
hombre que se empeñó en acogotar á las provincias,
en obsequio de Buenos Aires, hubiera tenido el talento de Sarmiento, habría contribuído á soldar y no á
precipitar la ruptura. Dada la geografía política y económica de la Argentina, con Buenos Aires, puerta y

puerto del país, pulpo y succívoro de la nación, mano
que tenía agarrada á la República por el estómago, la
política de Rivadavia, ¿fué la mejor? Rosas, si bien se
examina, es obra de Rivadavia. Rivadavia provocó la
reacción federal, el caudillismo, la tiranía. La inteligencia humana cuenta por algo en el Gobierno de las
sociedades: no la descontemos por manera tan absoluta en la interpretación de hechos históricos.

Á Sarmiento, por lo demás, le sobra razón, aunque
Facundo no representa sino una de las faces de la me-
dalla, que tiene dos.

Se explaya Sarmiento en la apreciación del medio
físico argentino; pero olvida el problema étnico.

La barbarie la achaca á la ignorancia: de ahí su afán
apostólico de educador. Pero no recordó bastante, ó
no recordó ni un momento que el hombre civilizado
de las ciudades, el hombre anheloso de civilización,
era el hombre de raza caucásica, el hombre blanco, y
que el bárbaro de los campos era el descendiente de
aquellos africanos que trajeron á cultivar la tierra, el
hijo de aquellos aborígenes nacido en los desiertos—
el hombre de color, el negro, el indio, el zambo, el
mestizo—, un representante de razas inferiores, en
suma. Olvidó, por tanto, que la lucha entre los campos y las ciudades era, en última análisis, no sólo lucha de civilizaciones, sino lucha de razas.

No lo culpemos á él, sino á la ciencia incompleta de
su época, de la época del *Facundo* (1845). Si Sarmiento hubiera sido de veras un genio, como ahora se pregona, habría descubierto la incógnita, abriendo hori-
zontes nuevos á la cultura humana. No lo hizo.—Sin
embargo, ya otro americano, treinta años atrás, había
puesto el dedo sobre la llaga.

III

BOLÍVAR, BUCKLE, SPENCER

En efecto: treinta años atrás—desde 1815—Bolívar, el inabarcable Libertador, adelantándose á casi todos los pensadores americanos y europeos, sociólogo antes de la sociología, comprendió y expuso que las revoluciones eran fenómenos sociales, que al hombre lo modifica y moldea el medio físico, que los conflictos políticos no son á menudo sino luchas económicas y luchas de razas; y que para conocer las evoluciones de los pueblos sirve mejor la psicología que los arrebatos de la retórica.

Así, desde 1815, en su célebre carta de Jamaica, encaró el problema americano con criterio sociológico.

Desde entonces, buscando razones de raigambre—y no sólo jurídicas—para preconizar nuestra emancipación definitiva como resultado de la lucha emprendida contra España, después de estudiar las cosas desde el punto de vista económico y desde otros puntos de vista, considera el medio físico y social: «los más de los moradores tienen habitaciones campestres y muchas veces errantes, siendo labradores, pastores nómades, perdidos en medio de espesos é inmensos bosques, llanuras solitarias y aisladas entre lagos y ríos caudalosos» (1).

De todo ello concluye en pro de la emancipación, y

_____

(1) *Cartas de Bolívar:* Jamaica, 6 de Septiembre de 1815. Véase la ed. crítica; París, 1913.

esa conclusión la expuso más tarde en frase lapidaria, cargada de gérmenes, que parece de algún sabio contemporáneo nuestro: «*Los desiertos convidan á la independencia*» (1).

Y en tales desiertos, ¿qué ve el Libertador? - El Libertador, porque los demás no lo veían, como no lo veía, un cuarto de siglo más tarde, Sarmiento. ¿Qué veía? En su Mensaje al Congreso de Angostura el año de 1819 nos lo dice, ó lo dice á los legisladores, para que no trasplanten instituciones exóticas, sino dicten instituciones de acuerdo con el país para el que legislan.

Encuentra un hervidero de razas, donde prevalecen razas inferiores, y en ese hervidero de razas descubre y señala el máximo problema de América, dándole al factor raza, antes de Taine, antes de Spencer, el valor que tiene.

«La mayor parte del indígena se ha aniquilado (en Costa Firme)—decía el Libertador—; el europeo se ha mezclado con el americano y con el africano, y éste se ha mezclado con el indio y con el europeo. Nacidos todos del seno de una misma patria, nuestros padres, diferentes en origen y en sangre, son extranjeros, y todos difieren visiblemente en la epidermis. Esta desemejanza trae un reato de la mayor transcendencia» (2).

Á fines del siglo XIX Spencer iba á dar por razón científica de los disturbios políticos en Hispano-Amé-

_____

(1) SIMÓN BOLÍVAR: *Discursos y Proclamas;* Mensaje al Congreso de Bolivia en 1825

(2) SIMÓN BOLÍVAR: *Discursos y Proclamas*, pág. 47, ed. de París, 1913.

rica la misma que dió Bolívar el año de 1819 (1).

Para aquella América enferma Bolívar ideó cuatro remedios, que, como hombre de acción, puso en práctica; á saber: la independencia de Europa; la emigración europea de sangre y capitales; fáciles y múltiples vías de comunicación, y la más completa difusión de la enseñanza.

Toda su actividad histórica es un amplio glosario de estas ideas que á menudo escribió ó expuso en charlas.

El comodoro Hull, de los Estados Unidos, conservó en una de estas conversaciones aquel programa á que más tarde iba á dedicar su vida Sarmiento, y á cuyo cumplimiento debe la República Argentina en gran parte su fabulosa prosperidad.

«Estos países—dijo el Libertador á Hull, en la conocida conversación—, estos países no pueden progresar en los cien primeros años; es preciso que pasen dos ó tres generaciones. Se debe fomentar la emigración europea y de la América del Norte, para que establezcan aquí las ciencias y las artes. Con esto y un Gobierno independiente (liberal), escuelas gratuitas y matrimonios con europeos y anglo-americanos, cambiará el carácter del pueblo y será feliz.»

Sarmiento, para 1845, no conocía bien las ideas sociológicas del Libertador. Después, no sólo las estudió, sino las explotó, como veremos más adelante.

_____

(1) Por eso Bolívar, cuando le tocó legislar, no copió á los yanquis, como querían ideólogos adocenados del tipo de Santander, ni á los europeos, como se propusieron ideólogos adocenados del tipo de Rivadavia. Por eso la Constitución boliviana fué y es obra tan original. Tenía la originalidad de los pueblos á quienes iba á aplicarse.

Para 1845 Sarmiento no conocía sino la teoría incompleta de Buckle, que adoptó y aplicó á la Argentina.

Para que no se crea aventurada esta hipótesis respecto á la génesis de *Facundo*, en donde se preconiza la influencia del medio físico y de la educación, con prescindencia absoluta del factor étnico, de tanta entidad en América, recuérdese que el año de 1843 apareció la *Historia de Carlos I*, por Buckle. Dos años después, en 1845, nacía el *Facundo*.

Ya conocemos, por la lectura del *Facundo*, las ideas de Sarmiento en punto á interpretación de la Historia, para esa época. Recordemos de paso las ideas culminantes de Buckle á tal respecto, que tendrían amplio desarrollo más tarde en la obra capital de este pensador.

Muy conocidas son estas ideas centrales y directoras del revolucionario historiador.

Las acciones humanas se gobiernan por leyes tan precisas y regulares como las del mundo físico. La Naturaleza moldea al hombre. El clima, el suelo, el alimento, el medio físico en sus varios aspectos ejercen influencia decisiva. Las diferencias que existen entre las diversas sociedades humanas, los distintos grados de civilización, no obedecen á otra causa.

Hasta aquí la semejanza de ideas entre el joven argentino y el maestro británico, joven también—hasta menor en diez años á Sarmiento—, pero original pensador, es sostenida, como observarán cuantos hayan leído el *Facundo*.

Hay más. Sigamos exponiendo las ideas de Buckle. Las de Sarmiento vendrán á paralelarse con ellas por sí mismas, delatando su filiación.

Piensa el innovador británico que un principio supremo regula los acontecimientos: la ley de progreso. El progreso de la civilización varía en razón directa de la ciencia adquirida. Con la ciencia no se multiplica sólo el bienestar físico, sino que se desarrolla el elemento moral. El progreso humano no se debe, en suma, sino á la actividad intelectual *(but to intellectual activity)*.

De la teoría se desglosan dos ideas que prohijó, sin duda, Sarmiento, ó en las cuales—en último caso—coincidió con Buckle: la influencia del medio físico en el hombre (extremo de la primera idea de Montesquieu), y la influencia de la cultura intelectual en el progreso de las sociedades.

¿Es todo? No. Existen omisiones ó deficiencias en la teoría de Buckle que también sorprendemos en Sarmiento. Por donde la coincidencia se agrava.

Buckle desdeñó, como se ha observado, la psicología; olvidó también la herencia; la cuestión étnica no lo entrabó.

Sarmiento, á su turno, pintó en *Facundo* poética y maravillosamente la maravillosa y poética naturaleza de su tierra, de que era producto el hombre argentino. La historia de ese hombre, la historia del país, se explica por la influencia del medio físico.

También olvidó, como Buckle, la cuestión étnica, á pesar de vivir en un hervidero de razas.

Anduvo el tiempo. Un día, ya en la tarde de su activa, útil y gloriosa vida, cayó en manos de Sarmiento una obra de Spencer. Sarmiento acogió aquellas chorros de claridad en su grande espíritu sediento de luz.

Entonces escribió su *Conflicto y armonías de las razas en América*.—Para entonces ya conocía, de mucho tiempo atrás, los geniales atisbos de Bolívar y sus ideas sobre los problemas americanos. Confesó paladinamente que en *Facundo* había sólo estudiado ciertos aspectos del problema político y social de su país; que «la persistencia con que reaparecen los males que creíamos conjurados al adoptar la Constitución federal, y la generalidad y semejanza de los hechos que ocurren en toda la América española, me hizo sospechar que la raíz del MAL ESTABA Á MAYOR PROFUNDIDAD QUE LO QUE ACCIDENTES EXTERIORES DEL SUELO dejaban crer»,

Y se puso á observar «los efectos que ha debido producir LA MEZCLA DE LA RAZA COBRIZA COMO BASE CON LA *blanca y la negra* como accidentes» (1).

Ya lo había hecho Bolívar, desde 1819, no como sociólogo, sino como estadista, y sólo en cuanto interesaba á sus proyectos de legislador. Pero á la influencia de Bolívar, en la observación de los pueblos americanos, agrégase ahora la influencia, más universitaria, de Spencer, quien servirá de principal faro al autor de *Conflicto* (2). La obra donde se decidió Sarmiento á

(1) Las citas de Sarmiento cuyo origen no se señale en esta parte, pertenecen á la obra *Conflicto y armonías de la razas en América, passim.*

(2) Conviene recordar las fechas, para fijar con precisión á quién toca la primacía genial de ciertos atisbos, luego confirmados por la ciencia. En 1819 no habían nacido ni Spencer, ni Buckle, ni Taine. Sarmiento tenía ocho años. Buckle: 1821-1862.—Spencer: 1820-1903.—Taine: 1828-1893.—Sarmiento: 1811-1888.—Bolívar: 1783-1830.

estudiar los efectos que la raza cobriza y la negra han debido producir en América, al mezclarse con la blanca, se publicó en 1883. En 1878 empezó á publicarse, traducida al francés—que fué la lengua extranjera que, en realidad, leyó mejor y más á menudo—la Sociología de Spencer.

Sarmiento, pues, estudió en su juventud el aspecto físico de la pampa en *Facundo;* y estudió en la vejez el hombre de América, en *Conflicto y armonías de las razas.* Prócer escritor, noble espíritu abierto á las mejores influencias extranjeras, supo asimilárselas, aplicando el instrumento extranjero á las sociedades americanas.

Influído por Spencer, trató en su obra de vejez de explicar la historia y vicisitudes de nuestra América por influencia de los elementos étnicos que la componen, aunque por una de sus deficiencias ó contradicciones no aceptase la teoría darwiniana, en que Spencer se apoya. «He proclamado abiertamente en materia social» las ideas de Spencer, «dejando... las darwinistas» (1). No es sociólogo, aunque lo pretende. Fué en *Conflicto*, filósofo de la Historia, con todas las interpretaciones caprichosas ó interesadas á que la llamada filosofía de la Historia abre tan amplio margen.

No se asegura, por supuesto, que en *Facundo* y en *Conflicto y armonías*, las influencias, respectivamente, de Buckle y Spencer fueran exclusivas. Sarmiento fué lector de varia y numerosa lectura toda la vida, y á Tocqueville, por ejemplo, lo leyó con provecho, como á otros muchos. Lo que se dice es que aquellas influencias inglesas parecen ser las directoras.

---

(1)   *Conflicto*, 407, ed. de Buenos Aires en 1915.

Respecto á Buckle, es inútil insistir en probar la luz del sol. Cuanto á Spencer, el mismo Sarmiento reconoce lo que le debe, allí donde escribe: «*Con Spencer me entiendo, porque andamos el mismo camino.*»

IV

LA INFLUENCIA DEL LIBERTADOR

Queda otra influencia por demostrar: la de Bolívar.

Desde joven leyó al Libertador, como es de suponer en un americano con afición á letras, que tenía de diez y ocho á veinte años cuando Bolivar llenaba la América con su nombre y con sus obras, aunque no lo estudió sino más tarde. Con Bolívar coincidió en el modo de encarar y resolver los problemas americanos; *instrucción*, á que Sarmiento desde la mocedad se sintió adicto; *inmigración* de sangre y capitales, que veía acudir con provecho á su propio país; *cruce del americano con el europeo* para mejorar la raza.

¿Qué mucho que coincidiera con Bolívar?

Con aquella figura central de la América nos topamos á cada paso como con un estorbo, que divisamos desde todos los puntos del horizonte, como á la más alta cima de los Andes, y cuya acción múltiple, invasora, genial y en constante ejercicio lo abarcó todo, todo: la posteridad no encuentra en América ninguna iniciativa virgen; él las apuró desde la primera hasta la última. El canal de Panamá, él; el Arbitraje internacional, él; el Derecho público americano, él; el concepto de las revoluciones como fenómenos sociales, él; el problema etnográfico de América, él; la Sociología antes de Comte, Spencer y Taine, él; la literatura americana emancipada, él; la forma de los periódicos contemporáneos, él; las leyes de América para América, sin copias ni trasplantamientos, él; la guerra nueva y acomodada á historia y geografía, él; el difundir escuelas de minería, agronomía, artes y oficios para nuestra América por crear, él; la inmigración y la instrucción popular y secundaria para mejorar la raza en América y fundamentar las nuevas sociedades, él. Todo, él; por dondequiera, él. Nunca en la Historia, nunca, se conoció semejante capacidad, tan rica en dones, y una acción semejante, tan varia en empleos.

¿Qué pensaba Bolívar del pueblo americano desde el punto de vista étnico? Ya lo hemos visto. Cien pasajes podrían citarse en donde se advierte el pensamiento del Libertador, en tal orden de ideas:

«Tengamos presente que nuestro pueblo no es el europeo ni el americano del Norte, que más bien es un compuesto de África y América que una emanación de la Europa, pues que hasta la España misma deja de ser europea por su sangre africana, por sus instituciones y por su carácter».

La necesidad de abrir vías de comunicación no podría escapar y no escapó á un hombre que recorrió la América del Sur en todas direcciones. Así abrió caminos al través de los Andes y decretó carreteras que comunicasen las ciudades internas de Bolivia, Perú y Colombia con el mar civilizador. Es más: en 1822, entre dos campañas, acometió la empresa de unir el Atlántico con el Pacífico, por medio del río Atrato. La guerra interrumpió los trabajos.

Respecto á inmigración, Bolívar la fomentó y preconizó en múltiples ocasiones.

En 1813, apenas toma á Caracas, lanza un decreto llamando á los extranjeros á establecerse en el país, ofreciéndoles todo género de garantías y bienestar. Apenas ocupa á Angostura, en 1817, y la convierte en capital de la República, hace otro tanto. Nombra en Europa comisionados para que le envíen ingleses, cuyo equipo y viaje resultan costar ya en América 300 pesos por persona. Y aun á los españoles muertos los lamenta, por europeos, por blancos, exclamando con previsión tan grande que se sobreponía al odio del momento: «ellos debían poblar nuestros desiertos» (1).

En cuanto á educación, fué ésta una de las piedras básicas de su edificio americano, de su construcción de pueblos.

En el discurso de Angostura exclama:

«La educación popular debe ser el cuidado primogénito del Congreso. Moral y luces son los polos de una república; moral y luces son nuestras primeras necesidades.»

En el proyecto de Constitución que hizo Bolívar en 1819 y presentó al Congreso, había muchas ideas originales, nuevas. Entre éstas cuéntase la creación del Poder Moral. «Constituyamos este Areópago—instruía el Libertador—para que vele sobre la educación de los niños, sobre la instrucción nacional.»

Y estas no fueron en Bolívar ráfagas pasajeras de entusiasmo, sino arraigadas convicciones de toda su vida. La obra de Sarmiento en Argentina, la de Bello en Chile, son juegos de infantes en comparación de lo que realizó Bolívar por la instrucción primaria, secun-

---

(1) Véanse *Memorias del Libertador Simón Bolívar*, por el general Tomás Cipriano de Mosquera; ed. de Nueva-York.

daria y de artes y oficios, no sólo en un país, sino en cuantos países gobernó.

En Nueva Granada decreta cien escuelas y colegios; en Quito funda instituciones docentes; en Guayaquil, en Lima, en Arequipa, se advierte el paso del Libertador por las escuelas que establece, por los conventos que cierra, por las casas de educación que dota. En las provincias nórdicas del antiguo virreinato del Plata, provincias que constituían un país atrasado, fué el Libertador, en este punto, munífico. Emprendió con crecido ardor la tarea de dar la verdad al pueblo por medio de la educación. «El impuesto sobre los marcos de plata; las rentas de la mitra de Charcas, las capellanías *jure devoluto*, las sacristías mayores, cofradías, hermandades y buenas memorias fueron aplicadas para fondos de educación, sin contar otras asignaciones hechas á casas de estudios. Decretó el establecimiento de escuelas madres en cada departamento y fundó casas de enseñanza para los militares... La Agricultura y Minería le merecieron una atención particular» (1).

Iba, en su viaje de 1825 por territorio del Perú, palpando las necesidades del país. Desde Cañete y desde Chincha escribe al Consejo de Gobierno que dejara en Lima. ¿Qué le dice? Lo excita, entre otras cosas, á promover la enseñanza, «para que un día los niños de esta época sean buenos ciudadanos». En Cuzco manda crear un Colegio de Ciencias y Artes y le dá rentas. Estableció otro para la educación de las niñas, «que es la base, decía, de la moral de las familias y de la

_____

(1) FELIPE LARRAZÁBAL: *Vida de Bolívar*, vol. II, página 315.

dicha de los pueblos» (1). En Lima, como en Caracas, Bogotá, Arequipa, La Paz, Cuzco, Panamá y Quito, puede decirse, no que fomentó, sino que creó sobre bases modernas la instrucción. «Nombró una comisión muy ilustrada de doce miembros para formar proyectos de códigos civil y criminal... estableció escuelas normales en los departamentos... cuidó de la educación en Jauja, convirtiendo el colegio de Santa Rosa de Ocopa en Escuela de enseñanza pública y gratuita; fundó direcciones de Minería en cada capital de los departamentos» (2).

Á D. Simón Rodríguez, su antiguo maestro, que acaba de llegar de Europa y también sueña con reformar el Nuevo Mundo por medio de la enseñanza, lo provee de dinero y lo recomienda á Sucre, presidente de Bolivia, para que el sabio funde escuelas en la capital de aquella República según los métodos de enseñanza que D. Simón Rodríguez inventa y preconiza. Á Lancaster, el célebre pedagogo inglés, le gira una cantidad para que, trasladándose á Sur-América, instale en Caracas, como instaló, un instituto docente. Á toda Europa encarga sabios y maestros. Hace venir á América á Bompland; llama á Humboldt; ofrece á Boussingault la dirección de un instituto científico en Bogotá; escribe á Bello, á Londres, suplicándole que no abandone el servicio de Colombia y se restituya á la patria á prestarle sus luces.

Cuando arriba á Caracas, en 1827, destruye los vestigios coloniales de la «Real y pontificia» Universidad de Venezuela, crea cátedras de ciencias, la organiza á la moderna, la provee de rentas y pone al frente, en

(1)   LARRAZÁBAL: ob. cit: II, 216.
(2)   LARRAZÁBAL: ob. cit: II, 304.

ealidad de rector, al doctor José Vargas, que acaba de llegar del extranjero con doctrinas novísimas y que era un sabio de veras, máxime en su país.

Le parecía poco, sin embargo, lo realizado. En 1828, dirigiéndose al arzobispo Méndez, escribe:

«Yo dirigiré ahora mis pasos á la instrucción de los pueblos.»

En toda la obra boliviana de reconstruir sobre nuevas bases el continente, cuyas bases antiguas el mismo Libertador destruyó con la espada, se advierte con meridiana é incesante claridad, que comprendió los tres problemas máximos de nuestra ya emancipada América:

1.° La ignorancia y la barbarie;

2.° Carencia de vías de comunicación;

3.° Heterogeneidad de raza y despoblación.

Los tres trató de resolverlos con medidas administrativas y en todo el Continente. Sólo que para realizar el pensamiento integral de Bolívar se necesitan varias generaciones empeñadas sucesivamente en realizarlo.

Las prédicas y actividades que constituyen la gloria de Sarmiento se comprenden por antelación en la obra del Libertador, como claros arroyos en el océano inmenso.

El grande argentino merece las estatuas y los libros que su patria le consagra como á bienhechor. Es más: merece bien de América porque contribuyó á desbarbarizarla, desbarbarizando una de las repúblicas más beneméritas de nuestro Continente. Bolívar, que luchó por desbarbarizar, no un país sino una familia entera de naciones, por los métodos que Sarmiento ensayó más tarde, merece también algún recuerdo. Y si entusiasta la Argentina de hoy, por me-

dio de sus escritores declara genio á Sarmiento, justi-
ciera la Argentina de ayer, la Argentina que conoció
á Bolívar, declaró en nota oficial con sentimiento de
admiración:

«*El nombre de V. E. es el más precioso tesoro que
el siglo presente legará con orgullo á los siglos veni-
deros*» (1).

No es San Martín como general, ni Rivadavia como
estadista, ni Rosas como energético, ni Monteagudo
como escritor, ni Moreno como revolucionario, el argentino que más se acerca al Libertador. El argentino
que más se acerca á Bolívar en cuanto reformador social es Sarmiento.

Ningún elogio de oro, ninguna estatua de bronce,
ninguna piedra de mármol puede honrar más á Sarmiento que semejante paridad de nombres en la memoria y en la gratitud de América.

Puede decirse en justicia y repetirse que las actividades principales de Sarmiento,—como su lucha por
la enseñanza, y sus anhelos de más monta,—como el de
la inmigración, y más tarde su afán por el mejoramiento
del factor raza y la importancia que le dió á la raza al
interpretar la historia americana, le fueron comunes
con Bolívar.

La influencia del Libertador, aunque Sarmiento la di-
simule, no fué, á partir de cierto período, la menos im-
perativa y eficaz en la formación de su espíritu. Á cada
paso, en las obras de Sarmiento, aparecen el recuerdo
y la sombra del Libertador, ya bien, ya mal traídos,
evocados con lealtad ó con despego. Aun cuando menos lo mencione, se descubre patente en el colosal espíritu de Sarmiento la huella colosal de Bolívar.

(1) LARRAZÁBAL: ob. cit. II, 304.

Á veces descúbrese hasta en el estilo.

«Ercilla—escribe un día el pensador argentino—, Ercilla hizo de Caupolican un Agamenón, de Láutaro un Ayax, de Rengo un Aquiles» (1).

Parece estar leyendo á Bolívar cuando se dirige á Olmedo y critica el famoso *Canto á Junin* del gran poeta americano:

«Usted abrasa la tierra con las ascuas del eje y de las ruedas de un carro que no rodó jamás en Junin. Usted se hace dueño de todos los personajes: de mí forma un Júpiter, de Sucre un Marte, de La Mar un Agamenón y un Menelao, de Córdoba un Aquiles, de Necochea un Patroclo y un Ayax, de Miller un Diomedes y de Lara un Ulises» (2).

La inspiración de Sarmiento en el Libertador es evidente. Pero dejemos tales minucias. No se trata de letras, sino de ideas.

«La España—escribió el Libertador—deja de ser europea por su sangre africana, por sus instituciones y por su carácter» (3). Sarmiento también la califica de africana, hasta por su geología (4).

Sarmiento nos aparece, como Bolívar, entusiasta liberal, pero tibio demócrata.

La idea boliviana del Senado hereditario tenía por objeto la creación, en un país sin elementos de gobierno, de estos elementos, y vincular el gobierno de la República en la descendencia de los hombres que habían contribuído á formarla.

Á Sarmiento no debería desplacerle tal proyecto,

(1) *Conflicto*, pág. 103, ed. de 1915. Buenos Aires.
(2) Carta á Olmedo: Cuzco, 27 de Junio de 1825.
(3) Mensaje al Congreso de Angostura en 1819.
(4) *Conflicto*, pág. 208

cuando indica y aplaude la influencia en la libertad de
los Estados Unidos, de «la clase aristocrática, con la
larga serie de presidentes virginianos, hidalgos y caballeros» (1).

De Bolívar tomó una de las ideas básicas: la salud
por la instrucción.

Á tan boliviana, generosa y exacta idea, exacta sobre
todo con relación á nuestra barbarie, consagró Sarmiento su apostólica vida.

¿Cuál es la idea central que campea en *Conflicto* de Sarmiento? Que en América existen, no diversidad, sino mescolanza con razas inferiores, á lo que
debemos atribuir los disturbios americanos; la idea de
Bolívar, en suma: «nuestras epidermis difieren visiblemente»; «no se sabe á qué familia humana pertenece-
mos»; «esto trae un reato de mucha importancia».
Sarmiento escruta y comenta los orígenes de nuestros
pueblos. Bolívar, refiriéndose á las especiales condiciones étnicas de América y á las más lejanas influencias
atávicas y hereditarias, advertía: «echando una ojeada
sobre el pasado veremos cuál es la base de la República». «Fuerzas irresistibles han dirigido la marcha de
nuestros sucesos.»

Todo el plan de *Conflicto y armonías* parece una
glosa de las siguientes palabras de Bolívar:

«¿Queréis descubrir los autores de los acontecimientos pasados y del orden actual? — Consultad los
anales de España, de América, de Venezuela; exami-
nad las Leyes de Indias, el régimen de los antiguos
mandatarios; la influencia de la religión y del dominio
extranjero; observad los primeros actos del Gobierno

---

(1)   Ob. cit.: pág. 408.

republicano; la ferocidad de nuestros enemigos y el carácter nacional» (1).

Pero hay más: Si una extensa glosa á las anteriores consideraciones del Libertador fué el plan de Sarmiento, en la obra *Conflicto y armonías*, con respecto á América, semejante fué también, con respecto á Francia, el plan de Taine en sus *Orígenes de la Francia contemporánea*.

Tal anticipo de porvenir constituye una de las facetas de ese diamante que nombramos genio. Con Bolívar coincidieron: Taine, ignorando la coincidencia, y Sarmiento, á sabiendas. Así, el Libertador puede llamarse, por ese como por otros respectos, el Precursor.

La analogía de las ideas de Sarmiento con el Libertador se aducen aquí, sólo de paso, para probar que Bolívar fué uno de los factores que contribuyeron, en cierto modo, á formar el admirable espíritu de Sarmiento. No es necesario, según parece, ahondar más en ese punto. Pero terminaré recordando que otra idea fundamental de Bolívar prohijó el grande hombre del Plata, aunque por una flaqueza de viejo gastado se presenta á sí mismo ó casi casi como generador de tal idea. Me refiero al Arbitraje.

Creyendo, más de la cuenta, en la barbarie ríoplatense, ó imaginando acaso que América ha perdido la conciencia de sí y que él podía arrancar impune las más claras páginas de la historia del Derecho público americano, Sarmiento no vacila en atribuirse la paternidad respecto á la idea de hacer del Arbitraje el ins-

(1) Véase SIMÓN BOLÍVAR: *Discursos y Proclamas*, ed. de París, 1913: Mensaje de 1819 al Congreso de Angostura.

trumento jurídico obligatorio para dirimir diferencias internacionales.

«Hace diez y seis años – escribe el 6 de Septiembre de 1883–, hace diez y seis años que siendo ministro plenipotenciario en Chile, durante la tentativa de reivindicación *(por España)* de Chinchas, en el Perú, en la época del Congreso *(internacional)* americano y en Estados Unidos durante la guerra de Méjico, pude ver la situación de los beligerantes, de *donde nació* la idea de buscar garantías en tratados permanentes de Arbitraje, no obstante rechazar este medio la Inglaterra» (1).

Para Sarmiento, pues, no existieron Congreso internacional de Panamá en 1826, ni documentos de Bolí-

---

(1) *Conflicto*, pág. 435.—Para subrayar su paternidad, aunque no la confiesa rotundamente, agrega, dándose una importancia que á cuantos estamos en el secreto nos hace sonreir:

"Sólo los que ejercitamos como una herramienta las facultades de observación, estudiando la marcha de los sucesos ó de las ideas, sabemos cuánto material se pierde en estas adivinaciones, anticipaciones ó coincidencia de estudio y de trabajo sobre tierra poco agradecida, por falta de previo cultivo."—*(Conflicto*, pág. 435).

No era la primera vez que Sarmiento, como Molière, cogía su bien donde lo hallase. Ya se le había acusado de haber plagiado á un autor yanqui llamado Greenlough Scott. Sarmiento negó conocer la obra de yanqui. Sin embargo, se vió constreñido á confesar, al fin, lo que sigue:

"Cuando terminaba mi libro llegóme, por intermedio de *The American*, periódico muy sensato y de una doctrina elevada, de Filadelfia, conocimiento del libro de Mr. Eben Greenlough Scott, titulado *The developement of constitucional liberty in the english colonies of America. The Ame-*

var, ni doctrina boliviana del Arbitraje, según la cual debía constituirse una Asamblea de Plenipotenciarios de cada Estado americano, que «nos sirviese de Consejo en los grandes conflictos, de punto de contacto en los peligros comunes, de fiel intérprete en los tratados públicos cuando ocurran dificultades, y de conciliador, en fin, de nuestras diferencias» (1).

Es el documento de Bolívar, de donde se transcriben los conceptos anteriores, documento enviado por él en 1822 á los gobiernos de nuestra América, la fuente del Arbitraje internacional. De acuerdo con esa doctrina se hicieron los primeros tratados entre las repúblicas americanas (2).

_____

rican, al dar cuenta del libro, lo presenta como una revolución en las ideas, haciendo surgir la constitución norte-americana, no del trabajo mental de algunos hombres públicos de la independencia, sino que Eben Scott las hace venir desde los primeros tiempos de la colonización, formuladas por Guillermo Penn y adoptadas como constitución del gobierno de Pensylvania...", etc., etc., etc.—(*Conflicto*, pág. 421.)

Fué lo mismo que asentó Sarmiento en *Conflicto*, sin citar á Scott, atribuyéndose la idea. Fué por ello que lo acusaron en Buenos Aires de coincidencia sospechosa. Sarmiento, en 1883, negó conocer la obra. En 1884 confesó, ¡por fin!, lo que se acaba de transcribir. Ya el público argentino había formado definitivamente su opinión.

El caso de Bolívar es semejante al de Mr. Scott, aunque esta es la primera vez que se habla de ello. El que hace un cesto, hace un ciento.

(1) Véase *Arbitration in Latin-America*. G. DE QUESADA, Rotterdam 1907.

(2) Fué precisamente la Argentina, que hoy aspira á atribuirse la idea del Arbitraje, el único Estado que no lo acogió desde 1822 con entusiasmo; en 1826 tampoco con-

El Tratado de 1822 entre la Gran Colombia y Chile, por ejemplo, consigna en su artículo 14 lo siguiente: «*Art. 14.   ...se reunirá una Asamblea general de los Estados americanos, compuesta de sus plenipotenciarios... que les sirva de consejo en los grandes conflictos, de punto de contacto en los peligros comunes, de fiel intérprete en sus tratados públicos cuando ocurran dificultades, y de* JUEZ ÁRBITRO *y conciliador en sus disputas y diferencias.*»

Como se advierte, no se adoptaron solamente las

---

currió á Panamá, aunque el Congreso argentino—es decir, el representante de la soberanía nacional—, excitó al Ejecutivo á que concurriese. Por eso aquella exclusión no recae sobre la nación argentina, sino sobre el Gobierno de entonces, donde ejercía influencia el ciego mulato y desfalcador Bernardino Rivadavia, personaje de chocolate, buscador de príncipes extranjeros para que fuesen á hacer la felicidad de los argentinos. No deja de ser curiosa la manera como los publicistas bonaerenses lo sinceran ahora de aquel error. El Sr. Manuel Carlés, profesor de la Universidad de Buenos Aires, escribe:

"*La Argentine a refusé de prendre part au Congrès de Panamá en 1826, malgré les menaces de la Sainte-Aliance, parce qu'elle avait appris que Bolívar essayait de brouillier les deux continents.*" (*Bulletin de la Bibliothèque Américaine. Paris, Décembre 1915.*)

¡Magnífico! La Argentina había sabido que Bolívar quería indisponer á América y á Europa. ¡Y en ese Congreso estaban representadas Inglaterra y Holanda, naciones del Viejo Mundo! ¡Magnífico! Inútil todo comentario: ese argumento es el de exportación para Europa. En América se alegan otros, como por ejemplo, que Bolívar quería hacerse emperador del Continente. ¡Magnífico!

Idea, sino hasta las propias palabras del Libertador.

Por fin, cuando en 1826 se reunió en Panamá la Asamblea internacional proyectada por Bolívar, los Estados concurrentes sancionaron un Tratado donde se lee el artículo que va á transcribirse:

«*Art. 16. Las partes contratantes se obligan y comprometen solemnemente á transigir amigablemente entre sí, todas las diferencias que en el dia existen ó puedan existir entre algunas de ellas: y en caso de no terminarse entre las Potencias discordes, SE LLEVARÁN, CON PREFERENCIA Á TODA VÍA DE HECHO, para procurar su conciliación, al juicio de la Asamblea...*»

Tales son las fuentes del Arbitraje internacional; tal es la obra del Libertador.

Sarmiento, que asistió al Congreso americano internacional de Lima, á promedio del siglo XIX, como representante de la Argentina, oiría hablar y hasta leería los documentos que se refieren al primer Congreso internacional americano, al Congreso llamado de Panamá, por el sitio en que se reunió, en 1826. Allí se informó, puesto que lo ignorase, de las teorías del Libertador, de sus trabajos arbitristas y de cómo el Arbitraje es hijo y consignación del Derecho público americano.

Ya de vuelta en su país, propaló la necesidad del Arbitraje, y con gran desprecio de la cultura argentina se apropió la idea en la forma que hemos visto, como si no hubieran existido ni Bolívar, ni Congreso de Panamá, ni tratados públicos de América, ni historia del Derecho, ni nada de cuanto constituye el patrimonio jurídico é intelectual de un continente.

No faltó en Buenos Aires, con todo, quien lo creye-
se bajo la fe de su palabra.

Así, el Sr. Leopoldo Lugones, en obra oficial encargada y pagada por el Consejo nacional de Educación, afirma que Sarmiento es «el iniciador (de la doctrina del Arbitraje) en el Derecho sur-americano, donde quiere verla figurar... ya en 1850» (1).

Esto no merecía ni recordarse si no se tratase de
una obra cuya responsabilidad corresponde al Gobierno de la única nación que precisamente se negó á
aceptar la idea de Bolívar en 1822. Pasaría inadverti-
da tal aseveración si no la salvaguardiase un Gobierno
americano; pasaría como una más de esas frecuentes
adulteraciones de la Historia, que tan triste reputación
han granjeado á muchas eminencias argentinas.

Y en el presente caso la cosa valdría menos aún,
por tratarse del Sr. Lugones, ignorantón pedantesco,
retórico inflado, músico de feria que toca sus ruidosos
instrumentos para atraerse la atención y las propinas,
pesado como un elefante y con pretensiones de trape-
cista, barrendero de la poesía, que se harta con las
migajas y los desperdicios de Laforgue y Herrera
Reissig, prosista de baches y jibosidades, como camino público en abandono, salteador de ideas, que des-
poja un día á Pérez Triana y otro día á Juan el de los
Palotes, presuntuoso grotesco que funda en París una
Revista de tres números, abusando del nombre de
Sur-América, para enseñar Botánica—una botánica de
manual—á los franceses; de ese Lugones, en fin, célebre por sus ripios, por sus plagios, por su mal gusto, por su ignorancia y por sus disparates.

(1) *Historia de Sarmiento*, pág. 147, ed. de Buenos
Aires, MCMXI.

Cuanto á Sarmiento, este vigoroso púgil, hombre de diez y ocho quilates, quedará siendo para América uno de los hijos más brillantes y beneméritos.

Es el toro de las pampas, lleno de fuerza y de bravura, feroz en las acometidas; ó benefactor, bajo el yugo, cuando abre los surcos que van á cubrirse de gérmenes.

V

LOS DOS ERRORES MÁXIMOS DE SARMIENTO: EL UNO

Los paisanos de Sarmiento, en el empeño patriótico de buscar abuelos á la naciente cultura argentina, lo bautizan ahora de genio. Con San Martín han tratado de hacer algo semejante, no ya como abuelo de la cultura, sino de la historia patria. Á este último respecto dice el respetable historiador chileno D. Nicanor Molinare: «los jefes argentinos demostraban *(descontento)* por el general en jefe *(San Martín)*, en el que no veían las magníficas y sorprendentes dotes de inteligencia y de mando con que D. Bartolomé Mitre lo ha adornado posteriormente, haciendo de él un estratégico, un político y administrador ante el cual Napoleón es un pigmeo» (1).

Tal sentimiento patriótico, cuando no llega á las desviaciones á que llega en Mitre, ni se vale de los reprobados medios de este cínico adulterador de la His-

_____

(1) *Revista Chilena de historia y geografía*, de Santiaga, primer trimestre de 1915, pág. 298.

toria, no merece censura; por lo menos resulta. como en el caso de Sarmiento, comprensible y aun excusable.

Pero la critica está ahí para poner las cosas en su punto y fijar la tabla de valores. Examinemos el caso de Sarmiento.

Sarmiento no tuvo la superconciencia, la visión clara, profunda, perenne del genio. Vivió cambiando de rumbo, rectificando sus ideas, obrando al dia siguiente al revés de como obró la víspera.

No se aferró en el error como los mediocres, porque Sarmiento no fué mediocre nunca, sino hombre superior, espíritu generoso y abierto á la verdad; porque; su talento, lo mismo que su voluntad de ser y de porvenir, eran enormes.

Cometió, con todo, dos errores máximos en su vida errores que bastan—aunque Sarmiento dejara en su obra intelectual la huella de un genio, que no la dejó— á destituirlo de semejante aureola, por cuanto son errores transcendentales, errores que de prevalecer hubieran, tarde ó temprano, dado al traste con la nacionalidad argentina, lo que no era desde luego el propósito de Sarmiento.

Consistió el primer error transcendental de Sarmiento en solicitar, en asocio de otras personalidades argentinas—Rivadavia, Mitre, etc.—, el apoyo de Europa, el apoyo de Francia é Inglaterra, contra un Gobierno argentino, ofreciendo pagar ese apoyo con absurdas concesiones, lesivas á la dignidad de la patria en el momento, lo mismo que á su grandeza material y moral en lo porvenir.

El segundo error transcendental de Sarmiento no fué menos grave. Consistió en proponerse crear con la actual provincia de Buenos Aires una República: la "República del Plata", y fomentar la creación de múltiples republiquitas rioplatenses, republiquitas enemigas y míseras, que jamás hubieran alcanzado el esplendor que hoy ya alcanza la nación argentina y que el futuro en mayor grado le depara.

Ocupémonos primero en este último error. Memoremos las circunstancias que concurrieron á probijarlo y que no explican la efímera miopía de este nictálope Sarmiento.

¿Cómo fué que Sarmiento, que presintió un día el risueño porvenir de su país, luchó luego á brazo partido, en asocio de enceguecidas ambiciones localistas, por ennegrecer la verde esperanza y destruir ese claro futuro de patria, ese futuro entrevisto?

El caso fué que la política centralista y absorbente de Rivadavia y su círculo, «teóricos fracasados» con su empeño de acogotar el país en obsequio de Buenos Aires—puerta, puerto y pulpo de la República—, produjo, por reacción, el levantamiento de las provincias, la protesta del país, la federación, los excesos del caudillismo y, por último, á Rosas—el gobierno de Rosas—. Caído el tirano federalista, el viejo problema—aquel grave problema político y económico—surgió del charco de sangre; la capital y las provincias se encontraron frente á frente. Los triunfadores de Rosas se dividieron. Urquiza, sucesor de Rosas en el Poder por obra de la guerra, trasladó el gobierno á Entre-Ríos, concediéndole de facto á esta provincia la capitalidad.

Mitre, heredero de las ideas de Rivadavia y personaje localista que nunca vió más allá de sus narices, empezó con algunos otros políticos de corta vista y aun con varones de cuenta, la propaganda á objeto de

constituir la provincia de Buenos Aires en «República
del Plata», independiente y enemiga de las demás provincias argentinas. Era llevar al máximum el ideal que
representó en la Argentina Rivadavia contra Bolívar:
el ideal de las patrias chicas, frente al ideal boliviano de grandes Estados vigorosos.

Era el colmo de lo absurdo; la más ciega conspiración contra el porvenir argentino. En esta política suicida y antinacionalista, en esta política de ambiciones
y patrias microscópicas, Sarmiento, el gran Sarmiento,
acompañó al liliputiense Mitre, y junto con Mitre fundó
y sostuvo un diario, *La Tribuna*, para la exclusiva
propaganda de aquel estúpido proyecto nacionalicida.

No demostró francamente cualidades geniales, ni
mucho menos, en aquella ocasión.

Caso de prevalecer la política de Mitre y de Sarmiento, ¿cuáles hubieran sido las consecuencias? Un
almácigo de republiquetas microscópicas y adversas:
República de Tucumán, República de Entre-Ríos, República del Plata, etc., etc., etc., paisecillos sin importancia, sin viabilidad, sin medios de existir con decoro
en la sociedad de naciones. Semejantes paisecillos, con
un vecino grande y astuto como el Brasil, con otro vecino pobre y guerrero como Chile, y por añadidura
con la tendencia de Buenos Aires á mezclar á los
europeos en sus querellas, no hubieran durado mucho
sin caer en la anarquía interna ó desaparecer por la
conquista extranjera.

Aun suponiendo que una buena ventura los preser-
vara del desbarajuste interno y de la amenaza extranjera, ¿hubieran llegado esos pueblos de Liliput al grado de prosperidad é importancia internacional que hoy
goza la República Argentina, esa Argentina fuerte,

grande y homogénea que conocemos y admiramos? No. En el mejor caso el destino de aquellos diminutos pueblos, de aquellas migajas de patria, de aquellas parcelas del heredado patrimonio, de aquellas repúblicas de microscopio, ¿qué iba á ser sino el destino de Honduras, el destino de Nicaragua; á lo sumo el de la ordenada y floreciente Costa Rica?

El que un personaje localista, adocenado y rampante como Bartolomé Mitre colocara su ambición más alta que su patriotismo; ó que ciego, no columbrase los futuros destinos de la Patria, se comprende; bien podía un hombre mediocre combatir contra la unidad de aquella Argentina cuya suerte brillante, aunque tan inminente, no veía. Pero que una mentalidad superior como la de Sarmiento se enzarzara en pasioncillas de localidad, hasta ponerse una venda sobre los perspicuos ojos de águila, ¿cómo explicarlo? Explicaciones, sin embargo, no faltarán; ahí están, para urdirlas, tantos apologistas del error, en nombre del patriotismo.

Por fortuna el buen sentido de la nación se impuso; el instinto de vida, tan eficaz en los pueblos como en los animales, triunfó de aquella política de suicidio; y aunque Mitre, el heredero de la estrechez política de Rivadavia, salió de Buenos Aires con un ejército á batirse por la República del Plata, es decir, por la República de Buenos Aires contra las Provincias, contra el ideal nacionalista, contra la nación argentina, no se fraccionó la Patria, ni triunfó el ideal de patrias chicas y repúblicas de Andorra.

Sarmiento, que se alió á Mitre, y defendió con su pluma de oro y su verbo apremiante y lúcido aquella descabellada empresa, no mostró entonces el genio que ahora le reconoce una posteridad entusiasta, una posteridad enriquecida y feliz por el triunfo de aquellos ideales que Sarmiento, en horas de mengua, combatió.

VI

EL OTRO ERROR MÁXIMO DE SARMIENTO

El otro error transcendente de Sarmiento—error también de Rivadavia, de Lavalle, de Mitre y de la inmensa mayoría de los enemigos de Rosas, unitarios y no unitarios—fué solicitar contra Rosas, no ya sólo el apoyo de los gobiernos de Chile, Bolivia, Uruguay, Paraguay y Brasil – que al fin tratábase de gobiernos y pueblos americanos –, sino el apoyo de Francia é Inglaterra.

Qué tristeza tan honda produce en nosotros, americanos, el contemplar, aun á esta distancia, á los argentinos antirrosistas aplaudiendo con todo su corazón el que Francia bloquee las costas de la Patria; oirlos suspirar porque europeos derroten á las tropas de Rosas, es decir, á soldados argentinos, é indignarse como se indigna Sarmiento porque los gobiernos de Europa no se apresuran á intervenir. No, ningún sofisma puede paliar aquella mengua.

«*La juventud de Buenos Aires*– dice Sarmiento— *llevaba consigo esta idea fecunda de la fraternidad de intereses con la Francia y la Inglaterra.*» «*Esta juventud, impregnada de las ideas civilizadoras de la litera-*

tura europea, iba á buscar en los europeos enemigos de Rosas... el apoyo contra América...» (1)

Se creyera que para aquella juventud y para Sarmiento, su defensor, no existió nunca la cuestión de nacionalidades. Si cada país de nuestra América, tiranizado por algún caudi lo doméstico, hubiese ocurrido á Europa en solicitud de apoyo contra el tirano como la Argentina antirrosista, ¿qué quedaría al presente de la América Latina?

«... Se asociaron la Francia y la República Argentina europea para derrocar al monstruo del *americanismo*...», exclama Sarmiento, que fué uno de los asociados.

Cuando se consumó aquella alianza contra natura, que no propiciaron unitarios de escrúpulos patrióticos, América, de un extremo á otro, puso el grito en el cielo. Esto parece absurdo á Sarmiento, en nombre de la Filosofía. «Los unitarios más eminentes—dice—, como los americanos, como Rosas y sus satélites, estaban demasiado preocupados de esa idea de nacionalidad, *que es el patrimonio del hombre desde la tribu salvaje y que le hace mirar con horror al extranjero.»*

Este sofisma de hilo burdo no merece refutación.

Las tribus negras del África que apoyan contra la tribu rival al europeo invasor que luego las extermina á todas, resultarían, según Sarmiento, fundadoras del principio de las nacionalidades: ¡no está malo! Los países más cosmopolitas de la tierra, como los Estados Unidos, que no permiten en asuntos inte-

_____

(1) Esta y las demás citas de Sarmiento que siguen inmediatamente, cuyo orígen no se indique pertenecen á *Facundo, passim.* Véase la reciente ed. de Madrid.

riores la inmiscuencia de razas y gobiernos extraños, prueban odio al extranjero: ¡muy bien! Ricaurte, verbigracia, que se inmola por la Patria, un hombre de preocupaciones: ¡magnífico!

¡Qué pequeños aparecen aquellos enemigos de Rosas, incapaces de desafiarlo cara á cara como todos en América hemos desafiado y combatido á nuestros déspotas! ¡Y qué grande, en cambio, qué grande resultó San Martín, el general San Martín, el libertador San Martín, descolgando su vieja espada de Chacabuco y de Maipo, su grande espada simbólica, por cuanto contribuyó á fundar lo que Sarmiento llama «el monstruo del americanismo», enviándosela al tirano de su patria, á Rosas, el bebedor de sangre, no por bebedor de sangre, no por tirano, sino por haber vencido á los extranjeros, á los europeos, á los conquistadores, á esos mismos extraños con quienes se aliaban un Rivadavia, un Mitre, y, lo que más duele, un Sarmiento!

Defendiendo el principio de la nacionalidad, el principio de Patria, el principio de independencia, aquel principio por el cual corrió la sangre de América durante quince años desde las cimas de los Andes hasta el estuario de los grandes ríos, Juan Manuel Rosas, el gaucho trágico, mereció la espada libertadora de San Martín. Él continuó un momento contra sus mismos compatriotas, y aunque no fuese con propósito de absoluto desinterés, la obra sagrada de los libertadores.

Los enemigos de Rosas tienen encima el sambenito—y no lo quita lo feroz del tirano—de haber mendigado por dondequiera el apoyo extranjero contra un Gobierno nacional. Y tienen otro sambenito: el de haber prometido fragmentos del territorio patrio en pago de ese apoyo.

Los unitarios de Rivadavia, los antirrosistas de todo pelaje, prometían anexar á Chile las provincias de Mendoza y de San Juan—ésta última, patria de Sarmiento—y reconocer derechos á Chile sobre un territorio al sur del continente, por Magallanes, con el fin de obtener el auxilio de aquel Estado.

Al general Santa Cruz, presidente de Bolivia, se le ofreció para su país, á trueque de apoyo, gran parte de lo que ahora constituye la provincia de Salta y ceder á Bolivia el río Pilcomayo.

El Gobierno paraguayo defendía entonces contra el argentino un ideal civilizador: la libertad de navegación de los ríos interiores. Para propiciarse al Gobierno de Asunción se hubiera accedido á sus pretensiones, cediéndole como adehala una provincia de la Confederación Argentina.

Brasil y Uruguay también tendrían su compensación.

En cuanto á Francia é Inglaterra se establecerían, bajo el protectorado de ambos países, «la República de Entre-Ríos» y «la República de Corrientes».

¡Qué iba á quedar de la patria argentina!

Duele encontrar á un hombre como Sarmiento mezclado á politiqueos que hoy nos parecen crímenes de lesa patria. Cuanto á Rivadavia y los unitarios, extraña uno mucho menos su situación. ¿No fueron monárquicos furibundos desde el comienzo de la revolución de América? ¿No anduvieron por todas las cortes de Europa buscando un rey extranjero á quien obsequiar con el trono del Plata? Adolfo Saldías, en su *Evolución republicana de la Argentina*, creo que así se

llama, no se muerde la lengua para presentar al mulato presuntuoso D. Bernardino Rivadavia, de capital
en capital de Europa y de antesala en antesala de ministro, mendigando un príncipe, ofreciendo pensiones
á Carlos IV y María Luisa, hasta ser echado del ministerio y de Madrid por el ministro Pedro Cevallos,
de orden de esos mismos reyes peninsulares á quien
ofrecía pensiones, en caso de consentir que tal ó cual
infante fuese á erigir un trono español en Buenos Aires.

Rosas presta difícilmente asidero al encomio. ¡Aplau-
dir á Rosas! Dejemos á los hércules de la Historia ese
tour de force. Pero sus enemigos, ¿tenían derecho de
poner en almoneda á la República?

Sólo pudiera sincerarlos de su extravío, á los ojos
de la posteridad, el espectáculo de una Argentina en-
sangrentada y escarnecida por el más feroz tirano que
afrentó á nuestra América. Aun así, aun comprendién-
dolos, no se les puede perdonar. Tampoco perdone-
mos á Rosas, sino tratemos de explicárnoslo, y no dejemos ese cuidado, como hasta ahora, á sus enemigos.

Venciendo contra sus opositores, Rosas salvó á la
República Argentina del desmembramiento, de la ex-
tinción. Sí, mereció la espada de San Martín, aunque
él mismo solicitara apoyo entre los yanquis, apoyo que
por fortuna no encontró, contra sus enemigos concha-
bados con reinos de Europa.

Complace ver á Sarmiento frente á Rosas, proban-
do que en esa joya argentina que se llama Sarmiento,
sobre el oro del espíritu resplandecía el esmalte de la
dignidad; pero apena que el águila señera de San Juan
vuele en bandada con aquellos viejos cuervos rivadavianos y aquellos jóvenes gorriones antirrosistas que
iban por toda América y toda Europa ofreciendo jiro-

nes de la patria, á trueque de protección militar contra
el déspota que tenían, y á quien no se atrevían, solos
á desafiar (1).

VII

SARMIENTO NO ES TAN CULPABLE.—EL MAL DEL PAÍS

En rigor no debemos culpar á Sarmiento; su actitud
no era sino síntoma de una enfermedad del país. Él,

(1) Todavía hoy existen escritores oficiales, historiadores de encargo, cuyo "patriotismo" les impide condenar á
los que pactaron con europeos la destrucción de un Gobierno nacional; profesores de Universidades, Colegios nacionales y Escuelas normales que enseñan á las nuevas generaciones argentinas cómo cuanto hizo y hace Buenos Aires
es sagrado, y que no tienen opinión, ó escamotean la que
tienen, sobre esta nimiedad: si puede un partido nacional,
sin cometer un crimen de lesa patria, aliarse con naciones,
tropas y armadas extranjeras, recibir oro extranjero, y ofrecer parcelas del territorio patrio en pago del apoyo contra
otro partido nacional. Así, el Sr. Ricardo Levene, historiador novísimo de la República Argentina y solapado conti-
nuador en mucha parte de Mitre, es decir, enfermo de insuficiencia mitral, pregunta:

"¿Fueron traidores *de* la patria, ó hicieron bien, los argentinos que se unieron al extranjero para solucionar una
cuestión de política interna?"

El Sr. Levene no lo sabe; no contesta. Bástale citar en
nota la opinión de E. Quesada y Bartolo Mitre, ésta en pro
y aquélla en contra (a).

Adviértase que el Sr. Levene es escritor muy apreciable,

(a) Véase RICARDO LEVENE: *Lecciones de historia argentina*, tomo
II, páginas 331-332, ed. de Buenos Aires, 1924.

nacido para guiar, obedecía tal vez, sin explicárselo, á poderosas corrientes de opinión nacional.

En efecto: la Argentina ha sido, es, en las prosperi-

---

de mucho predicamento en Buenos Aires. Sus interesantes *Lecciones de Historia* sirven como texto de enseñanza en los Colegios nacionales y Escuelas normales argentinos. El pedagogo J. V. González, notabilidad indígena, escribe de estas *Lecciones:* "El nuevo libro de Historia Argentina del doctor Levene (*no conocemos el antiguo*) se coloca con paso firme en la corriente moderna de la concepción histó-rica..." (*Prólogo á las Lecciones*).

La obra de Levene, por apreciable que parezca en Buenos Aires, y aun fuera de allí, continúa siendo en muchos puntos, por lo que respecta á las relaciones de la Revolución argentina con la del resto de América, adulteración de la verdad, cínica y desnuda mentira. El criterio de Mitre sigue imperando en ella, y no parece ser el profesor Levene hombre de arrestos para reaccionar contra el veneno de la vanidad nacional, ni poseer fuerza de dique contra las adulteraciones, ya·tradicionales, que infirman casi todas las historias argentinas. Así, el capítulo VIII del volumen II, donde se trata sobre la entrevista de Guayaquil, pudiera estar suscrito por Mitre; por el criterio de Mitre se guía el autor y en citas de Mitre se apoya. Hasta el gráfico que ilustra el capítulo es una falsificación. ¡Y eso se enseña á estudiantes y estudiosos como historia en la República Argentina, en pleno siglo XX! No es raro, pues, que la mirada sobreentendida y la sonrisa de sorna de ochenta millones de américo-latinos acojan siempre y sigan á los historiadores de Buenos Aires.

El brindis que pone Levene, como Mitre, en labios de Bolívar: *por los dos hombres más grandes de la América del Sur, el general San Martín y yo,* es una estúpida invención del oficial argentino Jerónimo Espejo, y revela la mentalidad de este obscuro oficial, no la de Bolívar. El

dades, el pueblo más soberbio de Hispano-América. No ha querido, no quiere nada de común con la América de su propio origen, lengua, raza y cultura. Á

historiador peruano Ricardo Palma, que tanto aborrece al Libertador, pero que tiene sindéresis, ha escrito con razón á tal respecto, que Bolívar no era tonto de capirote, para prorrumpir en sandeces de tal jaez. Tiene razón.

La carta de Miller á San Martín, en donde le comunica haber oído decir al Libertador que el general San Martín quería coronarse, es un chisme vulgar de ese Miller, quien mendigó de Bolívar el consulado de Colombia en Londres, y no lo obtuvo.

Bolívar no pudo creer nunca que San Martín quisiera ó intentara coronarse en Perú. Primero, San Martín no era hombre de tales ambiciones; y luego, de memoria sabía Bolívar, á quien San Martín imploró apoyo militar, que San Martín carecía de prestigio personal y político, tanto en Argentina, donde se le abominaba para 1822, como en Chile, cuya bandera cambió por la del Perú; como en Perú, donde se llamó por la imprenta á su gobierno, "el antro de Caco". En Lima, apenas dió la espalda para ir á Guayaquil á conferenciar con Bolívar, se le hizo una revolución y se depuso á su brazo derecho, al cerebro de la Administración, al brillante y cruel Monteagudo, su mentor, lo que valía desautorizar y deponer al propio San Martín. ¿Qué prestigio político, pues, alcanzaba? ¿En quién iba á apoyar sus pretensiones á la corona, en caso de tenerlas, que nunca las tuvo?

¿Sería en el Ejército?

Entre los soldados gozaba de menos prestigio, si cabe, que entre los civiles. La escuadra de Chile, con el Almirante Cochrane á la cabeza, rompió con él y lo abandonó; las tropas lo acusaban hasta de cobardía; los principales, los más brillantes jefes, como Enrique Martínez, Mariano Necochea, etc., riñeron con él. Mucho antes del viaje de San

los demás hispano-americanos se les llama con desdén, en Buenos Aires, «gente de tierra caliente», aunque la gente de esa tierra caliente habite en las capitales más altas y frescas del planeta: México, Bogotá,
Quito, Sucre, etc. «Somos—dicen los argentinos por
boca de un ministro plenipotenciario en Madrid—la

Martín á Guayaquil, nada menos que el jefe de Estado Mayor, general Las Heras, excitaba á Paz Castillo á fin de que
éste volase cerca de Bolívar para que Bolívar viniese á hacerse cargo del ejército chileno-argentino. Entre los militares extranjeros al servicio de América tampoco se le amó.
Son conocidas las *Memorias de Stevenson*, lo mismo que las
Memorias de Lord Cochrane. ¡Qué, pues, cómo iba á pensar San Martín en hacerse rey! Pensó en irse de América, y
se fué. Esa es la verdad histórica.

Bolívar conocía de memoria lo que estaba pasando, y
cuando fué al Perú se informaría mejor de cuanto ocurrió
con San Martín. ¡Cómo, pues, iba á decir luego que el general San Martín intentó coronarse!

Lo que sí supo Bolívar desde temprano, fué que el general San Martín pactó con el virrey la venida de un rey español al Perú. Entonces fué cuando envió cerca de San Martín,
en comisión diplomática, al caballero caraqueño D. Diego Ibarra, con instrucciones bien precisas y muy conocidas,
para disuadir á San Martín de ese plan suicida, y, en caso
de no disuadirlo, asegurarle "que Colombia no asiente á él".

Siendo tan conocido el historial, ¡cómo calificar al autor
ó autores que se apoyan en el chisme, á todas luces calum-
nioso, de un hombre despechado!

La Argentina no necesita falsificar la Historia ni los documentos para tener y mostrar un pasado glorioso. Nadie
aumenta sus glorias con patrañas. Los historiadores bonaerenses no ejercen influencia y no provocan sino el desdén, y
no merecen sino el oprobio, porque adulteran sistemática-
mente la verdad y entrampan la documentación. Mitre adul-

continuación de Europa», insinuando acaso con muy
diplomática intención que los demás americanos somos
la prolongación del África. «Á mí no me importa nada
América, sino la Argentina», escribe Estanislao Zeballos, publicista de campanillas, director de una *Revista
de Derecho*, profesor, exministro de Relaciones Exte-

---

teró cartas de Bolívar y cartas de San Martín. El colecciona-
dor de la correspondencia de San Martín no publicó sino
fragmentos, llenando las supresiones con puntos suspensivos. ¿Por qué? Las nuevas generaciones algún día se cansa-
rán de estas comedias. Un alto, rudo y verídico espíritu argentino, Diego Luis Molinari, ya es promesa de diferente
orientación. Con sinceridad dice: "... El expediente sobre
admitir á comercio los efectos ingleses, originó una discu-
sión (*recientemente*) en la Cámara de diputados, de la que
resultó que la Direccion del Archivo general de la Nación
había falsificado el documento." (*Nosotros*, revista de Buenos Aires. Enero de 1917.)

Aquí se mira la franqueza, la repugnancia y hasta la vergüenza de un hombre de valer y de valor que observa en su
país rarísimo caso, único tal vez en el mundo: el caso de que
la Dirección del Archivo general de la nación se entretenga
en falsificar documentos.

Como no sea algún historiador de Buenos Aires el mismo
archivero! ¡Entonces ya se explica todo!

Pero lo más insólito no es que exista un país donde el
Director del Archivo general de la nación falsifique los documentos, sino que en ese país existan personas ocupadas
en escribir sobre Historia, que después de descubierta y
comprobada la falsificación, continúen sirviéndose de ese
documento falsificado y apoyándose en él como si nada
hubiera ocurrido.

Eso es lo que delata con aspereza el crítico de *Nosotros*,
lo que más subleva al probo y enérgico D. Diego Luis Molinari.

riores, aquel mismo Zeballos que aplaudió tanto á
Roosevelt por haber desmembrado á Colombia. «No
necesitamos de nadie en América», asegura un tal Ca-
rranza, biógrafo de San Martín. Otro publicista del mismo jaez, un Sr. Aldao, llega en cierta obra suya á la
conclusión de que sólo existen dos pueblos en el Continente occidental que puedan tomarse en serio: Estados Unidos y Argentina. El profesor Nelson, de la
Universidad de Buenos Aires, asistió recientemente á
un Congreso científico pan-americano celebrado en
los Estados Unidos. Le chocó el que existiera, diera
signos de vida y mereciera acatamiento la América
del Sur. Cuando terminó el Congreso, expuso el profesor en los periódicos de los Estados Unidos, que no
existía tal Sur-América; que eso no significaba sino un
vago nombre geográfico; que entre la Argentina y
cualquiera de las demás naciones de la América del
Sur, Perú ó Colombia, por ejemplo, había tanta diferencia como entre los Estados Unidos y otro país de la
América del Norte como México. La Argentina no se
parecía sino á los Estados Unidos. Eran increíbles los
puntos de semejanza. En cuanto á las naciones de la
América del Centro y del Sur, nada tenía Argentina
de común con ellas. Las citaciones pudieran multipli-
carse hasta lo infinito. Las nuevas generaciones exa-
geran tal sentimiento de la propia importancia (1).

Esa soberbia, ese prurito de diferenciación, ese em-

_____

(1) Al momento de corregir estas pruebas, leo en *A B C*,
diario de Madrid—número correspondiente al 29 de Marzo
de 1917—«El peligro yanqui», artículo del Sr. J. M. Salaverría, periodista español que conoce mucho á la Argentina.
Dice el Sr. Salaverría: «En el secreto del alma argentina late la idea del paralelismo», con Estados Unidos. «La

peño de no considerar como á iguales, ó siquiera semejantes, por la formación etnológica, por la historia, por la cultura alcanzada, á los demás pueblos de Hispano-América; esa absurda creencia de que la amistad de Hispano-América es innecesaria á la Argentina, ha sido la base, ya secular, de la política argentina con la América de su propia raza y cultura.

Pueyrredón, jefe del Gobierno, no se aviene á tratar con el uruguayo Artigas, en 1819: lo desprecia. Rivadavia, en 1822, se negó á pactar una alianza con la Gran Colombia; luego, en 1824, en vísperas de Ayacucho] se entendia con los españoles; y más tarde, en 1826, obstaculizó, contra la decizión del Congreso argentino, el envío de diputados argentinos al Congreso internacional de Panamá.

Mitre, presidente de la República, y heredero de las ideas rivadavianas, se negó á solidarizarse, ni siquiera moralmente, con México atacado por Francia, con e Perú y Chile atacados por España, con la República Dominicana, sometida por la Península, durante aquel ímpetu de conquistas en tierras de América que sacudió á Europa poco después de promediar la centuria pasada. Y ¿qué decía Mitre? Decía, por boca de su ministro Elizalde, y en nota á Sarmiento precisamente, á Sarmiento ministro diplomático en Chile, que «*la República Argentina tenía más vínculos con Europa que con las naciones de América*» (1).

─────────

república del Plata piensa en lo íntimo que ella es en el Sur lo que la nación anglo-sajona es en el Norte. Pero el paralelismo no puede ser perfecto...» «Si los yanquis ponen un día sus pies y sus manos en la fertilidad argentina, entonces saldrán de su indiferencia los ríoplatenses.»

(1)   Esta idea priva hoy como nunca, y es una de las ba-

Pero si ningún país como Argentina ha rechazado
en las prosperidades toda solidaridad con Hispano-
América, ninguno, en los días de conflicto, ha implo-
rado tanto y con más apremio el apoyo material que
de aquella solidaridad moral se desprende. Ningún
pueblo obtuvo en sus momentos difíciles más eficaz
auxilio de sus vecinos y hermanos.

La Historia lo prueba.

La conquista de Buenos Aires, en 1806, por un puño
de aventureros británicos, no costó á los ingleses ni un
muerto. Así fué de nula la resistencia.

«El día 27 de Junio de 1806—dice Mitre, en su *Historia de Belgrano*—una columna inglesa de 1.560 hombres entraba triunfante por las calles de Buenos Aires,
á tambor batiente y banderas desplegadas, tomando
así posesión de una ciudad de 45.000 almas...» (1). «La
ciudad humillada—agrega el historiador—estaba po-
seída de nobles iras.» (2). Sin embargo, «la ciudad
conquistada prestó juramento de obediencia al monarca de la Gran Bretaña...» (3).

---

ses de la mitrelatría bonaerense. El retórico Leopoldo Lugones celebra aquella declaración de Mitre en una mala historia de Sarmiento, encargada y pagada por el presidente del
Consejo nacional de Educación; es decir, en obra oficial; es
decir, en obra cuyas ideas y conclusiones prohija el Estado
argentino. Óigase al Sr. Lugones: "Reviste doble mérito
esta afirmación, por la singularidad sospechosa y la nota de
duro egoísmo que parecía contener ante los demás países
(de América), todos adherentes, con excepción del Brasil, á
la liga *(de defensa)* pan-americana." (Pág. 73.)

(1) Vol. I. págs. 104-105, ed. de *La Nación* Buenos
Aires, 1913.

(2) 108.

(3) 106.

¿Á quién se debió la reconquista del territorio argentino? Á Liniers: un francés. ¿De dónde partió? De Montevideo. ¿Quién le prestó apoyo material? Montevideo.—Uruguay, pues, contribuyó en primer término á libertar á Buenos Aires de los ingleses en 1806 (1).

En 1819 corren rumores de que una expedición española, que no se realizó, se prepara contra el Río de la Plata. El Gobierno argentino pierde la cabeza. Pueyrredón, director de las Provincias Unidas, como se llama allí al jefe del país, resuelve, á la mera noticia, abandonar á Buenos Aires y trasladarse con todo el Gobierno al interior. Pide además socorro á Chile, en los términos más lacrimosos. «Casi puede tenerse por cierta nuestra disolución», escribe á O'Higgins en nota oficial, el 1.º de Marzo de 1819. Y urgiendo al Gobierno de Santiago para que mande tropas chilenas á defender el suelo argentino, agrega: «los ciudadanos chilenos imprimirían una nota funesta á su carácter nacional si... nos dejaran á solas con nuestros peligros cuando imploramos sus socorros para nuestra defensa» (2).

En 1825 es inminente la guerra entre Argentina y Brasil. El Gobierno argentino y Rivadavia, que lo inspira, aquel mismo Rivadavia que no convino en pactar ningún compromiso de alianza con Colombia en 1822, aquel Rivadavia cuyos periódicos desopinaban á Bolívar y á Sucre, y que se entendía, en vísperas de Ayacucho, con los españoles, para nulificar la obra de los libertadores, ¿qué hace en el momento del peligro y del aislamiento? ¿Qué hace? Ocurre á Bolívar. Implo-

_____

(1) Véase la obra del Sr. H. D. BARBAGELATA: *La Reconquista.*

(2) OFICIO DE PUEYRREDON Á O'HIGGINS: Buenos Aires, 1.º de Marzo de 1819.

ra el auxilio de Bolívar y de las repúblicas «que siguen
tras sus pasos en ardientes tropeles». Entonces todos
los argentinos de sensatez comprenden lo falso y peliagudo de la situación, lo absurdo de la anterior política antiamericana de Rivadavia; entonces el Congreso
argentino expide un decreto nacional para que el Gobierno se entiende con el Libertador del Continente;
entonces el Poder ejecutivo manda una misión diplomática extraordinaria cerca del héroe, cerca de
«el hombre de América», como lo llamó uno de los de-
legados: el doctor Díaz Vélez.

Bolívar, en cuyo corazón los resquemores personales siempre enmudecieron cuando habló el interés de
América, de esa América por él emancipada, se dis-
puso á volar en auxilio de Buenos Aires y ponerse,
como se le pedía, al frente del glorioso ejército argentino, cuyos más brillantes paladines acababan de cubrirse de laureles en Junin; se preparó á conducir aquel
ejército de gloriosas tradiciones á la victoria, como
en Junin, reuniéndolo, como en Junin, con tropas de
todas las naciones americanas, y que este ejército unido
de Sur-América sirviera de escudo protector á la hermosa nación del Plata (1).

_____

(1)   ¿Qué lo impidió? Lo impidió en primer término la
política antiamericana de Rivadavia en 1822. Colombia, ó
mejor dicho, el vicepresidente Santander, encargado del gobierno, tan localista como el propio Rivadavia, se opuso á
que el Libertador acorriera al Gobierno bonaerense. El *21
de Septiembre de 1825*, ya había rotundamente Colombia,
por órgano del vicepresidente Santander, combatido al
Libertador el proyecto de apoyo á Buenos Aires. «No
tenemos tratados con el Río de la Plata. El que se hizo
fué sólo una indicación de las bases que debían estable-

En las guerras civiles también solicitó Argentina el apoyo extranjero con el mismo empeño que durante las guerras de emancipación. Ya hemos visto cómo rivadavianos unitarios y jóvenes antirrosistas ofrecen fragmentos del territorio nacional á repúblicas vecinas, en pago de apoyo material contra Rosas, y cómo se alían, en nombre de la civilización, con Francia é Ingla-

cerse después y definirse; y además no se ha presentado aquí ratificado por aquel Gobierno. Esos señores nos buscan ahora que pueden necesitarnos. Cuando se creían superiores nos despreciaban con una altanería insoportable.»

Y como el Libertador persistiese desde Bolivia, donde estaba, en que Colombia debía enviar un contingente poderoso de marina y tropas en favor de la Argentina, el recalcitrante vicepresidente Santander se afirma en su actitud negativa. Así expone rotundamente desde Bogotá en su carta del *6 de Diciembre de 1825:*

«No he variado de opinión relativamente á los auxilios que pide Buenos Aires. No podemos dárselos: lo uno porque no existe ningún pacto referente al negocio; lo otro porque sin autorización del Congreso no podemos ni usted ni yo disponer de un solo soldado.»

En su anhelo de socorrer al pueblo hermano, Bolívar implora de Colombia el envío de la escuadra; si no vienen tropas que venga siquiera la escuadra. El inflexible Santander le responde el *21 de Enero de 1826:*

«Esta situación *(la de Colombia)* me impide pensar en la demande de marina para Buenos Aires». *(Véase* O'LEARY: *III, passim.)*

Santander era nacionalista; más: localista, no menos repito, que el propio Rivadavia. ¿No contribuyó, por ambiciones neogranadinas, á tripartir la Gran Colombia? La política de ambos contrasta con el ideal generoso y americanista del Libertador. Á ellos dos se debe, en gran parte, el triunfo de las patrias chicas, en oposición al ideal boliviano

terra, bajo cuyo protectorado ofrecen poner la «República de Entre-Ríos» y la «República de San Juan».

Algunos historiadores argentinos se permiten reconocerlo. «La alianza con extranjeros para resolver cuestiones de política interna, así como la intervención de aquéllos en ésta fueron hechos corrientes... Cuando la revolución de Lagos, el Gobierno de Buenos Aires negoció el desembarco de fuerzas de cuatro naciones extranjeras, hasta con artillería, para que ayudasen á las suyas.» (L. LUGONES: *Historia de Sarmiento*, pág. 106) (1).

Por los ejemplos transcritos, y otros que por innecesarios se silencian, colígese cuán ajustada á la verdad histórica resulta la proposición á que sirven de

───────────

de una á dos grandes naciones continentales, ó, por lo menos, de una Confederación de repúblicas.

Con rencor repetía Santander, en apoyo de la negativa: «Usted tiene razón para creer que no puede disponer ni de nuestras tropas ni de su persona para fuera del Perú, pues las leyes no lo permiten. El tratado que tenemos con Buenos Aires, además de que no está ratificado por el Gobierno, tampoco nos permite darle auxilio. El Sr. Rivadavia entonces creyó que era indecoroso á Buenos Aires ligarse con Colombia, y sólo hizo una miserable convención, que nada significa. Ahora les estará pesando haber sido tan orgullosos y tan imprevisores.» (*Carta de Santander al Libertador: Bogotá, 6 de Noviembre de 1825.*)

(1) El Sr. Lugones considera que «*la alianza unitaria con los franceses no tiene justificación*», porque «aquello fué efectivamente una amenaza nacional, y así lo sintió la opinión pública... de los Estados Unidos». Pero este rivadaviano póstumo dice también: «mas la intervención extranjera aparejaba también una aspiración civilizadora» 104-105).

ilustración; á saber: la Argentina, aunque satisfecha de su importancia y desdeñosa con las demás repúblicas latino-americanas, no vaciló nunca en solicitar el auxilio material de éstas cuando se vió en apuros. Más: fué el único pueblo americano que trató de comprar la independencia con dinero (caso de Rivadavia); el único que solicitó durante la independencia (caso de Alvear) y durante la República (caso de los enemigos de Rosas), protección y auxilio de naciones europeas (1).

Y tanto el apoyo de los reinos de Europa como el apoyo de las repúblicas de América, ofreció pagarlo á precio bien subido: al precio de la soberanía nacional y de la integridad del territorio patrio.

Por la continuidad ya más que secular de los procederes indicados puede inferirse que estos procederes no son casuales, fortuitos, esporádicos, sino que obedecen á causas profundas y permanentes. Así es, en efecto. Ellos revelan dos caracteres psicológicos de la nación argentina: excesiva confianza en sí en los días felices y desconfianza excesiva de sí en los días de apuro; ó, en otros términos: soberbia en las prosperidades y humildad en la amargura.

VIII

EL OPTIMISMO PROFÉTICO DE SARMIENTO

Estos que se han señalado como errores transcendentales, como los errores máximos de Sarmiento,

---

(1) El general Alvear solicitó para su país en los comienzos de la revolución, el protectorado inglés, que anula-

coliden con su perspicuidad de otras ocasiones y el impulso que supo dar á su patria hacia caminos de salvación.

Sarmiento presintió, como se ha dicho, el risueño porvenir de su país.

Optimista por naturaleza y por filosofía, tuvo confianza en su pueblo, aun en las horas de más cerrazón y desconsuelo.

Imperante Rosas, convertida la nación en erial sangriento, las escuela cerradas, las relaciones exteriores interrumpidas, el comercio en ruinas, la industria sin asomar, la agricultura por los suelos, la cría perdiéndose inútil en la pampa sin convertirse en oro, ó sirviendo de pábulo al abigeato y de alimento á tropillas trashumantes, anárquicas, mugrientas, de feroces caudillejos, los ciudadanos de más pro en la cárcel, en el destierro ó pereciendo por centenas y millares

---

ba á la Argentina. También anulaba á la Argentina el pacto que San Martín, en 1820, suscribió con el virrey del Perú, pacto según el cual Argentina vendría á ser una provincia del Perú, y Chile otra; y los tres países, que formarían un reino, la cosa de un infante de España. Es decir, que la autoridad de España sobre aquellos tres pueblos continuaría siendo efectiva, bajo la férula del rey español que San Martín solicitaba y á quien ofrecía el trono perú-chilo-argentino. Porque el trono no se brindaba á un peruano, ni á un chileno, ni á un argentino, recálquese, sino á un príncipe español. No se realizó el proyecto por lo continuamente acertado de la política española, que ha convertido á España en lo que hoy es. Pero ni el ejemplo de Alvear, ni el de San Martín, ni otros análogos, se citan en el texto, porque no vienen á cuento. El monarquismo de Belgrano, Pueyrredón, Rivadavia, Alvear, San Martín y demás revolucionarios argentinos, obedece á múltiples razones, y tampoco viene á cuento.

bajo el cuchillo de la *mas-horca*, en medio de una regresión casi absoluta y en globo del país á la barbarie, Sarmiento, el gran Sarmiento, creyó siempre que la República Argentina iba á redimirse merced al esfuerzo inteligente de sus hijos y á la casualidad de su posición en el planeta. Creyó en el porvenir, y el porvenir ha sacado buena aquella confianza (1).

¿Obedecía su previsión á un férvido anhelo patriótico, á un irrazonado entusiasmo? No. Obedecía á justa observación de las sociedades.

Sarmiento se fija en que los congestionados pueblos de Europa necesitan emigrar para conservar el equilibrio de su economía doméstica. Advierte que han ido de preferencia esas emigraciones á la zona fría de los Estados Unidos; repleto ya este país, deben dirigirse á la zona templada de América, á la República Argentina. Aun con la inseguridad del tiempo de Rosas, allá va. "La inmigración europea —anota Sarmiento—, de suyo y á despecho de la falta de seguridad que se le ofrece, se agolpa de día en día al Plata." "Los emigrados se agolpan á Buenos Aires y ocupan el lugar de la población que el monstruo hace matar diariamente..." De ahí deduce, con muy buen criterio, que "si hubiera un Gobierno capaz de dirigir su movimiento, bastaría por sí sola para sanar, en diez años, no más, todas las heridas que han hecho á la Patria los bandidos, desde Facundo hasta Rosas, que la han dominado" (2).

En el argentino puro no tuvo Sarmiento, según pa-

---

(1) Para apreciar todo el mérito de Sarmiento en este punto, recuérdese en *Facundo*, su misma pintura de la vida argentina en la época de Rosas.

(2) FACUNDO, *passim.*

rece, mucha fe, y por eso también suspira por la emigración europea y la preconiza. "El elemento principal de orden y moralización que la República Argentina cuenta hoy es la inmigración europea," opina Sarmiento, sin ambages ni mentiras (1).

Sarmiento no fué único en su prédica á favor de la inmigración. Alberdi, en forma lapidaria, planteó el gran problema de nuestro Continente desierto y con una base étnica constituída por razas inferiores, cuando expuso: "en América, gobernar es poblar". Y Alberdi que advertía, al igual de Sarmiento, cómo la emigración al Plata se producía espontánea, aun en medio de la barbarie y la inseguridad de los tiempos de Rivadavia y Rosas, opinó por seleccionarla: "poblar no es civilizar, sino embrutecer cuando se puebla con *chinos* y con *indios* de Asia y con *negros* de África." Aun á la población europea le puso cortapisas como no fuera

---

(1)   Sesenta años más tarde, un europeo que visita á la exúbera nación del Plata, desbordante de prosperidad, coincide con Sarmiento, sin saberlo, al estampar la siguiente observación:

"...Las grandes fortunas de la Argentina son el producto, no precisamente del espíritu de empresa, como en Norte-América, por ejemplo, sino de la valorización de la tierra; de los incrementos, no ganados, del valor del suelo, por efecto del esfuerzo de esas grandes masas de agricultores que las estadísticas nos presentan como transformadores de las tierras incultas, como pobladores del campo. Habrá que hacer justicia á esos hombres (á los inmigrantes) que desempeñan la elevada misión en Sur-América de labrar los cimientos de un gran Estado y de acumular pirámides de riqueza." (VICENTE GAY: *Nuestro Tiempo*, revista de Madrid, Mayo de 1915.)

"la flor de la población trabajadora de la Europa" (1).

Sarmiento, en cuanto á la inmigración de raza caucásica, no se perdía en semejantes distingos. Él quiso para sus pueblos oleadas de gente, y que los millones del país se gastasen en provocar corrientes de inmigración y alimentarlas. "El día, pues, que un Gobierno nuevo dirija á objeto de utilidad nacional *(la inmigración)* los millones que hoy se gastan en hacer guerras desastrosas é inútiles y en pagar criminales, ese día la inmigración industriosa de la Europa se dirigirá al Río de la Plata" (2).

Semejantes pareceres, fundamentados en la observación, en la verdad, en la experiencia de otros pueblos y en el aprecio inteligente de los fenómenos nacionales, prestaban á la ardorosa palabra de Sarmiento una erguida y llameante convicción. Esa convicción llameante y erguida lo hizo pasar á veces por loco entre la barbarie, ó la ignorancia ó la imprevisión de sus conciudadanos.

El hombre superior desconocido y negado no constituye excepción. Por lo contrario, es pan de cada día en la Historia. Hoy, en su país, los pósteros califican de profético al convencido Sarmiento. Tienen razón: él auguró la verdad; él supo ver en la sombra.

Oidlo:

Cuando exista un Gobierno previsor, libre, que gaste millones en fomentar el transporte, establecimiento y arraigo de masas extranjeras en el país, «la inmigración industriosa de la Europa se dirigirá en masa al Río de la Plata; el *nuevo Gobierno* se encarga-

---

(1) OBRAS DE ALBERDI: *vol. VIII, pág. 271.*
(2) *Facundo.*

rá de distribuirla por las provincias; los ingenieros de
la República irán á trazar por todos los puntos conve-
nientes los planos de las ciudades y villas que deberán
construir para su residencia, y terrenos feraces les serán adjudicados. Y en diez años quedarán todas las
márgenes de los ríos cubiertas de ciudades; y la República doblará su población con vecinos activos, morales é industriosos. Estas no son quimeras, pues basta
quererlo y que haya un gobierno menos brutal que el
que tenemos para conseguirlo» (1).

El cuadro de Sarmiento era un anticipo de la realidad.

Y la gloria de Sarmiento no consiste sólo en haber propagado sus ideales con la pluma, sino en haber
contribuído á realizarlos como estadista.

IX

SARMIENTO Y LA INSTRUCCIÓN PÚBLICA

Otro de los ideales que sirvió de brújula á Sarmiento, la mayor tal vez de sus preocupaciones sociales,
fué, como hemos dicho y varias veces repetido, el difundir la enseñanza, el empeño de desbarbarizar á su
pueblo, de instruirlo, de educarlo; en suma: la instrucción pública. Y no la instrucción superior, sino la instrucción primaria. Como para los estadistas anglo-
americanos, para Sarmiento la instrucción del pueblo,—leer, escribir, contar—pasa antes que la cultura

---

(1) FACUNDO, *tercera parte.*

científica y escolar de clases superiores. El país necesita más ciudadanos que doctores. «El primer acto administrativo de Rosas—dice Sarmiento en sus *Recuerdos de Provincia*—fué quitar á las escuelas de hombres y mujeres de Buenos Aires las rentas con que les halló dotadas por el Estado... porque tiene el olfato fino y sabe que las luces no son el apoyo más seguro de los tiranos.»

Perseguía un fin práctico: el hacer patria. No lo preocupó la Ciencia en sí ni por sí un solo minuto.

Tampoco lo preocupó, como preocupó á Hostos, la finalidad del sér de razón y el desinteresado, generoso, cultivo de la inteligencia, en cuanto obra exclusivamente moral y de mejora humana. Sarmiento era un patriota argentino, un talento con todas las limitaciones del talento práctico, de propósito inmediato, no un filósofo moralista como el enorme antillano. Hostos concibe al hombre como «un sujeto de conocimiento, fecundado por la Naturaleza, eterno objeto de conocimiento». ¿Á qué enseñanza dedica su vida el filósofo? Llevando en sí «la previsión de un nuevo mundo moral é intelectual», Hostos se consagra á lo que él cree la enseñanza verdadera: «la que se desentiende de los propósitos históricos, de los métodos parciales, de los procedimientos artificiales, y atendiendo exclusivamente al sujeto del conocimiento, que es la razón humana, y al objeto del conocimiento, que es la Naturaleza, favorece la cópula de entrambos y descansa en la confianza de que esa cópula feliz dará por fruto la verdad». (1).

El pragmatismo del padre del *Facundo* rastrea á cien

_____

(1) V. *Moral Social*, ed. de Madrid, 1917.

codos por debajo del idealismo transcendente del maestro de *Moral Social*.

Sobrino y hermano de provincianas maestras de escuela, Sarmiento fué maestro de escuela toda su vida. Cuando ejerció la Presidencia de la República, gracias á esa hada buena que sirvió de madrina á la nación del Plata, fué tan maestro de escuela como presidente de la nación.

Y su vocación de maestro, de maestro de escuela, fué tan decidida y heroica, que apenas desciende de la curul presidencial siéntase de nuevo en el banco de los colegios, como director de escuelas en la provincia de Buenos Aires.

Su preocupación docente era, repito, una forma de patriotismo. «Necesitamos hacer de toda la República una escuela», escribía. Ó bien: «las cárceles deben ser escuelas.» Y asimismo: «el Estado no debiera ocupar peón alguno en las obras públicas sin darle dos horas de descanso al día para aprender á leer». «Desde niño—confiesa—he enseñado lo que yo sabía á cuantos he podido inducir á aprender. He creado escuelas donde no las había, mejorado otras existentes, fundado dos colegios y la Escuela Normal me debe su existencia» (1).

Andando el tiempo hizo más. Ya presidente, se ocupó también en la instrucción superior y multiplicó la instrucción primaria—que era su anhelo primordial — hasta lo infinito. Durante la Presidencia de Mitre sólo gastaba la Argentina en instrucción pública 15.000 pesos anuales. Durante la administración de Sarmiento, que sustituyó á la de Mitre, el presupuesto de instrucción ascendió hasta 64.000 pesos.

_____

(1) *Recuerdos de Provincia;* ed. de Buenos Aires.

Se trata, pues, de una virtud apostólica.

¿Qué se propone el apóstol?

Se propone hacer patria, servir á la democracia, poniéndole por base la conciencia ciudadana. Se propone, según propia confesión, «cambiar la faz de América, y sobre todo de la República Argentina, por la sustitución del espíritu europeo á la tradición española, y á la fuerza bruta como móvil, la inteligencia cultivada, el estudio y el remedio de las necesidades».

La inmigración y la escuela, pues, eran para Sarmiento remedios para dos enfermedades de las naciones americanas: el mestizaje y la educación colonial española. Estas dos enfermedades se manifiestan por la anarquía, la ignorancia y la incapacidad política.

Ambos ideales de Sarmiento, por él realizados en mucha parte á fuer de hombre de acción, convierten su figura y su obra en obra y figura transcendentales para nuestra América.

Y aunque redujo su actividad á su patria, toda la América, de la cual Argentina es brillantísima porción, le debe gratitud, como á uno de sus bienhechores (1).

X

LA ÚLTIMA OBRA DE SARMIENTO: «CONFLICTO Y ARMONÍAS DE LAS RAZAS EN AMÉRICA».—LAS IDEAS DE «CONFLICTO»

«Dadme ideas, que yo pondré las palabras», decía, poco más ó menos, el infame y locuaz Barrère. Sar-

(1) La semilla del apóstol fructifica. Pocos pueblos prestan tanta atención á la cultura nacional como la Repú-

miento, que no era un vil demagogo ni un charlatán sin meollo como el revolucionario francés, sino hombre de talento colosal y de altas miras, procedió, sin embargo, en su libro de *Conflicto y armonías* un poco á la manera de Barrère. Puso las palabras: las ideas las pusieron otros.

Para que no se juzgue acusación de pícaro ó sandez de estulto lo que dicho queda, explicaré en qué lo fundo.

¿Cuáles son las ideas de *Conflicto?*

1.º Que existía superioridad de la raza inglesa sobre la raza española al tiempo de la conquista.

(Ya Buckle, en su *Historia de la civilización de Inglaterra*, había pintado con bien negros colores el estado político, religioso y económico de España.)

2.º Que los españoles, mezclándose con los indígenas, produjeron una raza mestiza, donde alientan los gérmenes de nuestros trastornos políticos, mientras

_____

blica Argentina. Yo no sé de nada más hermoso en su sencillez, de nada que revele la grandeza moral de un pueblo y su empeño de porvenir como el siguiente decreto del Congreso argentino para conmemorar la declaración de la independencia de aquel país, declaratoria que cumple un siglo el 9 de Julio de 1916.

"*Artículo 1.º Constrúyanse mil edificios para escuelas infantiles y elementales en la capital, los territorios y las provincias, distribuidos los de éstas en la proporción de las escuelas de la Ley 4.874.*

„*Art. 2.º Destínese al cumplimiento de la presente ley la suma de veinticinco millones de pesos, que serán entregados al Poder ejecutivo por el Banco de la Nación y deducidos de su capital.*

„*Art. 3.º Los edificios escolares á que se refiere la presente ley serán inaugurados el 9 de Julio de 1916.*"

que los ingleses salvaron en el Norte la pureza de
su raza.

(Bolívar pensó antes y dijo algo semejante. Y Spencer, por su parte, achacó al hibridismo nuestros des-
órdenes ó «retozos democráticos».)

3.°   Que la colonización inglesa fué superior á la
española, por cuanto no se redujo, como ésta, á explo-
tar una hacienda, sino que fomentó económica y polí-
ticamente factores de adelanto que iban á contribuir
más tarde á la superioridad de las colonias británicas
ya libres.

(Desde los tiempos del abate De Pradt eran éstos
lugares comunes. De Pradt, en 1826, y aun antes, al
apreciar la superioridad de esfuerzos en el Sur para
arribar al mismo resultado que en el Norte—la emancipación—, señaló aquellas divergencias.)

. 4.°   Que la sociedad civil de los Estados Unidos es
una maravilla de organización.

(Tocqueville había estudiado minuciosamente esa
maravilla de máquina.)

5.°   Que la raíz de la constitución anglo-americana
hay que buscarla en cuáqueros de Pensilvania y puri-
tanos de Nueva Inglaterra, ó mejor en las ideas religiosas de aquellos sectarios.

(Lo mismo había indicado, primero que Sarmiento,
en obra muy comentada en los Estados Unidos—obra,
entre paréntesis, que yo no conozco—el abogado yanqui
Eben Greenouhlg Scott. Por tal coincidencia con obra
ya publicada se acusó á Sarmiento en Buenos Aires.
Sarmiento se defendió diciendo que la obra de Scott
no había llegado á la Argentina. El Sr. Aristóbulo del
Valle contestó indirectamente, enviando el libro á Sarmiento.—Éste, por su parte, confesó que había leído un

por todos respectos, queda siendo la obra por excelencia del maestro argentino. *Facundo*, producto de pluma ágil, inteligencia perspicua y pasiones tórridas y escandecentes, resulta espontánea, vivida, de un atractivo de imán. *Conflicto y armonías de las razas en América* surge—como hilo de agua de un caño empobrecido—de una inteligencia fatigada: corre la linfa por cauces ajenos unas veces y se estanca otras veces en remansos del propio cauce; la pluma, sin el mordiente del ácido en el metal, como la pluma de *Facundo*, chirría—aunque no siempre—á manera de llave sin grasa en cerradura mohosa; la pasión entona y colorea aquí y allá la página grísea.

¿Qué se propone este libro de *Conflicto y armonías de las razas en América?*

Se propone, á lo que parece, enseñar, con aparato científico, que existen diferencias étnicas é históricas entre la América de habla inglesa y la América de lengua castellana.

El autor nos noticia que «el norte-americano es el anglo-sajón exento de toda mezcla con razas inferiores en energía, conservadas sus tradiciones políticas, sin que se degraden con la adopción de las ineptitudes de raza para el gobierno...» En cambio, el sur-americano de Sarmiento es «un hombre amansado como una llama en la vasta extensión del Perú; perezoso, sucio, ladrón como en las Pampas, y ebrio y cruel en todo el mundo, incluso en las antiguas misiones...» (1)

La raíz étnica diferencial de ambas razas es lo que importa. El autor, desde el título, sugiere en toda su obra la diversidad de culturas tradicionales en ambas

_____

(1) Cap. VI.

razas, ya tan distintas de suyo: mestiza la del Sur, con fondo de español, lo que vale, en sentir de Sarmiento, con fondo de una gente fanática é incapaz para el ejercicio armonioso de las libertades públicas; caucásica pura la del Norte, con la base de un pueblo hábil para el gobierno de las sociedades, pueblo libre por naturaleza y tolerante en cuanto á ideas y sentimientos religiosos.

¿Qué deduce Sarmiento de estas divergencias? No deduce nada porque la obra no concluye; y si algo saca, en primer término, es una contradicción de tomo y lomo. Á pueblos tan diferentes parecería lógico gobernarlos por métodos é instituciones diferentes. Pues bien: Sarmiento aplaude el que la Constitución argentina, por ejemplo, sea un calco de la Constitución yanqui y el haber contribuído á que se realizara ese calco. «Nuestra constitución federal—dice, orgulloso—está calcada en la de los Estados Unidos,...» (1)

ARGIRÓPOLIS... *(libro de Sarmiento)* sirvió de heraldo para la convocación del Congreso, aceptando la fórmula federal, que había sido «el *pretexto* y *rótulo* de la lucha». (2)

Para Sarmiento «la forma política de una época no está vinculada ni á una lengua, ni á la historia del país en que se formó» (pág. 59).

----

(1)   *Conflicto*, pág. 322.

(2)   Pág. 444. Otro de los campeones del federalismo, no ya en Argentina, sino en Venezuela, se expresa casi con las mismas palabras, en todo caso con la misma desenvoltura.

¿Quién dice que los liberales eran federalistas?—preguntaba Guzmán. Fuimos federales porque el Gobierno á quien se hacía oposición, no lo era; si lo hubiera sido, hubiésemos adoptado la fórmula contraria.—En ambos casos, como se ve,

Es decir, todos los vestidos sirven á todos los cuerpos.' Todas las instituciones á todos los pueblos.

De ahí el que se felicite de haber contribuido á que Argentina calque la Constitución yanqui.

¿Á qué, pues, los conflictos de razas que estudia? ¿Á qué su trabajo, si todo es nada; si lo vario es idéntico? Cae por falta de base el libro de Sarmiento. La obra queda reducida á simiesca imitación sin objeto, á rapsodia de aficionado. Es necesario un exceso de buena voluntad para descubrir un genio en el pedagogo de las pampas.

¿Qué se propone *Conflicto?*

En rigor sería difícil asegurar qué se propuso con su obra el autor. Sarmiento mismo no lo sabe. Por lo menos apunta varias versiones, algunas, si no todas, contradictorias.

En todo caso ese no encontrar el objeto de la obra que se consagra á escribir, prueba falta de fijeza en las ideas y que la brújula no marca el norte. El barco irá sin rumbo.

En los prolegómenos se pregunta: «¿Somos europeos?» «¿Somos indígenas?» «¿Mixtos?» Parece que la respuesta sería el asunto del libro, máxime cuando agrega: «Es nuestro ánimo descender á las profundidades de la composición social de nuestras poblaciones; y si por medio del examen hallásemos que procedemos

---

el federalismo fué, como dice Sarmiento, «el pretexto y rótulo de la lucha». Ese pretexto costó á Venezuela cinco años de guerra y á la Argentina, México, Nueva Granada y otros pueblos que lo adoptaron, por imbécil espíritu de imitación al yanqui, ríos de sangre. Hasta en esa forma los yanquis nos han sido perjudiciales á los americanos.

de distintos orígenes, apenas confundidos en una masa común, subiríamos hacia las alturas lejanas de donde estas corrientes bajaron, para estimar su fuerza de impulsión ó la salubridad de las aguas que las forman, ó los sedimentos que arrastran consigo.» (1)

Quedamos enterados. Sarmiento se propone escribir una obra de etnología comparada.

Á las pocas páginas nos damos cuenta de que el autor, sin adecuada preparación científica, sin método, sin rumbo, llevado por su potente imaginación, se pierde en los meandrores del asunto y anda por los cerros de Úbeda.

Tal vez nos equivocamos al interpretar á Sarmiento en los prolegómenos de su obra. La idea central de *Conflicto*, ya en la pág. 427, es muy otra de lo que imaginamos.

El propio Sarmiento nos asegura en esa pág. 427 que no se trata de etnología comparada, ni de conflictos y armonías entre las razas de América, sino de otra cosa. Veamos: «La idea central del autor (es) la unidad de destinos de ambas Américas, por la unidad de instituciones necesariamente libres y republicanas en ambos continentes, como ya están realizadas en la forma.» (2)

Sin pararnos en la divergencia existente entre el primer objeto del libro y el que ahora señala Sarmiento, tenemos que nueva contradicción se yergue como obstáculo que impide el paso.

Se ha tratado del conflicto de razas en América. ¿Con qué fin? ¿Para qué? Para probar que eso de razas son tonterías de marca y sin consecuencia, que bas-

_____

(1) Pág. 64.
(2) Pág. 427.

ta adoptar unas mismas instituciones, «necesariamente libres y republicanas», para que el destino de la América sajona de raza caucásica y el de la América latina de sangre mestiza se confundan en un destino común. Basta, pues, adoptar Constituciones idénticas para que se realice lo que llama Sarmiento la unidad de destinos de ambas Américas.

Tal es el carácter científico de la célebre obra del célebre maestro de escuela á quien tan brillante pensador como Ingenieros nos presenta como un genio.

Pero no es esa la última vez que nos habla Sarmiento del objeto de su libro.

En la pág. 453 el objeto de la obra es muy otro de los ya indicados.

«¿Qué deberíamos hacer los americanos del Sur—pregunta—para... resistir á las tentativas de reconolización de los que pretendan que está mal ocupada esta parte de Continente subsidiario del europeo?»

Á renglón seguido responde: «Preparar la respuesta á esta pregunta es el objeto de este libro.» (1)

En la pág. 55 señala todavía otro objeto á su obra. Y no es todo.

La conclusión efectiva de la obra, si la obra tiene alguna conclusión, se reduce á probar la superioridad argentina sobre el resto de la América española y á recomendarnos á todos que imitemos á los yanquis. «Seamos los Estados Unidos», son las últimas palabras de la obra. Consejo absurdo que parece contradecir las 455 páginas precedentes en que se estudia, más ó menos, las diferencias entre las razas del Nuevo Mundo, atribuyendo con razón á los conflictos raciales diferenciación de culturas.

---

(1) Pág. 453.

XII

PREPARACIÓN Y BUENA FE DE SARMIENTO

Y ¿con qué preparación abordó su trabajo? Él mismo nos informa en una carta prólogo: «Mr. Wilson, que ha rehecho la historia de Prescott, me ha servido en lo que hace á civilización de los indios... El doctor Berra, D. Andrés Lamas, me han suministrado aquí excelentes datos y sugestiones sobre los comienzos de la Revolución (de independencia americana); y cuando necesito del auxilio de las ciencias naturales, acudo á mi médico y primo el Dr. Lloveras...» (1)

Así armado se lanza á la conquista el bravo Sarmiento. ¿Qué resulta? Ginés de Pasamonte lo engaña, los yangüeses lo muelen á palos, toma las ventas por castillos y las fregonas por princesas. En suma: anda á menudo, á pesar de su talento admirable, lejos de la realidad, de la verdad, y audaz de audacia sin límites, desafía los peligros con la absurda arrogancia de Don Quijote: «¿Leoncitos á mí?»

Pero no pasemos adelante sin observar la supina ignorancia de Sarmiento respecto á esa América que se propuso estudiar, juzgar y meter en el bolsillo. ¿Cuáles son los «excelentes datos y sugestiones» sobre los comienzos de nuestra revolución que le han suministrado el Dr. Berra y el Sr. Lamas? Excelentes datos de veras; excelentes sobre todo para conocer á Berra, á Lamas, á Sarmiento, los conflictos de Sarmiento, y

_____

(1) Pág. 59.

las bases históricas ó elementos de juicio sobre los que
se apoya la obra en cuestión.

«Un sujeto de la Nueva España, hoy Estados Unidos de Colombia, intrigó desde 1785 en las cortes de
Europa... De Francia se reunieron algunos fondos, y
se emprendió una campaña á órdenes del general Miranda, que así se llamaba aquel aventurero.» (1)

En esas cinco líneas hay más errores que palabras.
Un calmuco, si fuera á escribir sobre América, se do-
cumentaría mejor.

El caraqueño Miranda, «sujeto de Nueva España»;
Nueva España ó México, «hoy Estados Unidos de Colombia»; Francia proveyendo de fondos á Miranda
para realizar una campaña sobre América en 1785, de
que la Historia no habla, y que, sin embargo, «tuvo de-
sastroso fin». Miranda, en la Revolución francesa, «representante de América», y «reclamando subsidios
para libertarla».

Cuando no ignora, tergiversa adrede. Falsifica la
Historia al modo clásico argentino; es decir, sin escrú-
pulos, para sacar siempre triunfante la bandera de
Buenos Aires.

Sugiere que Bolívar «no tardó» en reformar la Constitución colombiana en 1819, y confunde, haciéndose
el loco, la Convención de Ocaña en 1828 con el Congreso de Cúcuta en 1821 (2).

«En los documentos que llevan la firma de Artigas

---

(1) Págs. 339-340.

(2) Pág. 362. – En 1819 no había constitución Colombiana por la sencilla razón de que no existía Colombia. Ese
año de 1819, después de Boyacá, fué cuando creó á Colombia el Libertador. ¿Qué constitución colombiana, pues, iba
á reformar Bolívar?

hay dos autores. Cuando lo que dice es absurdo, cínico, incongruente ó bárbaro es Artigas quien habla. Cuando afecta formas regulares con pretensión de expresar ideas de gobierno, principios de libertad, es su secretario Matoroso, un fraile apóstata que debemos suponer un renegado ó un paria de la sociedad que había abandonado» (1). «Artigas, como se ha visto, era un salteador, nada más, nada menos» (2). «En Nueva Granada se han dado cien Constituciones—vamos á contarlas—en sesenta años...» (3)

«El Paraguay no tuvo ocasión de oir la palabra independencia siquiera, ni la gloria de conquistarla.» (4) Los brasileros son «portugueses mamelucos»; es decir, negros (5). «La princesa Carlota OFRECIÓ la compostura entre la independencia *(de los argentinos)* y la dinastía española...» (6). No el valor chileno, sino «una mala poesía *(La Araucana, de Ercilla)* ha bastado para detener la conquista» en Chile.

Se argüirá que son detalles los transcritos y que detalles no tienen importancia en obra tan grave y transcendental.

Sí, son detalles, son hechos. Son las piedras de fundamento, son la base del edificio. Sobre esas verdades va á juzgar á la América. Sarmiento ha leído á Taine.

¿De tales hechos, es decir, de tales cínicas adulteraciones va el autor á deducir su filosofía de la Historia; ó tales hechos son la filosofía que extrae de la

(1) Pág. 402.
(2) Pág. 395.
(3) Pág. 358.
(4) Pág. 259.
(5) Pág. 262.
(6) Pág. 255.

historia americana el pensador argentino? ¿Queda por
ahí algún imbécil que niegue entidad á esas aparentes
minucias, á esos detalles, á esos hechos, á la base del
edificio de Sarmiento? ¿Queda por ahí alguien que
crea en la buena fe de Sarmiento; en la importancia
científica de su obra y en el genio del grande escritor?

XIII

FILOSOFÍA DEL CAPRICHO Y NO SOCIOLOGÍA

Conflicto, aunque Sarmiento creyera otra cosa, aunque Ingenieros y demás autores de Buenos Aires la
presenten ahora como obra genial, como anticipo de
sociología americana, no puede llamarse en rigor obra
de sociólogo. Su alcance, más modesto, la coloca
en ese género más ó menos de capricho, que se presta á interpretaciones pasionales, según el sentir de
cada quién, género ya en descrédito, que se llama
filosofía de la Historia. Sarmiento equivocó la interpretación arbitraria de la Historia con la Sociología.
Sarmiento confunde, se confunde y nos confunde.
Aunque dice: «Spencer y yo andamos el mismo camino» (pág. 407), considerándose, no discípulo, sino
émulo de aquel á quien Darwin llamó el primero de
los pensadores vivos; aunque opina, con naturalidad
y convencimiento, que su libro no tiene rival en América; aunque quiso, de veras, seguir las huellas spen-
cerianas, precisa á los críticos confesar de buena fe
que martilló una vez el clavo y ciento la herradura.
El mismo apologético Ingenieros, que no vacila en lla-

marlo genio, declara honradamente, en el prólogo de
Conflicto: «No ha creado una teoría, una doctrina que
le pertenezca de manera exclusiva»; ni siquiera «alcanzó á modelar su pensamiento sobre las grandes líneas
de Spencer.» (pág. 10.)

Y no se cohonesten las deficiencias arguyendo al estado de las ciencias sociales y sus afines para la época de Sarmiento.

Sarmiento escribió y dió á la estampa su obra en la
penúltima decena del siglo xix. Para entonces ya estaban cumplidos grandes progresos de tales estudios.

Sin mencionar más que trabajos y nombres esen-
ciales, recuérdese cómo ya eran populares en todo el
mundo los fundamentales esfuerzos de Compte; que
Spencer había divulgado su obra global y Taine esclarecido los *Orígenes de la Francia Contemporánea*
y puesto en circulación su teoría de interpretación histórica.

Sin salir de nuestra América, el mismo año en que
Sarmiento imprimió su *Conflicto*, otro americano, superior á Sarmiento en potencia cerebral y sabiduría, el
portorriqueño Eugenio M. de Hostos, dictaba un curso—impreso por discípulos suyos—de *Sociología*, que
sí es obra de ciencia, obra maestra y genial. Aun con-
cretándonos á la República Argentina encontramos que
no mucho después de muerto el formidable sanjuanino
publicó un joven de Buenos Aires, Carlos Octavio
Bunge, *Nuestra América*, en donde por encima de
errores fugaces alienta espíritu científico y campea una
sagacidad psicológica que colocan á Bunge en este
punto muy por encima de Sarmiento. *Nuestra América*, de Bunge, deja el *Conflicto* de Sarmiento cien leguas atrás.

XIV

Á PREMISIS FALSAS, CONCLUSIONES ERRÓNEAS

Veamos ahora el carácter de los conclusiones—más pasionales que de desinterés y serenidad científicos— que extrae Sarmiento de aquellos hechos adulterados, según los cuales Miranda era «un sujeto de Nueva España»; Colombia no es Colombia, sino Méjico; Bolívar reformó la Constitución colombiana en 1819; Artigas fué un bandido «nada más, nada menos»; la resistencia de los chilenos á la conquista española resulta falsedad de *La Araucana*, esa mala poesía, y los brasileros son «portugueses mamelucos», es decir, gente de color, etcétera, etc.

Tenemos así como consecuencia de la obra, que «Perú, Bolivia, el Paraguay, el Ecuador retroceden ó se esconden en la penumbra, que señala el límite de la luz y de la sombra...» (1)

México está, «después de setenta años, resistiendo al progreso que lo invade», merced á la noble vecindad del Norte. «La condición de México es sin esperanza», copia, asintiendo, de un escritor yanqui. Sin esperanzas para los Estados Unidos. Sobre México también copia las denigraciones justificadas de otro yanqui y agrega su granito de mostaza.

Su explicación de la derrota argentina en Alto Perú, Paraguay y Uruguay, países que prefirieron, en su locura, ser naciones independientes, á gozar el honor

_____

(1) Prólogo, 50.

de llamarse provincias argentinas, no deja de ser interesante y rigurosamente científica.

"Nosotros hemos perdido ya... la Banda Oriental y el Paraguay por alzamientos guaraníes, el Alto Perú por la servidumbre de los quichuas..." ¡Colosal!

"La América Central, dividida hoy en cinco republiquetas", tiene como símbolo de sus gobernantes un presidente negro, descamisado, que "deja ver la panza tostada entre la casaca de general y los calzones, por no llevar camisa." (1).

Pero su odio sociológico más acendrado y sus más científicas conclusiones las reserva Sarmiento, como buen argentino, para Venezuela. Espiguemos aquí y allá á la ventura. "En Venezuela no hubo jamás fronteras ni indios que perseguir sino en las universidades, en el Foro, en la tribuna, en la Prensa." (2). En "la patria de Bolívar ni las letras cuentan con favor." (3). Para sacar buena su afirmación el erudito pedagogo que cita al caraqueño Andrés Bello y al maracaibero Baralt (á quien llama *Baral*), los convierte en hijos de Nueva Granada (4), convirtiendo á su turno á Nueva Granada en México. Guzmán Blanco, asegura, creó una condecoración: "el retrato del Libertador". Tal vez se refiere á la Orden de los Libertadores, instituída el año de 1813 y en cuya creación nada tuvo que hacer Guzmán Blanco que, para entonces, no había nacido. Asegura también el gaucho pedagogo, y asegura sin pararse en pelillos, muy argentinamente:

----

(1)   Pág. 347.
(2)   Pág. 48.
(3)   Pág. 369.
(4)   Pág. 365.

un día "el número de los condecorados anduvo fri-
sando con el de los generales, que pasan de doscien-
tos". Y como Sarmiento informa tan noble, sociológica
y verídicamente sobre los pueblos américo-latinos, á
una persona de los Estados Unidos, agrega: "Pobres
de ustedes que no tienen veinte (*generales*) para cincuenta millones de habitantes con mil leguas de fron-
tera." (1).

De Nueva Granada expone con ironía: "Mientras la
Constitución se perfecciona y probablemente á causa
de acercarse á la perfección, la guerra civil recorre
todas las provincias." (2).

Basta. Las mentiras y los disparates se cuentan por
las palabras. Á eso se llama genio en BuenosAires.

Para comentar tales transcripciones será bueno re-.
petir un juicio del propio Sarmiento, juicio que le cua-
dra á maravilla, como autocrítica la más concienzuda:
"La inteligencia de los ignorantes sirve muchas veces para explicar los hechos históricos." Estamos de
acuerdo.

UNA CONCLUSIÓN DE LA OBRA: ARGENTINA ÜBER ALLES

Ya hemos visto la sombra del cuadro. Ahora con-
templamos la claridad. Sarmiento, como Rembrandt,
juega con la luz. Los chorros de lumbre solar bañan á
un pueblo de Sur-América, á uno solo. Es innecesario
mencionarlo. Argentina sobre todos. Argentina *über*,

(1)   Pág. 43.
(2)   Pág. 364.

alles. Los grumos de noche, acumulados con empeño, no eran, en resumen, sino

> *la sombra que hace resaltar la estrella.*

según el verso mironiano.

Argentina über alles.

«Desde que regresé de ese país—escribe á gente yanqui, á los Estados Unidos—hemos hecho bastante camino, dejando por lo menos de estar inmóviles como muchas otras secciones americanas, sin retroceder como algunas á los tiempos coloniales.» (1).

He aquí el contraste de la estrella argentina con la obscuridad que la circunda y hace resaltar, como en el verso del poeta.

«Tenemos productos agrícolas y campiñas revestidas de mieses doradas cubriendo provincias enteras; nuevas industrias se han aclimatado, y ferrocarriles, vapores y telégrafos llevan la vida á las entrañas del país ó la exhalan fuera de sus límites. El Gobierno, que es el constructor de estas vías, las empuja hasta donde el presente no las reclama, anticipándose al porvenir. El crédito es el mayor de esta América... El Ejército ha doblado; y tenemos una escuadra que hacen necesaria quizás los armamentos chilenos y la armada brasilera.» (2).

Argentina über alles.

«Escuelas, colegios, universidades, códigos, letras,

(1) Pág. 45.
(2) Pág. 45.

legislación, ferrocarriles, telégrafos, librepensar, Prensa en actividad, diarios más que en Norte-América,
nombres ilustres... todo en treinta años y todo fructí-
fero en riqueza, población, prodigios de transformación, á punto de no saberse en Buenos Aires si estamos
en Europa ó en América.» (1).

Argentina über alles.

¿Que en México se nota algún progreso? ¿Que
existen ferrocarriles? «Movimiento *(el de los ferrocarriles),* posterior al nuestro de treinta años, no teniendo antes *(México)* ni caminos, ni ríos navegables y
casi ni ertos.» (2).

Argentina über alles.

«Cada Estado *(en México)* cobra derechos de sus
fronteras... como Santa Fe y Córdoba *(en Argentina)*
cobraron hasta 1853. Hace dos años se han fundado
dos colonias italianas, primer ensayo de inmigración
europea. Con diez millones de habitantes sólo consu-
me y produce 406 millones de francos, mientras que
el Río de la Plata», etc., etc., etc. (3).

Argentina über alles.

La Argentina se halla «en mejor aptitud que otras
porciones de la América del Sur para juzgar sobre las
causas que aceleran ó retardan el progreso ó la orga-

(1) Págs. 46-47.
(2) Pág. 55.
(3) Pág. 55,

nización de gobiernos regulares...» (1). «El resto de la América está cerrado á toda influencia exterior, salvo débiles ensayos de imitación nuestra...» (2).

Argentina über alles.

Tal es la conclusión á que parece llegar el patriota sociólogo de Gauchópolis en la última hoja de su libro.

XV

OTRA CONCLUSIÓN DE LA OBRA: LA SALVACIÓN POR LOS MESTIZOS

Pero no. Seamos justos. Sarmiento no reduce á esa conclusión su obra, aunque lo parezca. Al contrario, si examinamos con cuidado, la conclusión global falta ó parece errónea; pero conclusiones parciales abundan.

«¿Qué le queda á esta América para seguir los destinos prósperos y libres de la otra?»

Esto pregunta ya al concluir su voluminoso y pacienzudo trabajo, después de consagrar cientos de páginas al conflicto y armonías de las razas en América y cientos de vigilias tal vez á la preparación de su estudio.

La respuesta es curiosa, interesantísima. Fijémonos. ¿Qué le queda?

«Nivelarse, y ya lo hace con las otras razas euro-

_____

(1) Pág. 451.
(2) Pág. 455.

peas, corrigiendo la sangre indígena con las ideas modernas...» (1).

Lo confuso de la expresión delata lo indeciso del pensamiento. Sin embargo, sacamos en limpio una cosa. Que la instrucción debe corregir la inferioridad de la sangre. Es decir: el problema de razas queda reducido á grados de instrucción. Un negro del África llevado á la Universidad se nivela moral é intelectualmente con las razas europeas. Triste conclusión. Eso han creído siempre—por desgracia—, sin que los llame nadie genios, los seudos-estadistas de América.

Ahí están, sin embargo, para avergonzarlos y para avergonzar á Sarmiento, todos esos universitarios mestizos, todos esos doctores de chocolate, todos esos abogados de café con leche, amorales y utópicos, todos esos inquietos monos sabios que son la vergüenza y la calamidad, por ambiciosos factores de desorden, de la América llamada latina.

Sí, la instrucción eleva el nivel de las razas; pero sólo chorros de sangre europea corregirán las deficiencias de sociedades donde fermentan instintos de razas inferiores.

Mientras no exista en Hispano-América una superior *armonía*, por la unidad de sangre, con predominio de la sangre y la civilización caucásicas, el *conflicto* de las sociedades mestizas ó mulatas permanecerá latente.

Tales son en cifra y al presente los conflictos y armonías de innúmeras sociedades latino-americanas.

_____

(1) Pág. 449.

XVI

TERMINACIÓN

Sarmiento resulta por su pluma uno de los más gallardos y vigorosos escritores de América; por su obra cultural, un apóstol; por su visión del porvenir, en ocasiones, un espíritu profético; por la confianza en su país, un convencido; por su actividad múltiple y constante, un civilizador. Merece las estatuas y las palmas que la gratitud nacional le consagra. Tuvo deficiencias como todo hombre. Algunas no dependieron de su naturaleza, sino del medio social en que le tocó vivir; otras fueron ingénitas, pero resultan compensadas con la magnífica energía de su temperamento y la vitalidad que siempre rebosó en él.

¡Feliz el pueblo que produce tales espécimens de humanidad!

EUGENIO MARÍA DE HOSTOS.

(1839-1903)

HOSTOS, FIGURA REPRESENTATIVA

El nombre de Eugenio María de Hostos nunca fué muy popular en América. ¿Por qué? Porque no lo repiquetean consonantes de villancicos, sino que repercute en la región de las ideas, menos frecuentada que aquella otra región donde el vulgo se extasía en la música de fútiles rimas, de rimas que, naturalmente, nada tienen que hacer con el Parnaso y que horrorizarían á las Piérides.

Aunque fué maestro, porque tuvo qué enseñar, no lo siguen parvadas intonsas y bullangueras de discípulos. Los leones andan solos. Los leones son raros. Como en América no existen semejantes cuadrúpedos crinados, ¿qué mucho que ignore el vulgo á ese león de Borinquen, espécimen desacostumbrado, y que lo tome, á lo sumo, por un gato montés?

Pero el nombre de Eugenio María de Hostos, aunque no muy difundido, aunque conservado en penumbra, como el nombre de Cecilio Acosta, sirve hoy á la América pensadora, como el nombre de Cecilio Acosta, de valiosísimo adorno. Ambos nombres deben también servirle de orgullo. Ambos nombres pertenecen á ciudadanos íntegros, á paladines del ideal, á caballeros sin miedo y sin tacha, á escritores de primera línea, á pensadores de primera fuerza, á hombres buenos, á personajes de diez y ocho quilates.

El nombre de Eugenio María de Hostos y el nombre de Cecilio Acosta bastarían para enseñar á esta Europa que nos denigra y á esos yanquis que nos calumnian, cómo la América no es sólo fragua de revoluciones, ni palenque de motines, ni paraíso de especuladores políticos criollos y ladrones comerciales del extranjero.

Verán, por obra de ambos ejemplos, que en medio de los alborotos democráticos y gestatores de sociedades todavía sin coherencia ni sanción, entre politiqueros sin escrúpulos, comerciantes sin decoro y arrivistas sin pudor, hubo, en la América del siglo xix, virtudes eminentes, apóstoles encendidos, sabios auténticos, artistas de oro puro, directores de opinión incorruptibles, varones de consagración, vidas de cristal, hombres dignos del mármol.

Verán, tanto los yanquis como los europeos, que en el torbellino de una América en formación, de donde surgen, improvisados, pueblos, instituciones, fortunas, surgen también lentos, pétreos, luminosos, esos hombres que hacen el papel de montañas. Y advertirán, ya que tienen ojos, y si saben y quieren ver, que desde la cima de esas montañas, en medio de la pampa rasa y los ríos en ebullición, se columbra un vasto horizonte...

II

HOSTOS ROMPE CON ESPAÑA

Hostos vivió sesenta y cuatro años. Nació en una de las Antillas en 1839 y murió en otra de las Antillas en 1903.

Como nació en Puerto Rico cuando Puerto Rico pertenecía á España, y como nieto de español españolizante, fué enviado á educarse en la Península desde los trece años. Se levantó en las Universidades de la madre patria. Sus condiscípulos fueron hombres que iban á llenar buenas páginas de la historia española y á figurar en los Congresos, en los Ministerios, en el Ejército, en la Prensa.

¿Empleó Hostos su influencia con figuras y figurones de la política para medrar? ¿La empleó para ascender á posiciones del Estado, á que lo llamaban sus méritos? No. La empleó para acordarse de que había nacido en América. La empleó para pedir la independencia de Cuba y Puerto Rico. Pero ningún pueblo se amputa voluntario. Hostos confundió el empeño de la unidad nacional ó posesional de España, patriótica y razonable en sí, con intransigencias de la Monarquía. Desiluso, conspiró contra el Trono y á favor de la República española con Castelar, con Salmerón, con Pi y Margall.

«Primero soy español que republicano», exclamó Castelar cuando, ya presidente de la República española, Hostos y algunos republicanos de la Península instaron sobre independencia para Cuba.

Desiluso de nuevo, aquel apóstol de libertad se convenció de que la independencia no se mendiga, sino se merece, y, si se puede, se conquista.

Era en 1868. Abandonó á Madrid, negándose á aceptar una curul en el Congreso español. Fué á la capciosa Nueva York y se consagró en alma y vida á la revolución cubana, recién prendida por Céspedes. Pero no se alejó de Madrid sin agotar sus esfuerzos y sin luchar con el león á brazo partido, en el mismo antro de la hermosa fiera dorada. Aquel «Hostos, talentudo y corajudo», de que habla Galdós en alguno de sus *Episodios Nacionales*, donde evoca, si no recuercuerdo mal, el destronamiento y platanazo de Isabel II, luchó su última lucha en la tribuna española y dijo donde podían oirlo, en el Ateneo de Madrid, valientes verdades.

«Señores: Las colonias españolas están hoy en un momento crítico. Víctimas de un despotismo tradicional, una y mil veces engañadas—¡engañadas!, señores, lo repito—, no pueden, no deben seguir sometidas á la unidad absurda que les ha impedido ser lo que debieran ser, que les prohibe vivir.»

Basta. Por la zarpa se conoce el león; y por la audacia convencida y la sed de justicia, y por aquellas palabras que lo divorciaban para siempre de la madre patria, á Hostos. Rompiendo con España rompía con sus amigos, rompía con sus valedores, rompía con sus ambiciones, rompía con su juventud, rompía con su porvenir. Hostos no vaciló.

III

Al pie de esa tribuna del Ateneo madrileño empezó la odisea de este Ulises hambriento de ideales. Esa odisea no terminó sino al caer Hostos exánime en el hoyo de la tumba.

De Madrid sale para Nueva York. De Nueva York, desde donde ha difundido por la Prensa sus libertadoras ideas, se embarca, dos años después, para Cuba, que arde en guerra y en anhelos de libertad. Va á pagar su tributo de sangre, va á dar el ejemplo de Martí, va á regar con sus venas su idea. El mar lo salva: naufraga.

Partiendo del principio boliviano de que América, nuestra América, es úna, aunque en fragmentos, y que esa América úna y múltiple debe ser solidaria de todas y cada cual de sus partes; pensando, como Bolívar, que á la solidaridad de 1810 debe América el sér, y que se perderá ó se salvará conjuntamente, el joven tribuno de Madrid, el periodista independiente de Nueva York, el náufrago de Cuba, se convierte en legado voluntario de la revolución antillana y se va por toda la América latina predicándola, rediviviendo el ejemplo de aquellos monjes exaltados y convencidos que se iban por Europa preconizando la necesidad de las cruzadas.

Fué de país en país. No tenía dinero: escribió, peroró, trabajó, ganó la vida. Las puertas se le cerraban en las narices. Los miopes no veían. Los Rivadavia de entonces, los Santander de entonces, los Páez de entonces, no alcanzaban otro horizonte sino el que se divisa desde los campanarios de sus natales aldeas respectivas. ¡No importa! Hostos continúa su prédica. Cerca de cuatro años duró aquella cruzada de la libertad!

Este es uno de los genuinos caballeros del ideal. Recuerda á Colón, implorando de corte en corte el apoyo que le falta para realizar el sueño más grande que hubo en cabeza humana, si es verdad que el descubrir un mundo ignoto y presentido fué el sueño de Colón. Recuerda á Miranda, mendigando también de corte en corte apoyo para sus quimeras libertadoras. Es, en verdad, como dijo Michelet de Miranda, un Don Quijote de la libertad. En 1872 está en Santiago de Cuba; en 1873, en Brasil, en Buenos Aires; en 1876, en Nueva York; en 1877, en Caracas, donde se casa; en 1879, en Santo Domingo.

Y por donde va, va haciendo bien. Un día llega al Perú: aquel apóstol de la dignidad humana abre campaña á favor de los emigrados chinos, sumergidos en esclavitud por los criollos. Otro día llega á las repúblicas del Plata: aquel apóstol del progreso proclamó el primero en la República Argentina, la importancia del ferrocarril trasandino. El reconocimiento le rinde homenaje: la primera locomotora que escala los Andes lleva por nombre «Eugenio María de Hostos». Otro día va á Chile: aquel apóstol de la igualdad aboga por que se abran las carreras científicas á la mujer. Por Cuba y Puerto Rico escribe, viaja, perora, combate, se multiplica.

Fué durante su vida entera un benefactor de Amé-

rica. Llevó en América, de país en país, la luz de la
enseñanza, como en Grecia llevó Homero, de villa en
villa, la luz del canto. En Venezuela comienza á difundir, en el colegio de Soteldo, lo que aprendió en Es,
paña, lo que la vida y el cotidiano estudio le fueron
enseñando. Es profesor de Derecho constitucional, por
una serie de años, en la Universidad de Santiago de
Chile; por otra serie de años es profesor de Sociología, Derecho internacional y Derecho penal en la República Dominicana.

Y cuando no enseña desde la cátedra, enseña desde
la Prensa ó por medio del libro. Y su mejor enseñanza
la dió viviendo una vida pura austera, de deposición,
de sabiduría, de bondad, de utilidad, de amor.

IV

HOSTOS, MAESTRO

Hostos, hombre múltiple en la producción y los conocimientos, es filósofo, moralista, sociólogo, tratadista de Derecho constitucional, de Derecho penal, de
Derecho de gentes. Es también crítico literario y novelador. Es además maestro.

Considerémoslo por algunos de tan varios aspectos.

Como maestro puede decirse que la cátedra fué
para Hostos otro vehículo de su pensamiento, nueva
forma de producción. Algunos de sus libros, y no de
los menos profundos, fueron la enseñanza oral, la palabra y el espíritu vivificantes del profesor, cogidos al
vuelo y escritos, no quiero decir redactados, según el

prospecto, la metodología de Hostos, por discípulos de talento, de gratitud y devoción. Hostos se parece á Bello en que, desechando métodos viejos y textos ajenos, inició á varias generaciones en la Ciencia, por medio directo, transfundiendo su espíritu en obras personales. No es lo común ni en Oxford, ni en Bonn, ni en París, ni en Salamanca, ni menos en centros universitarios de Hispano-América, que pensadores iniciales, mentes primarias, hombres que hayan sabido arrancar á la esfinge una parcela ó varias parcelas de secreto y verdad, ejerzan el profesorado. Ejercen el profesorado, por lo común, hombres muy beneméritos, pero muy adocenados, repetidores de ciencia ajena, que son depósitos, no pozos artesianos. *On peut être professeur et avoir beaucoup de talent*, podría decirse, parodiando una frase cáustica. Un Hæckel, un Renan, en Europa; un Bello, un Hostos, en América, son excepciones. Por eso dejan rastros de luz, y el calor de sus espíritus se difunde en el tiempo.

Cuando parte de la Tierra, en el mes de Noviembre, se envuelve en pasajera onda cálida y uno mira desprenderse como lluvia de oro, fina lluvia de estrellas errantes y vertientes, las Leonidas, es porque la tierra tropieza en su viaje con un antiguo cometa desagregado. Hæckel, Renan, Bello, Hostos, son también antiguos cometas. El calor de su espíritu se difunde, no en el espacio, sino en el tiempo. Sus discípulos, su pensamiento, sus obras, que de cuando en cuando topamos en nuestro camino, resplandecen como lluvia de estrellas.

Hostos no se limitó á enseñar lo que él mismo aprendiera; enseñaba lo que tenía por dentro, lo que el estudio hacía fructificar. Daba sus propios frutos.

Fué, como Sarmiento, un educador; pero con más preparación científica que Sarmiento, con más disciplinas intelectuales y con más equilibrio y profundidad de espíritu. Además la preocupación de Sarmiento fué la de enseñar á leer á la Argentina; la de Hostos, la de enseñar á pensar á la América. En las obras de Sarmiento chispea un talento de diamante. Hay adivinaciones magníficas. Hay aciertos geniales. Pero al relámpago precede y sigue la obscuridad. Se advierte que aquella súbita luz brota del cerebro como de un choque de piedras; no es una claridad constante de antorcha. Hay deficiencias, principalmente de cultura. Aquel hombre lo aprendió todo por sí y á la carrera. No supo nada bien, ni á fondo. Supo, sí, ver ciertos aspectos sociales como son. No embotó siempre su juicio americano con el criterio de libros europeos; ni remedó constantemente, para hablar de nosotros, el hablar de otros hombres respecto de otros pueblos. Aun cuando se inspiró á veces más de lo que hubiera sido menester en algún autor extranjero, Sarmiento, por lo general, bebió en su vaso, que no era pequeño. Supo ver y hablar. Esa es su gloria. Por ello es talento autóctono, virgíneo.

Hostos le es superior en cuanto pensador, lógico y moralista, con la ventaja además de una base escolar, en el sentido inglés de la palabra, de que Sarmiento careció. Hostos no es repetidor vulgar, ni acomodador hábil de lo ajeno, ni abrillantador de piedras opacas, ni chalán que engorda con arsénico el cuartago que va á vender. No.

Hostos es pensador original y auténtico. Él conoce los problemas sociales é institucionales de América. En vez de criticarlos *grosso modo*, los descoyunta y anali-

za. Y cien veces arroja luces nuevas. Y cien veces presenta un nuevo aspecto de las cosas ó asoma nueva
idea. Su acierto y novedad son constantes. En él no
existen las intermitencias de Sarmiento. Su claridad es
la del sol. Y los eclipses, como se sabe, no son frecuentes. Mientras Sarmiento arriba á la verdad de un
modo brusco, por un arranque de clarividencia, por
una síntesis brillante é instintiva, Hostos, como Andrés
Bello, va paciente, consciente, lógico, por una escala
de raciocinios. Su obra es más vasta, más metódica,
más sólida, más perdurable, que la del ríoplatense.

Su método de enseñanza consiste en dictar al comienzo de cada curso el plan que se propone seguir,
el índice de su texto no escrito, del texto que tiene en
la cabeza y que de allí sacará, en improvisaciones diarias, ciñéndose al esquema ó índice inicial. La claridad, la precisión de su espíritu y la precisión y claridad de su lenguaje le servían para tanto.

Como era hombre de palabra flúida, conferencista,
expositor metódico, cosa muy distinta del vacuo palabrero tronitante, Hostos cumple con facilidad su programa en lecciones orales.

Va sacando á luz las ideas y desarrollando su plan,
sin que lo perjudiquen frondosidad ni garrulería.

Así, varias de sus obras didácticas, como ya se indi-
cara, obras que él no se dignó escribir, las recogieron
buenos discípulos de labios del maestro; y de labios
del socrático maestro, por manos de discípulos, fueron al papel y á la imprenta.

V

HOSTOS, LITERATO

En cuanto hombre de letras, Hostos debe ser considerado con detenimiento. Cuando sus obras didascá-
IL licas, por nuevos progresos de la ciencia, pasen de moda, sus estudios literarios, de que él hizo tan poco caso, vivirán. Tienen para justificar esta opinión condiciones de perennidad.

Hostos nació, como sabemos, en Puerto Rico.

Estas islas del mar Caribe, llenas de luz, rientes de verdura, con ustorias perspectivas marinas, como las islas del mar Jónico, producen temperamentos voluptuosos, imaginativos, artistas, más que espíritus razonadores.

Hostos fué ante todo un espíritu crítico. En tal sentido, como razonador y hombre de curiosidad ideológica, fué excepción en sus Antillas. No lo fué como artista; porque Hostos tuvo el sentimiento del arte en sumo grado. No se demuestra el innato sentimiento artístico de Hostos por el amor que profesó á la Música, á la manera de Juan Jacobo; ni porque compusiera, como Juan Jacobo, piezas de música. Basta á demostrar tal sentimiento su misma prosa. Cuando produjo libros de ciencia, el maestro borinqueño se empeñó en despojar su estilo de galas, redactó siempre con sobriedad geométrica, con decidido y manifiesto empeño de claridad, de precisión científica. El comprender qué obras didácticas no se prestan á floreos de dicción, ¿no es ya prueba incuestionable de gusto?

La sobriedad verbal de sus obras científicas es del mejor mérito. La sobriedad no excluye en esas obras de Hostos la elegancia. Se advierte á veces el arte de la poda. El autor quiere que su pensamiento salga escueto, desnudo, ágil como un discóbolo de Atenas, y no cubierto de velos y de ungüentos como una cortesana de Alejandría, ó constelado de gemas y con las pesadas telas suntuosas de una emperatriz de Bizancio.

En sus trabajos exclusivamente literarios se descubre la inclinación á la frase mórbida, coloreada, voluptuosa. De los poetas habló en frases de poeta. Se comprende que siente la poesía con intensidad. La explica buceando en el corazón de los aedas y extrayendo la perla de hermosura. Pero como le asiste constantemente una idea de mejora humana, á veces, para explicar la perla, estudia el mar. Condena «ese empeño de reproducir las formas clásicas». De un poeta argentino dice: «es un producto paleontológico de la cultura griega». Quiere en América lo americano. Y preconiza sus ideales de arte en frases de artista.

Á los veinticuatro años publicó su novela titulada *La Peregrinación de Bayoán*. Aunque fruto de primavera, aunque no se empleasen en ella los procedimientos de novelar hoy en boga, cosa que no le daría ciertamente más mérito, pero la haría más grata al paladar del vulgo, baste recordar, para estimarla sin juzgarla, que Ros de Olano, aquel brillante caraqueño que fué general y literato español, decía de ella: «*La Peregrinación de Bayoán* ha sido para mí algo que cae del cielo»; y que el novelista hispano D. Pedro Antonio de Alarcón, célebre en su tiempo, escribió: «hay en *La Peregrinación de Bayoán* páginas que yo nunca olvidaré».

Pero, ¿qué es este libro? Es algo por el estilo de la *Uncle Tom's Cabin*, de Enriqueta Beecher Stowe. Es decir, obra sugerida por una preocupación social, obra escrita en obsequio de desvalidos, de explotados, de los colonos españoles de las Antillas.

Y aquí era donde yo quería venir.

Contemplad á ese joven. Está en la flor de la juventud. Sólo cuenta veinticuatro años. Reside en una hermosa capital de Europa, en una ciudad de arte, de lujo, de placer. Tiene relaciones sociales de primer orden, tiene talento, tiene un porvenir rosado. La vida le sonríe. Toma un día la pluma del novelador, y, ¿qué escribe? Escribe *La Peregrinación de Bayoán;* una obra americana, una obra donde esgrime su talento en favor de ideales que cree justos, en pro de gentes distantes, indiferentes, semibárbaras. Pelea por ajenos dolores, por dolores anónimos, con la seguridad de no alcanzar por recompensa ni la gloria.

Obedecía á su instinto, á su ser moral. Así será Hostos durante su vida entera: un enjugador del llanto ajeno, un sembrador de bienes, un cosechero de aladas quimeras humanitarias. El desinterés de su obra y de su vida, aquella santa monomanía de arder y consumirse como grano de mirra, ante altares de justicia, le dan á Hostos, como á José Martí, su hermano en ideales, un sello de grandeza que sólo tienen los apóstoles y los héroes.

De crítico literario, intenso en el análisis, benévolo sin contemporizaciones desprestigiosas que desautorizarían su palabra sincera y proba, lo acreditan sus varios estudios de ese género sobre autores de América: el chileno Matta, el cubano *Plácido*, el argentino Guido Spano, José María Samper, de Colombia, Salomé

Ureña de Henríquez, de Santo Domingo, etc., etc.

Y lo acredita principalmente como crítico zahorí y analista de hondura psicológica, su minucioso, sesudo, completo, insuperable estudio sobre *Hamlet.*

Nada existe en castellano, hasta ahora, á propósito del *Hamlet,* que pueda parangonarse con la obra de Hostos. Nada que se le acerque. El crítico americano desmonta la maquinaria del inglés formidable; estudia, analiza, disocia los caracteres antes de presentarlos en acción. Nadie, ni Goethe, comprendió ni explicó mejor el genio de Shakespeare ni el alma de Hamlet. Voltaire, tan perspicuo siempre, ¡qué pequeño luce junto á Hostos cuando ambos discurren á propósito del dramaturgo británico! Moratín, ¡qué microscópico! ¡Qué palabrero y lírico Hugo!

Estas no son charlerías ni aplausos á tontas y á locas. Son verdades de fácil comprobación. En América estamos acostumbrados á deslumbrarnos con lo ajeno, máxime con lo europeo, y á no apreciar lo propio, porque no sabemos juzgarlo. Sin obtusidad, ni ceguera, ni prejuicios, pero tampoco sin alucinamientos, contemplemos, comparemos y decidamos. Habituados á libros y juicios europeos, nos miramos á nosotros mismos al través de los anteojos que nos llegan del Viejo Mundo. Veámonos, á ojo desnudo, como somos. No sólo juzguémonos, sino impongamos, si podemos, nuestro juicio á los extraños. Como este juicio sea probo y, por tanto, digno de respeto, será mejor que el de los extranjeros sobre nosotros, ó el del pobre diablo criollo con gafas transatlánticas.

Hostos, repito, el sabio, modesto y talentudo Hostos, que escribió sobre Shakespeare en un rincón de los Andes, desde una distante y pequeña República del Pacífico, ha arrojado más luz sobre la obra inmortal de Shakespeare que un Lessing, por ejemplo, y analizó con más penetración el alma de Hamlet que la mayor parte de los críticos y psicólogos en Inglaterra, Alemania y Francia.

Treinta años después de haber publicado Hostos en Santiago de Chile su análisis del *Hamlet*, un compatriota de Shakespeare, sir Herbert Beerbohm Tree, actor como el gran William, dedica en su obra *Thoughts and Afterthoughts* un capítulo al estudio de *Hamlet*. Lo estudia principalmente desde el punto de vista del actor; analiza, sin embargo, la pieza y los caracteres. En su apreciación hay lugares comunes con la apreciación de Hostos.

Las similitudes entre Hostos y su copista inglés son de concepto en cuanto al genio de Shakespeare y á la psicología de Hamlet, y las hay asimismo de expresión; es decir, el mismo pensamiento se ha expresado con las mismas ó parecidas frases. Estas coincidencias tienen un nombre en todas las lenguas.

Anotemos al vuelo algunas de dichas coincidencias. Veamos lo relativo á la psicología de Hamlet, por ejemplo.

Hostos se explica *"el segundo período de su carácter"* (de Hamlet), *"este filosófico considerar la vida por lo que ella es en sí, no por lo que hacen de ella las exterioridades"*, por la siguiente frase del príncipe razonador: NADA HAY BUENO NI MALO SINO LO QUE ASÍ HACE EL PENSAMIENTO. Tales palabras, dice Hos-

Sir Herbert Tree también se explica el carácter de Hamlet en el segundo período, por la frase de éste:

NADA HAY BUENO NI MALO SINO LO QUE ASI HACE EL PENSAMIENTO.

"Es una frase — asegura

tes, "*denotan en el espíritu de Hamlet aquel desarrollo de la idealidad que concluye por la indiferencia absoluta de la realidad y que no cuenta con ésta para nada*". sir Herbert—*en la cual toda la tragedia de su vida se encierra como en una cáscara de nuez.*"

Las coincidencias, que no cesan, denotan por su número y carácter que sir Herbert conocía la obra de Hostos. Sin embargo, no lo cita. Nombra á varios comentaristas; á Hostos no, á Hostos lo calla, Hostos es un pobre señor de Puerto Rico. ¿Quién va á conocerlo? ¿Quién va á creer que un gran artista inglés se inspire, para escribir sus obras, en un maestro de escuela portorriqueño?

En su análisis del príncipe, enseña Hostos:

«*Hamlet es un momento del espíritu humano y todo hombre es Hamlet en un momento de su vida.*»

Ya, en su disección de Ofelia, había dicho: «*Hay un Hamlet en el fondo de todo corazón humano.*»

El inglés opina de un modo semejante, treinta años después:

«*Hamlet es eternamente humano... Nosotros somos todos Hamlets en potencia.*»

Hostos opina que la locura de Hamlet es simulada; sir Herbert piensa otro tanto.

Hostos describe, con una profundidad psicológica de que hay pocos ejemplos en la historia literaria universal, las distintas y sucesivas revoluciones que se han ido operando en el espíritu del príncipe.

"*El mismo Hamlet se asombra (á un momento dado) del cambio que ha correspondido en su palabra* Sir Herbert, por su parte, dice:

"*... encontramos á Hamlet poniendo por obra su*

al cambio operado en su interior, y decide utilizarlo fingiendo una locura... No está loco ni estará loco."

proyecto de fingir la locura..."

¿Para qué finge locura, según Hostos? Porque es débil, porque necesita armarse de una fuerza artificial, y esa fuerza va á tenerla en rudezas, en sarcasmos, en desdenes; «*en el desprecio con que, desde su nuevo punto de vista, va á considerar la vida, la sociedad, el hombre...*» «*Hará el mal que no quiere y se* COMPLACERÁ *tanto más en ese mal* CUANTO MÁS SUFRA...»

Hamlet, concluye Hostos, se dirigirá á lo que más ama, á Ofelia, para atormentarla, atormentándose.

Sir Herbert resume, exponiendo: «*Hamlet evidentemente encuentra* UN PLACER *intelectual y* DOLOROSO *en disparar su ironía* SOBRE LAS VÍCTIMAS DE SU LOCURA FINGIDA.*»

Hamlet rebosa de piedad y amor hacia Ofelia; pero, según el comentario de Hostos, "*por muy buena que sea Ofelia, ¿cómo no ha de ser frágil, si lo es su madre?*"

Por eso ofende el recuerdo de la purísima Ofelia, "*al confundir en un mismo anatema á la fragilidad y á la mujer: Fragilidad, eres mujer.*"

El comentario de sir Herbert no resulta muy diferente:

"*Hamlet rebosa de amor y de piedad hacia Ofelia. Pero, á sus ojos, todo el sexo femenino parece mancillado por el acto de su madre. ¿No exclamó en el primer acto: Fragilidad, eres mujer?*"

En el tercer acto hay un diálogo célebre entre Ofelia y el príncipe.

Hostos comenta ese diálogo de manera deliciosa y

arroja chorros de luz sobre el estado de alma de Hamlet en aquel momento.

Por la paridad de Ofelia con su madre, en cuanto mujeres, Hamlet rechaza á Ofelia, amándola.

El psicólogo hispano-americano comenta:

«*La fragilidad es condición esencial de la mujer. Si no ha caído, caerá. Y para desecharla irremisiblemente supone la caída:* ARE YOU HONEST? ¿ERES HONESTA? *¿Por qué la abruma con esa brutalidad? Porque es bella.*»

El artista inglés, por su parte, expone: *Hamlet, según mi parecer, al tomar á Ofelia por la mano y preguntarle, ¿*ERES HONESTA...? *quiere decir; ¿Hay una mujer en quien yo pueda tener fe?*»

Cuándo Hamlet injuria á Ofelia con su pregunta: ARE YOU HONEST, la inefable dulzura de Ofelia contesta con otra pregunta: «¿Puede tener la belleza mejor compañera que la honestidad?»

Entonces Hamlet se dirige á la suave niña con una salida brutal.

Hostos comenta así:

"*Como al pronunciar esta cínica herejía no piensa en Ofelia y sólo se acuerda de su madre, dice, con amargura que desgarra:* ESTO ERA UNA PARADOJA EN OTRO TIEMPO, PERO HOY..."

Sir Herbert, al comentar la escena entre Ofelia y el príncipe, no sólo copia *grosso modo*, sino que casi transcribe á la letra el comentario del gran crítico americano.

Es imposible que las ideas coincidan á tal punto en hombres de razas y tiempos tan diferentes; es imposible que los aciertos de uno y otro psicólogo correspondan hasta confundirse en la expresión escrita. Es imposible argüir con el azar, ese dios de los tontos.

El comentarista británico cita, como Hostos, la salida bruta de Hamlet. Luego explica:

"*El verso,* ESTO ERA UNA PARADOJA EN OTRO TIEMPO, PERO HOY... *está claramente dirigido contra las relaciones entre el rey y la reina.*"

Como se ve, sir Herbert escoge los mismos pasajes que Hostos y los explica de igual modo. Adelante.

Yo te amé, declara el príncipe á Ofelia poco después de su salida brutal contra la linda persona.

«Yo TE AMÉ—comenta Hostos—, *es yo te amo. En boca de Hamlet significa más: te amo, pero no debo amarte.*"

"*Es un combate á muerte entre el deber de vengar (á su padre) y la necesidad de amar, nunca tan imperiosa como entonces...*"

Hamlet se aleja, "*fijos siempre los ojos en la ventura que abandona, maldiciéndose dos veces á sí mismo.*"

"*Ofelia*—continúa el comentador americano—, *que en sólo un momento ha pasado por todas las alternativas de la esperanza y la desesperación, de la alegría y del dolor, del amor y la piedad, ha perdonado todas las ofensas, todas las injusticias, todas las crueldades, todas las brutalidades de su amante... y quejándose del infortunio más que de Hamlet, exclama:*
—HABER VISTO LO QUE HE VISTO PARA VER LO QUE VEO.*"

"No TE AMO, *dice Hamlet, arrancándose así el corazón. Ofelia cae sobre el sofá...*"

El comentador agrega que Hamlet ama á Ofelia, "*pero no se atreve á mostrar su corazón*".

La piadosa, dulce Ofelia, considerando loco al príncipe, en vez de culparlo se resigna á exclamar:

"*La desgracia se abate sobre mí.* HABER VISTO LO QUE HE VISTO PARA VER LO QUE VEO.*"

No son las demostradas las únicas concomitancias, en la explicación de la pieza shakespeariana, entre el artista de Inglaterra y el crítico dè América. «*He hecho cuanto he podido para familiarizarme con las obras de los comentadores literarios del Hamlet*», exclama sir Herbert. Como vamos viendo, sus palabras no son una mentira.

Continuemos con algunas similitudes, sorprendidas á la buena de Dios.

Hostos expone el estado mental de Hamlet durante el más célebre de sus monólogos, y comenta así:

«*Ha decidido el mal y ese mal va á tener por expresión la muerte... Y ¿qué es más digno del alma, de esa alma humana tan poderosa en el pensar, en el sentir y en el querer: sucumbir al dolor o rebelarse contra él; matar ó morir?*

¿Morir?... DORMIR Y NADA MÁS. (Hamlet.)

La muerte, que antes se le presentó como idea, se le presenta ahora como realidad. Como idea, asusta. Como realidad, atrae.

Y DECIR QUE EN ESE SUEÑO VA Á ACABAR ESTE ACERBO DOLOR MÍO. (Hamlet.)

Lejos de temerlo, lo desea. Y tanto lo desea (el sueño de la muerte) que se olvida por completo de la determinación anterior de su voluntad; desaparece de su espíritu el motivo ocasional de la meditación. Y ya no piensa en el ser que va á destruir EN SÍ Ó EN OTRO, sino en EL NO SER QUE ANHELA con toda la devoción de su infortunio.»

Á su turno el artista inglés comenta el estado mental de Hamlet, durante el monólogo. Oigámoslo:

«*Hamlet anhela ese sueño de la muerte, que será*

*término de todos los males. Tan grande es su horror
del deber impuesto, que en este momento Hamlet PIEN-
SA EN MORIR, para no matar al rey.»*

Las irresoluciones constantes de Hamlet dependen
de que es un enfermo de la voluntad, un razonador,
un analista.

Sir Herbert reconoce también que rasgo principal
de Hamlet es la irresolución, por exceso de reflexión,
la falta de voluntad por sobra de razonamiento. Sus
generalizaciones filosóficas á este respecto son demasiado parecidas á las de Hostos.

*"Todos menos él—expo-
ne Hostos—son activos pa-
ra el bien ó para el mal y
hacen el bien ó el mal porque no reflexionan lo que
hacen." "Mientras que él,
juguete de sí mismo, pierde
el tiempo de la acción en
meditarla... pasan, triunfadores de la actividad, contentos de sí mismos, como
todos los que triunfan, los
hombres que para conse-
guir lo que desean no necesitan más que abandonarse
á su deseo."*
De este número son Laer-
tes, Claudio y, al fin del
drama, *"Fortimbras, un príncipe adolescente, una am-
bición naciente. Fortimbras
se dirige con su ejército á
Polonia, sacrificando sin vacilación y sin tristeza miles
de hombres á su intento."*

*"El hombre que va á
triunfar en la vida—opina
sir Herbert—es el que no
ve sino un lado de las cosas.*

*El hombre cuyo horizonte
mental es vasto, que es capaz de ver lo bueno y lo malo de todo... no alcanzará su
meta tan pronto como aquel
que mira recto ante sí y
se abandona á su deseo.»*

*"Fortimbras no ve sino
un solo lado de las cosas y
sabe con precisión lo que
quiere.«*

Continuar pescando similitudes sería cuestión de
nunca acabar. Las hay, como antes se dijo, y como se

observa por los ejemplos anotados á la ventura, de concepto, en cuanto al genio de Shakespeare y al carácter del príncipe, y las hay de expresión, hasta donde es posible en lenguas tan desemejantes. Aunque sir Herbert tal vez no ha leído el estudio crítico de Hostos en castellano, sino en alemán, lengua en que fué traducido. Y me baso para suponerlo en que el notable artista inglés conoce la lengua alemana, como se advierte leyéndolo, y porque cita en su estudio los mejores ensayos tudescos sobre *Hamlet:* el de Goethe, el de Lessing, el de Hazzlitt, el de Klein.

La circunstancia de no citar el de Hostos depone, por razones de epidérmica psicología que los juristas conocen á maravilla, contra el eminente artista inglés, autor de *Thoughts and Afterthoughts,* sir Herbert Beerbohm Tree.

Pero si aún quedasen dudas á alguien, añadiré tres ó cuatro detalles que no admiten réplica.

Después de la escena de la comedia en Palacio, representación que termina, en la realidad de Shakespeare, con la fuga del rey, vendido por su horror, y la carcajada de Hamlet, que es alborear de su resolución, preséntanse los cortesanos Rosencrantz y Guilderstern, espías del rey. Hamlet derrama sobre ellos sarcasmos y sarcasmos. Los espiones se parten.

«*Queda solo consigo mismo*—observa Hostos—. *Ni una duda, ni una vacilación. El que antes dudaba si tenía derecho de hacer mal; el que antes vacilaba, estremeciéndose ante la idea de la muerte, piensa ahora con fruición que bebería sangre caliente... Ya él está seguro de su resolución y tiene calma para esperar...*»

El escritor inglés dice:

«*Á la vista de los cortesanos espías, Hamlet retorna*

*á sus sátiras tremendas... Despide á los falsos amigos
y queda consigo solo... perfectamente sano, reconoce la
necesidad de la acción.»*

Hostos opina del monólogo: «*el monólogo más profundo que ha pronunciado jamás el labio humano*».

El señor Tree escribe, respecto de la célebre escena
del acto III: «*cuadro el más terrible que el espíritu del
hombre haya jamás evocado*».

Hostos dice que Hamlet «*pierde el tiempo de la acción en meditarla*». Y el señor Tree: «*malgasta en sátiras el tiempo que pudiera emplear en matar al rey*».

Lo expuesto basta. Con semejantes premisas, la
conclusión se impone por sí misma. El lector, si es lógico y de buena fe, llegará por su parte á la propia
conclusión que el autor de las presentes anotaciones.

VI

Á PROPÓSITO DE HOSTOS, LITERATO, EL TUPÉ DE LOS EUROPEOS

Si á los ingleses les dijeran de sopetón que un artista británico, de nota y campanillas, condecorado
con título nobiliario, se había inspirado para escribir
sobre *Hamlet,* en un autor de Puerto Rico, los ingleses, desdeñosos é incrédulos, romperían la habitual
gravedad de su rostro con una sonrisa.

Si á los franceses se les dijera que sus filólogos de
más nombradía han descubierto orígenes de errores y
fijado el sentido y texto reales en literaturas de la Edad
Media, granjeando por ello fama, casi medio siglo des-

pués de haber descubierto aquellas máculas y fijado aquellos textos un venezolano, los franceses, desdeñosos y sarcásticos, romperían en burlas agresivas.

Si á los españoles se dijera que uno de sus más bellos poemas modernos había sido inspirado en la novela de un colombiano, los españoles, desdeñosos y bravos, romperían en refunfuños.

Tal es el cómodo é invencible menosprecio con que miran los europeos, sin exclusión de país alguno, cuanto no es europeo. En vano el Japón saca á relucir contra Rusia elocuentes é inesperados argumentos de superioridad en Mukden y Tushima; en vano hablan Boyacá, Maipo, Carabobo, Pichincha y Ayacucho; en vano austriacos y franceses recogen, pálida y cercenada, la cabeza de aquel emperador que quisieron imponer á Méjico; en vano la bandera de los Estados Unidos flota en el Pacífico y el Atlántico sobre antiguas posesiones europeas; en vano Buenos Aires cuenta entre las más bellas y populosas ciudades del mundo; en vano Río de Janeiro es cuna de la aviación moderna; en vano Australia surge de los mares como un milagro del esfuerzo humano... En vano todo. Europa no se pliega, ni desarma, ni desmonta sus desdenes. No se allana á reconocer ningún género de superioridad en hombres ni pueblos no europeos. Fuera de Europa no existe nada digno de mención.

Europa olvida, por ejemplo, que nosotros, americanos, somos vástagos y prolongación, en el tiempo y en el espacio, de pueblos y civilizaciones europeos. Que á esta civilización heredada le estamos imprimiendo carácter diferencial en sentido de perfeccionamiento, y que los hombres de allende el mar pueden ser y son, cuando no superiores, iguales en mentalidad y esfuerzo á los hombres del Viejo Mundo. Olvidan los europeos, pongo por caso, que el primer guerrero de la antigüedad, aquel Alejandro que extendió por el mundo asiático la civilización helénica, no era un ateniense ni un espartano. Olvidan que el primer filósofo de Grecia, el de más genio y prolongación de su influencia en la historia del mundo, Aristóteles, no nació en la madre Grecia, sino en la tracia Estagira. Olvidan que, en los tiempos modernos, los *Comentarios reales*, célebres en la historia literaria de España, se escribieron en maravillosa lengua de Castilla no por un español sino por el Inca Garcilaso; que el más pulcro y elegante poeta francés de nuestros días, José María de Heredia, fué un hijo de Cuba; que Rudyard Kipling, el poeta nacional de Inglaterra, nació en la India. Olvidan que ni el telégrafo, ni el teléfono, ni la navegación por vapor tuvieron origen en Europa. Olvidan otras muchas cosas que no es oportuno recordarles aquí.

Á los ingleses que rían cuando se les asegure que un autor de la Gran Bretaña puede inspirarse en un crítico portorriqueño, baste citarles el caso de sir Herbert Beerbohm Tree. Á los españoles que refunfuñen cuando se les informe que uno de sus más bellos poemas modernos ha sido inspirado en la novela de un colombiano, baste comparar el encantador *Idilio*, de Núñez de Arce, con *María*, de Jorge Isaacs.

Cuanto á los franceses, que son tal vez los más insolentes y despectivos para con lo no europeo, y los que más ignoran cuanto no atañe á su país, baste citar el nombre de Andrés Bello, y después, el nombre de Gastón Paris (1).

_____

(1) En vez de hablar nosotros, que hable por nosotros el europeo Menéndez Pelayo, el mayor de los críticos espa-

Don Andrés Bello es ejemplo que puede aducirse á los franceses para probarles que un hijo de la América fué precursor de trabajos literarios de que hombres célebres de Francia se sirvieron, callando el nombre del sabio americano. Y en el supuesto de que Dozy y Gastón Paris ignorasen á Bello, que no lo ignoraban, sirve siempre tal ejemplo para probar que en materias intelectuales la luz puede venir de Occidente y un americano ser precursor de los europeos.

Pero aún existe, respecto de los franceses, más reciente ejemplo, y hasta más ilustre, por uno de los nombres que á ese ejemplo se vinculan.

No hace mucho cierto diario parisiense, de cuyo

ñoles contemporáneos, á quien nadie recusará por incompetente ni por benévolo, siendo como es aquel sabio ilustre uno de los más ilustres sabios y exigentes críticos de su época. Y aunque ya se citó antes (págs. 70-73) esta opinión suya, cítasela de nuevo, porque viene como anillo al dedo:

«En las cuestiones relativas á los orígenes literarios de la Edad Media y á los primeros documentos de la lengua castellana—dice Menéndez Pelayo—, Bello no sólo aparece muy superior á la crítica de su tiempo, sino que puede decirse sin temeridad que fué de los primeros que dieron fundamento científico á esta parte de la arqueología literaria. Desde 1827 había ya refutado errores que persistieron, no sólo en los prólogos de Durán, sino en las historias de Ticknor y Amador de los Ríos...

Bello probó antes que nadie que el asonante no había sido carácter peculiar de la versificación española, y rastreó su legítima filiación latino eclesiástica en el ritmo de San Columbano, que es el del siglo VI, en la *Vida de la condesa Matilde*, que es del siglo XI, y en otros numerosos ejemplos. Lo encontró después en series monorrimas de los

nombre no desearía jamás acordarme (1), publicó un
artículo titulado: *La doctrina de Monroe. Les Etats-* /e
Unis et le Centre-Amérique.

Allí pueden ser leídos, al tratar de los cinco Estados
de la América Central, los conceptos que paso á transcribir:

«Hace largo tiempo, cerca de sesenta años, un gran
sabio francés, J. J. Ampère, ha podido escribir:
*La ciudad desconocida se levantará un día en el
punto en que se reunen las dos Américas (Panamá) y
será la Alejandría del porvenir. Será también, como
Alejandría, el emporio del Oriente y del Occidente, de
la Europa y del Asia; pero en escala más vasta y en
las proporciones del comercio moderno.»*

Cantares de Gesta de la Edad Media francesa, comenzando
por la *Canción de Rolando*. Y por este camino vino á parar
á otra averiguación todavía más general é importante: la
de la manifiesta influencia de la epopeya francesa en la
nuestra, influencia que exageró al principio, pero que luego
redujo á sus límites verdaderos.

Bello determinó, antes que Gastón París y Dozy, la época, el punto de composición, el oculto intento y aun el autor
probable de la *Crónica de Turpin...*

La edición y comentario que Bello dejó preparados del
Poema del Cid, infinitamente superior á la de Damas Hi-
nard, parece un portento cuando se repara que fué trabajada en un rincón de América, con falta de los libros más indispensables... Sin embargo, el trabajo de Bello, hecho casi
con sus propios individuales esfuerzos, es todavía á la hora
presente (1892), y tomado en conjunto, el más cabal que
tenemos sobre el *Poema del Cid.»*

(1) *Le Matin*, 30 de Agosto de 1913.

El diario de París se extasía, con razón, ante el genio y la visión profética «del gran sabio francés». Pero aquel «gran sabio francés» tuvo, en la ocasión, más memoria que genio.

El «gran sabio francés» no hizo, en efecto, sino transcribir, ó casi casi, las palabras escritas por Bolívar veinte años antes, á los comienzos del siglo XIX, en 1815. Bolívar, en su maravillosa carta de Jamaica, opinó sobre los cinco Estados de la América Central y sobre Panamá, lo siguiente:

Esta magnífica posición entre los dos grandes mares podrá ser, con el tiempo, el emporio del Universo. Sus canales acortarán las distancias del mundo: estrecharán los lazos comerciales de Europa, América y Asia y traerán á tan feliz región los tributos de las cuatro partes del globc. Acaso sólo allí podrá fijarse algún día la capital de la tierra, como pretendió Constantino que fuese Bizancio la del Antiguo Hemisferio.

Al «gran sabio francés», como se mira, le fué fácil profetizar el porvenir de Panamá, veinte años después que Bolívar. Le bastaba con saber leer. El «gran sabio francés» ha probado que sabía. Ha probado también que aprovechaba sus lecturas. Ha probado, por último, que lo no europeo, aunque proceda de un Bolívar, no existe, ó puede considerarse como no existente, sin dejar por eso de copiarlo y apropiárselo, cuando la ocasión se presenta.

VII

HOSTOS, FILÓSOFO MORALISTA

Hostos es uno de los más austeros y aun seductores apóstoles contemporáneos de moral social y de moral individual. Él crea ó echa las bases de una ciencia nueva: la moral social, rama de la Sociología, y cuyo objeto no es otro que la aplicación de leyes morales—que él descubre—á la producción y conservación del bien social.

Grande y generoso optimista, cree Hostos en el progreso del hombre hacia el ideal de Bien y trata de acelerar ese progreso. El hombre se elevará por el desarrollo del espíritu, por el aumento de la conciencia, hasta llegar á penetrarse de la esencia del mundo, que no está por encima del conocimiento humano.

De ahí su afán redentorista por medio de la instrucción, á la que consagró tan fecundos y transcendentales esfuerzos. De ahí que este hombre augural, portador de buenas nuevas al espíritu, descubra y enseñe cómo «el problema de la Moral consiste en hacer que el hombre de esta civilización sea tan digno y tan bueno, tan racional y tan consciente como de la íntima correlación de la razón con la conciencia y de la conciencia con el bien, resulta que debe ser y puede hoy ser».

La moral de Hostos carece de sanción ultraterrena. ¿Por qué? Porque Hostos imagina: «ni la razón ni la conciencia necesitan para la práctica del deber y para la busca reflexiva del bien, de otros estímulos que la excelsa dignidad del bien y del deber». Debemos esclavizarnos á la Moral, no por el menguado utilitarismo de Franklin, sino por una superior y desinteresada conveniencia. En su *Tratado de Sociología* indica el maestro que las muchedumbres son incapaces de comprender que los fines religiosos y morales son fines de bien social y que, por tanto, «son dependientes, estrictamente dependientes, de la Moral y de los fines morales de la vida humana».

Carece también la moral de Hostos de fundamento metafísico: es de orden natural. «La Moral—dice—no se funda más que en realidades naturales, y no se nos impone ni gobierna la conciencia sino en cuanto sus preceptos se fundan en realidades naturales.»

Para comprender esto bien es necesario descubrir la esencia íntima de la moral hostosiana, que se basa en una armónica relación preexistente entre el hombre y la Naturaleza, de la que aquél es parte integrante.

Descubrimos un orden en la Naturaleza, euritmia ú orden natural, que la conciencia humana es capaz de comprender y comprende. Ahora bien: «la sociedad es un aspecto de la Naturaleza», luego es de orden natural, y como el hombre es componente de la Sociedad, no puede salirse tampoco de ese orden: existe, pues, una relación de la sociedad con el hombre y del hombre con la Naturaleza.

Esas relaciones se rigen: una, por la moral individual; otra, por la moral social. Pero el universo moral, como conexo con el hombre, que es producto de la Naturaleza, resulta de orden natural y obedece á leyes naturales. «Estamos ligados por nuestro organismo corporal—dice Hostos—con la Naturaleza, de que es parte, y de ese vínculo natural entre todo y parte se derivan las relaciones de la moral natural. Nos relaciona de un modo más inmaterial con nuestros organismos intelectivo, volitivo y afectivo la que llamamos naturaleza moral ó humana, y en todas las relaciones de ese orden se funda la moral individual...»

De una serie de relaciones con la naturaleza social nace la moral social.

Pero social, individual ó natural, esta moral humana es un acorde del concierto cósmico.

La Moral, es decir, la armonía, el orden del sér consciente, está dentro de la Naturaleza y obedece á leyes naturales como la armonía del cosmos, de la que es correlativa.

El cumplimiento del deber le parece al moralista americano una nota estética, y por ello grata en sí y de delicioso cumplimiento. Considera el deber como una deducción espontánea de cuantas relaciones nos ligan con el mundo externo, con el mundo interno y con el mundo social. Existe para el hombre un deber máximo: el deber de los deberes, que «consiste en cumplirlos todos, cualquiera que sea su carácter, cualquiera el momento en que se presente á activar nuestros impulsos ó á despertar nuestra pereza, ó á convencer nuestra razón, ó á pedir su fallo á la conciencia.»

Tan alto y tan noble resplandece el apóstol de esta doctrina, tan desligado del polvo se cierne en los espacios abiertos su generoso espíritu, que esa misma nobleza inigualable y esa misma altitud inalcanzable son el mayor reparo que pudiera oponerse á la ética hostosiana.

Esta ética, en efecto, parece concebida para un mun-

do mejor; para un mundo de humanidad más fácil-
mente perfectible. Pero el hombre que conocemos, desde el cavernícola hasta Platón, ha necesitado siempre
para la busca del bien y el cumplimiento del deber, de
estímulos más eficaces que la exclusiva dignidad del
deber y del bien.

El hombre no es bueno ni acaso lo sea nunca; lo
confirma la Historia.

La barbarie desencadenada en Europa con motivo
de la guerra de 1914, los asesinatos en masa, la destrucción de catedrales, el incendio de bibliotecas, el
empeño de unos pueblos en destruir naciones enteras
y aniquilar razas íntegras, porque estas razas y estas
naciones demoran más allá de un río ó de una monta-
ña, ó porque hablan en tal ó cual lengua, ó adoran á
tal ó cual dios, ó comercian por tantos ó cuantos miles;
todas las crueldades inútiles y sistemáticas que han
quitado á Europa el derecho de llamar bárbaro á ningún pueblo contemporáneo, prueban que ni la Filosofía, ni la Ciencia, ni el Arte, ni largos paréntesis de
cultura pacífica logran desterrar por completo la parte de bestia que hay en el hombre. Á la primera ocasión propicia la bestia resurge triunfante y feroz.

El hombre no es bueno ni acaso lo sea nunca; lo
confirma la Ciencia.

El biólogo Ramón y Cajal, apoyándose en Weis-
man, expone recientemente que «ninguna de las adaptaciones culturales y sociales del hombre se ha trans-
mitido todavía á las células germinales ni adquirido,
por tanto, carácter hereditario». El célebre biólogo arriba á muy pesimista conclusión: «Por imposi-
ción fatal de la inercia nerviosa, nuestros descendientes serán tan perversos como nosotros... Nadie

ha logrado suprimir ó corregir nada de esas células nerviosas, portadoras de instintos crueles, legado de la más remota animalidad y creados durante períodos geológicos de rudo batallar contra la vida ajena...»

VIII

HOSTOS, SOCIÓLOGO

Como sociólogo es también Hostos un pensador original. No olvidemos, sin embargo, al decir original, la diferencia que existe entre la originalidad creadora en Arte y la originalidad compatible con la Ciencia.

El arte, que es todo emoción y traduce por medio de la hermosura concreta las vibraciones de un temperamento ante el espectáculo de la Naturaleza y en el roce con la vida, puede alcanzar en la expresión un grado máximo de originalidad, aunque dentro de ciertos límites. Todo artista de raza tiende á ser original personal, inconfundible. La uniformidad es obra del hombre que sabe imitar siempre y pocas veces crea. La Naturaleza no obra así: ella es varia, multiforme, creadora, original por excelencia. Aun dentro de lo genérico pone sello especial: dos rostros, dos ríos, dos hojas no se asemejan casi nunca; son originales.

El campo de la originalidad científica es estrecho· Siendo la Ciencia una acumulación de experiencia, la originalidad del científico sólo consiste en arrojar nuevas luces sobre un punto conocido y estudiado, ó bien en realizar experiencias nuevas y nuevos descubrimientos. Galileo, Newton, son hombres de ciencia originales, porque descubrieron verdades científicas desconocidas hasta ellos. Colón también lo es. Y si entramos en el terreno de las especulaciones filosóficas, encontramos que Kant, por ejemplo, no es menos original que Colón, que Newton y que Galileo. Su originalidad consiste en que, gracias á su potencia cerebral, á su fuerza razonadora, arroja nuevas luces sobre viejos problemas, y en que desde su observatorio se divisa un campo más vasto que desde el observatorio de otros pensadores que lo precedieron.

La originalidad de Hostos como sociólogo consiste en que, no contento con repetir á sus antecesores, aunque valiéndose del depósito de experiencias legado, estudió por sí las sociedades que tuvo á la vista, estudió las sociedades históricas, y de su estudio sacó en limpio verdades generales nuevas. Por lo menos sus verdades tienen mucho de la verdad. Por ello Hostos pertenece, aunque hasta ahora no se le haya reconocido así, á la egregia minoría de pensadores primarios.

Desde que los antiguos estudios morales y políticos empezaron á ser clasificados, según las palabras de Comte, «como las ciencias positivas», procedióse á establecer sus bases y á darles, por consiguiente, carácter científico. Es decir: se principió á convertir aquellos estudios morales y políticos, de carácter metafísico, ó, si se quiere, filosófico, en estudios experimentales, en ciencia social, en Sociología.

De entonces acá muchos pensadores potentes han contribuído con luces personales y personales observaciones á fundar, desarrollar—no quiero decir fijar—la Sociología. Se ha caminado poco á poco; pero adelantando. Cada pensador ha contribuído con su piedra al edificio. Muchas de estas piedras han rodado por tierra, faltas de adaptación ó difíciles de asentar, ó por deleznables se desmigajaron con la presión. Pero òtros pensadores vinieron después y la obra continúa sin interrumpirse.

Quetelet ve desmoronarse sus piedras estadísticas; Lilienfeld, sus piedras biológicas; Stein, Carey, sus piedras de economistas. Todos por exclusivismo y unilateralismo de ideas. Pero ellos y cien otros han contribuido, con más ó menos felicidad, á la fabricación del edificio. Y los más eficaces arquitectos son aquellos que, como Spencer, gracias á una mentalidad superior y á un objetivismo riguroso, carentes de prejuicios, ú olvidándolos, sistematizan y concretan en leyes generales observaciones directas, confirmadas una y cien veces, pasadas por todos los crisoles.

Hostos, juntando lo aprendido en los libros con lo aprendido en la experiencia, las teorías ajenas y las observaciones personales, los conocimientos adquiridos y las ideas propias, lo que heredó de sus antecesores y lo que obtuvo por sí mismo, llega á establecer una sociología con caracteres novedosos, interesantes y fundamentos sólidos.

Desde 1880, más ó menos, es decir, antes que la mayor parte de los sociólogos de nombradía en Europa y Estados Unidos, antes que el alemán Bastian, antes que el inglés Summer Maine, antes que el francés Le Bon, antes que el italiano Asturaro, antes que el yanqui Ward, Eugenio María de Hostos, en nuestra distante América, ya había formulado todo un sistema que, andando el tiempo, refirmó con observaciones | a. propias y ajenas (1).

(1) Algunas obras de Bastian son anteriores á 1880; otras no. De este número son *Die Vorgeschichte der Ethnologie* (1880), *Grundzüge der Ethnologie*, 1884, etc. Los de-

La esencia de la filosofía social de Hostos surge tan majestuosa como la audacia del edificio de ideas que erige este pensador.

Por los fenómenos generales de la vida social se advierte un orden á que obedecen las sociedades. Este orden no puede existir sin leyes que lo fundamenten: esas leyes son las leyes naturales de la sociedad.

Como Hostos ha comprendido la actividad funcional del sér social en cinco géneros de fenómenos, las leyes naturales de la sociedad deben de corresponder á esas cinco actividades genéricas de la clasificasión hostosiana.

Así es, en efecto.

Estas leyes funcionales se denominan: Ley de Trabajo, Ley de Libertad, Ley de Progreso, Ley de Civilización ó de Ideal y Ley de Conservación. Pero además de esas cinco leyes funcionales existen las dos leyes generales que él nombra: Ley de la Sociabilidad y Ley de los Medios.

Veamos en qué consiste la ley de Sociabilidad.

Producto de la asociación de dos seres, el hombre en ninguna época de su vida puede desarrollarse y prosperar sino en asociación de otros seres. Lo que ocurre al individuo ocurre también al grupo, desde el primer grupo constituído á causa de las necesidades y debilidades individuales, la Familia, pasando por el Municipio y la Provincia, hasta la Nación. Al través de todas las escalas evolutivas—desde la tribu hasta

---

más autores han publicado sus principales obras después. La fijación de fechas es, como todos sabemos, capital para el estudio de los autores, ya sean hombres de letras, ya hombres de ciencia; lo mismo que para el estudio de sus obras.

el Estado internacional—, la Sociabilidad «es una ley natural á que obedecen todos los seres de razón». Hostos la define como «la constitución natural de las sociedades humanas».

La otra ley general, la de los Medios, no resulta menos constante y eficiente. He aqui cómo la enuncia: «toda fuerza social, al pasar de un medio á otro, se quebranta».

Esta alteración de fuerza social puede producirse en sentido de más ó en sentido de menos; en sentido de más cuando la traslación se efectúa en ciertas condiciones favorables; en sentido de menos, cuando ocurre lo contrario.

En resumen: «el cambio de los medios modifica la efectividad de los agentes»; y, por tanto, no se puede esperar que se produzca el mismo fenómeno social en distintas latitudes, en distintos tiempos de la Historia, ni en distintos estados de la sociedad, ni aun en el mismo tiempo en distinto estado, ni aun en el mismo estado en distinto tiempo.

En cuanto á las cinco leyes funcionales ú orgánicas, no habría funciones sociales sin leyes sociales que preestablecieran el método necesario á la finalidad de esas funciones de orden colectivo.

Por lo demás, las siete leyes naturales que él ha descubierto servirán á futuros exploradores para dar un nuevo fundamento científico á las indagaciones de carácter sociológico.

Parece, á primera vista, que Hostos incurriera en contradicción entre su doctrina de sociólogo y su doctrina de moralista. Como sociólogo, en efecto, descubre leyes fatales, contra las que no puede el hombre insurgirse, mientras que como filósofo moralista pre-

dica la exaltación de la conciencia para la dignifica-
ción de la vida humana.

Tenemos, pues, de un lado al hombre considerado
como juguete de leyes fatales, cogido en un engrana-
je potente de que no puede librarse, y de otro lado
tenemos que se preconiza la eficacia de la educación,
el acrecentamiento de la inteligencia y la exaltación de
la conciencia para que (el hombre) cumpla mejor su
finalidad en el mundo. Pero la contradicción resulta
aparente si se recuerda que, según la ideología hostosiana, el hombre, supeditado siempre á la sociedad,
tiende fatalmente hacia el bien, como la sociedad, su-
peditada á la euritmia del Universo, tiende fatalmente
hacia el orden.

Así, pues, el hombre puede cumplir mejor su destino comprendiendo, gracias á un grado superior de inteligencia y de conciencia, el determinismo á que obedece.

Hay una parte de la sociología de Hostos interesantísima de por sí, é interesantísima principalmente para
los hispano-americanos, por cuanto las sociedades
americanas sirven allí de materia de estudio y como
ejemplo ilustrativo. Se trata de la sociopatía hostosiana ó tratado de enfermedades sociales.

Siguiendo el concepto de que la sociedad es un organismo, apunta que todo sér tiene, desde su nacimiento, que morir ó desarrollarse y vivir. Pero en la
vida social, como en la vida animal, suelen ocurrir enfermedades. Estas enfermedades sociales pueden algunas ser congénitas y hereditarias; otras proceden de
inadecuación del medio. El desconcierto económico,

el desorden jurídico, el raquitismo moral, que ya por sí son males, engendran perturbaciones de linaje diverso.

Hostos disocia y estudia con su innata sagacidad filosófica múltiples desequilibrios sociales, desde los de carácter económico, carácter jurídico y carácter intelectual, hasta los de origen moral y los de índole mesológica. Expositor de innúmeras perturbaciones que aquejan al organismo colectivo, Hostos formula preceptos de higiene y promulga nociones de terapéutica social.

Así, pues, Hostos resulta el primer pensador que ha descubierto y divulga la posible eficacia de una terapéutica social.

Observa y estudia en las sociedades modernas enfermedades económicas, enfermedades jurídicas y enfermedades morales. Especifica la exacerbación del sentimiento religioso, el neurosismo social, las pasiones políticas, el anarquismo, y apunta cómo pueden prevenirse y aun curarse esas y otras dolencias.

Pero circunscribiendo aquí las observaciones del sabio á lo que más inmediatamente atañe á los pueblos de Hispano-América, advertimos que Hostos encuentra en ellos, mayormente en algunos de la región intertropical, caracteres patogénicos, como la anemia fisiológica y el sensualismo satiríaco; y en todos, «porque entre tantas sociedades infantiles ni una sola nació con salud», el espíritu de imitación, la ineficacia del derecho, el politiqueo, el militareo y el revolucionismo.

La mayor parte de sus observaciones son directas; hechas por él, concienzudamente, en pueblos americanos que conoce y estudia. En vano se buscarían pági-

nas extranjeras que reemplacen, desde el punto de vista científico americano, á las del sociólogo de Puerto
Rico. «Los Estados de origen español—asienta—siguen siendo casos de sociopatía.»

El politiqueo, que es la única, por desgracia, de las
enfermedades de la sociedad americana á que dedica
análisis de alguna extensión, lo define así: «El politiqueo es simple y sencillamente la costumbre de chis-
mear llevada á los asuntos de carácter público.» Y
como esas sociedades americanas se han desarrollado
tradicionalmente, desde los días de Colón, fuera del
Derecho, agrega: «Para arraigar esa mala costumbre
*(de politiquear en vez de establecer y seguir una polí-
tica)* en los negocios del Estado, no tenían que hacer
ningún esfuerzo de voluntad ni de razón, y de la noche
á la mañana aparecieron las gentes políticas de estos
países como maestros consumados en el arte de la fal-
sía, del embrollo y de la intriga. «La ignorancia de todos sirve perfectamente al encumbramiento de los pocos que se dedican á embrollarlo todo, con el objeto de
ser ellos los árbitros de la vida general.» Y termina su
exposición de patología hispano-americana con estas
terribles palabras: «La función del Derecho (en tales
pueblos) no puede en ninguna manera ser regular.
Esta irregularidad constituye la más peligrosa de las
enfermedades jurídicas que pueden sufrir las sociedades humanas.»

Otra de las excelencias de la concepción hostosiana
de la Sociología consiste en que equidista de la teoría
«individualista», que pospone la sociedad al hombre,
y de la teoría «socialista», que anula el factor hombre
en provecho de la sociedad. Hostos, en efecto, armoniza ambos extremos en una teoría sociocrática como

la de Comte, reconociendo la doble influencia de la sociedad sobre el individuo y del individuo sobre la sociedad.

Esta teoría, que él llama orgánica, piensa Hostos que va mucho más lejos que la de Comte en reconocer la influencia social del elemento individual. Según esta teoría de Hostos, «la sociedad es una ley á que el hombre nace sometido por la Naturaleza, á cuyos preceptos está obligado á vivir sometido, en tal modo, que mejorando á cada paso su existencia, contribuye á desarrollar y mejorar la de la sociedad». Sin el individuo no existe la sociedad; sin la sociedad no existe el individuo. La dependencia es mutua. Sin embargo, este balance no existe sino en apariencia; la reciprocidad no es de idéntica entidad: el hombre, en la teoría de Hostos, y á pesar de lo que Hostos piensa, queda supeditado á la sociedad.

La esencia de la sociología hostosiana se interna, lo propio que la esencia de la ética del mismo sabio, en regiones superiores del pensamiento, desde las cuales descubre—lo hemos dicho y repetido—una harmonía preexistente entre los fenómenos cósmicos y los fenómenos sociales, como obedientes unos y otros á indefectibles leyes de la Naturaleza.

Las ideas de Hostos, en este punto básico de su sistema sociológico, no son, como se supondrá, mera divagación inútil ni desvarío de idealista.

Cree ·repitámoslo por centésima vez—que existe una estrecha y armónica relación entre los hechos socióticos y los cósmicos; cree que la Sociedad es un aspecto particular de la Naturaleza, un fenómeno de orden natural, y que estando la Naturaleza sometida á leyes, la Sociedad no puede no estarlo. Esas leyes á que obedecen las sociedades, leyes que el genio de Hostos descubre y fija, sirven de hilo conductor á buena parte de la sociología hostosiana. Ya las conocemos.

Al pensador colombiano Carlos Arturo Torres toca el honor de haber insinuado, aunque dubitativamente, que los estudios de Derecho, de Educación, de Moral, de Historia, á los cuales dedicó Eugenio María de Hostos su actividad, pueden considerarse—como las obras varias que precedieron á la sociología de Spencer—partes componentes de la hermosa construcción sociológica á que el pequeño y magnífico *Tratado de Sociología* sirve de remate.

Descubriendo y comprendiendo la unidad de esa obra y la unidad de esa vida resultan ambas más grandes; resultan del tamaño que son.

IX

HOSTOS, TRATADISTA DE DERECHO CONSTITUCIONAL

Culminó Hostos en el estudio de aquella parte del derecho público que regimenta el ejercicio de los grandes poderes en el Estado, su armónico funcionamiento y cuanto respecta á la organización social y política de un pueblo. El gobierno de las sociedades, no solamente su administración—según el distingo de Serrigny—, lo preocupó hondamente; y fruto de esas preocupaciones de clarividente viene á ser su obra sobre *Derecho constitucional*.

Vincula la soberanía en la sociedad.

La sociedad es un organismo natural, compuesto

de órganos que realizan funciones indispensables á la vida del todo.

«Ningún obstáculo presenta la razón á que reservemos el nombre de soberanía al poder social, y á que demos á la capacidad del municipio y la provincia el nombre de poder. Entonces tendremos poder municipal, poder provincial y poder nacional, para designar la suma de capacidades de cada uno de esos órganos sociales; y soberanía social para indicar la suma expresión de poder, de fuerza dispositiva de la sociedad en sus actos como actividad completa que abarca todas las demás actividades.»

¿Hasta dónde alcanza la soberanía y qué la coarta ó limita? ¿En qué forma se organizan los poderes públicos? ¿Cómo se les elige? ¿Cuáles y cuántos son los derechos públicos: libertad de conciencia, libertad individual, libertad de trabajo, libertad de enseñanza, igualdad civil, inviolabilidad del domicilio, respeto á la propiedad, etc.?

Estas y otras cuestiones le son comunes con los demás tratadistas; su originalidad consiste en la manera cómo encara y resuelve algunas de ellas. Así, por ejemplo, debe hacerse hincapié, aun en lo sumario y volandero de esta exposición, en su proyecto de Antecámara, que tanto llamó la atención del parlamentarista español D. Gumersindo de Azcárate.

No son de menor interés sus maneras de ver, novísimas, respecto á las funciones del Poder. Tampoco debe pasarse por alto su proyecto de Electorado, para la renovación de los Poderes públicos.

La primera función efectiva del poder de la sociedad es el sufragio. Hostos pregona que no debe prescindirse de las minorías, como hasta ahora, porque «el menor número, no por ser menor deja de ser un componente efectivo de todo soberano». El menor núme ro, en efecto, puede ser el derecho y la razón. Del sistema representativo deriva Hostos lógicamente el derecho de las minorías. Y no restringe á los hombres el derecho del voto. «Todo lo dicho—expone—en contra del sufragio femenino está dicho en contra de la razón y la equidad. Desgraciadamente, todo lo dicho en pro, dicho ha sido en pro de la sinrazón y la discordia.»

La función electoral «es igual, en cuanto á su fin, á las demás funciones del poder; pero superior en jerarquía, en cuanto es anterior á toda otra y necesaria para toda otra». Esa función es para el individuo un derecho y un deber.

Acogiendo la idea bolivariana del Poder Electoral, Hostos instituye un Electorado, órgano de la función electoral. Preceptúa con detenimiento el principio del Poder Electoral, ó Electorado, á fin de que se ponga por obra con éxito; y aplaude, como un rasgo de genio del Libertador, la creación de ese poder ó la idea de crearlo.

«Bolívar—dice—, á quien para ser más brillante que todos los hombres de espada, antiguos y modernos, sólo faltó escenario más conocido; y á quien para ser un organizador sólo faltó una sociedad más coherente, concibió una noción del poder público más completa y más exacta que todas las practicadas por los anglosajones de ambos mundos, ó propuestas por tratadistas latinos ó germánicos. En su acariciado proyecto de Constitución para Bolivia dividió el Poder en cuatro ramas: las tres ya conocidas por el Derecho público, y la *electoral*. En realidad, fué el único que completó á Montesquieu, pues agregó á la noción del filósofo político de Francia lo que efectivamente le faltaba.»

El Electorado de Hostos sería electivo y alternativo. Habría un Electorado municipal, un Electorado provincial y un Electorado nacional. Su nombre indica su objeto. Señala Hostos la manera de ser elegidos estos cuerpos, su duración, sus atribuciones, sus responsabilidades.

Es un proyecto audaz expuesto en páginas nervudas.

Podría, sin embargo, hacerse una objeción al proyecto. El Electorado en el programa de Hostos «es delegado y representante permanente de los electores», dura tanto como los poderes legislativo y ejecutivo.

Ahora, preguntamos, su permanencia, ¿no complica la máquina del Estado con la existencia de un cuerpo más? Cumplida su misión electoral, ¿no podría desaparecer con ventaja de todos, aun para reconstituirse, dentro del mismo período legislativo y ejecutivo, cuantas veces lo requiriesen las circunstancias? La vigilancia, las sanciones de este Cuerpo, ¿serían de tal eficiencia que ameritase él mismo vida larga, permanente?

Los aciertos hormiguean en la obra del jurista americano. Las innovaciones, no de capricho, sino obra del estudio, el raciocinio y la experiencia, á menudo salen al paso, y marcan, como términos de luz, lindes de antiguos errores ó de antiguas deficiencias. Puede citarse como ejemplo de innovación, repetimos, el de la Antecámara

El juicio que merece á las nuevas generaciones ame-

ricanas esta obra de Hostos puede expresarse con las
palabras del tratadista, hombre público y profesor chileno, don Angulo Guridi: «Es el mejor tratado de Derecho constitucional que conozco...»

X

HOSTOS, HOMBRE DE IDEALES Y HOMBRE DE HOGAR

Hemos considerado á Hostos, aunque á las volan-
das, por varias faces de su múltiple personalidad:
como maestro, como crítico literario, como filósofo
moralista, como sociólogo y como tratadista de Derecho constitucional.

Para esbozar la obra de su poderoso y fecundo espíritu, basta. Por la garra se juzgará de ese león.

Hasta aquí lo que respecta al hombre de ideas. Por
lo que respecta al hombre de ideales, lo hemos visto
renunciando á todas las solicitaciones del interés para
consagrar su juventud inquieta y altruísta á un sueño
de libertad: al sueño de independencia para sus Antillas natales. Y cuando vió derrumbarse la fábrica de
un pueblo, mientras él estaba ayudando á levantarla,
consagró su vida á una obra de cultura americana,
creyendo tal vez, con muy buen acuerdo, que la cultura es una de las más firmes bases de la nacionalidad
en todas partes; pero sobre todo en nuestras repúblicas de América, enfermas de barbarie.

Fué un civilizador como Sarmiento; pero le faltó lo
que tuvo el argentino: un pueblo que plasmar. Le faltó
una patria. Los celos de nuestras nacionalidades; las

pequeñeces locales de nuestros paisesitos, cada uno de los cuales se cree el ombligo del planeta; el triunfo de Páez, Rivadavia, Santander, y del ideal antiboliviano de patrias microscópicas que éstos abrigaban, impidieron á Hostos, á tan gran varón como Hostos, no digo ya dirigir una república, pero ni siquiera influir directamente en los negocios públicos de un pueblo desde la curul de un Parlamento ó el sillón de un Ministerio. El caso de Bello en Chile no se ha repetido. Habría, para verlo repetirse, que dictar en cada república leyes de excepción en favor de los demás hispano-americanos, sin olvidar, naturalmente, aquellas limitaciones imprescindibles, única fianza de no caer en la utopía.

Los hombres traducen su alma por actos ó por ideas. El hombre que había en Hostos se ha ido diseñando por sí mismo al través de estas páginas. Añadiremos algunos rasgos que acentúen los contornos de la fisonomía moral de Hostos.

Tuvo seis hijos. Cuenta quien está al tanto de las intimidades de aquel varón bíblico, que mientras pequeñuelos, se complacía en dormirlos personalmente, cantándoles canciones que él mismo compuso para ellos. «Las Pascuas—escribe un discípulo de Hostos—, las fiestas de familia, como los cumpleaños de sus hijitos, eran celebrados por él con árboles de Navidad, retablos, fuegos artificiales, guiñoles, audiciones musicales, sombras chinescas y representaciones teatrales en que los mismos niños hacían de actores y para los cuales él escribió las comedias: ¿Quién preside?, El cumpleaños, La enfermita y El naranjo.»

Otro rasgo va á acentuar la pintura.

Cuando estuvo por primera vez en el Perú predicando su cruzada de independencia antillana, escribía diariamente en los periódicos para irse ganando al mismo tiempo la vida.

Estaba entonces en proyecto el ferrocarril de la Oroya. Hostos se puso á analizar, en el periódico limeño *La Patria*, los distintos contratos presentados al Gobierno. Un día uno de los contratistas, llamado Meiggs, se presentó á Hostos, proponiéndole un millón de francos «para la independencia de Cuba» si recomendaba el proyecto Meiggs á la opinión pública.

Aquel varón de Plutarco, heroico é íntegro, que nunca admitió componendas con la irregularidad, estudió el proyecto y no convino en echar el peso de su autoridad moral y su pluma resplandeciente á favor del contrato. Por el contrario, cuando analizó en *La Patria* el contrato de Meiggs, lo presentó como perjudicial á los intereses del Perú.

Aquel escritor pobre menosprecia un millón de francos. Aquel apóstol de la independencia antillana renuncia á contribuir á la realización de un noble sueño. Cierra los oídos á todas las sirenas, ahoga sentimientos carísimos y embiste contra lo que no cree justo, ni útil, ni equitativo para el Perú. Es decir, obra según la conciencia y no según el interés.

Ese es Hostos. Igualmente grande medido como hombre moral, como hombre de pluma, como hombre de pensamiento.

Fué tolerante al punto de que su mujer y su hija extremaban la nota católica, á ciencia y paciencia del sabio.

No le faltaron, cuando la ocasión lo requería, respuestas agudas. El arzobispo de Santo Domingo, Merino, brillantísimo orador, le decía una vez:

—Yo tengo un pie en la cultura clásica y otro pie en la cultura moderna.

—Por eso está usted siempre vacilante—le repuso Hostos.

Aunque vivió en pueblos chicos, es decir, en infiernos de chismografía, su vida sin sombra salió ilesa de los dientes del vecindario. Una vez sus discípulos le informaron:

—Están hablando mal de usted, maestro.

Hostos respondió con una sentencia griega y siguió viviendo su vida de santo laico.

En lo físico era de estatura media, con dos melancólicas luces grises por ojos, una larga nariz, un si es no es aguileña; una magnífica frente despejada; unas barbas canosas y unos cabellos de plata y endrina, color de acero por la mezcla, y largos.

Así lo conoció en Caracas, el año 1899, el autor de estas líneas. El autor ignoraba entonces quién era y qué significaba para la América aquel hombre.

DON JUAN MONTALVO

(1832-1889)

Raro será el americano, hombre de letras, que no conozca alguna página de D. Juan Montalvo. Los que ignoran la *Mercurial eclesiástica* han leído los *Capítulos que se le olvidaron á Cervantes*. Puede no haberse oído hablar de *El Espectador;* pero, ¿quién desconoce enteramente los *Siete Tratados?* Digo enteramente porque aun ignorando la obra, de seguro se han leído algunos fragmentos de ella, como que diarios y revistas provincianos reproducen de cuando en cuando, con muy buen acuerdo, partes de tan hermoso libro, como para obsequiar á sus leyentes con un trago de vino generoso. Es verdad que las obras de Montalvo no son fáciles de obtener, salvo quizás, relativamente, *Siete Tratados, Capítulos que se le olvidaron á Cervantes* y *Geometría moral,* editadas en Europa, las dos últimas después de muerto el autor; es verdad que el nombre de_éste es más célebre que sus obras, libros

que no han llegado ni quizás llegarán nunca, dada la
naturaleza de semejantes escritos, al vulgo de lectores;
pero también es verdad que casi todos los americanos,
máxime los del extremo norte de la América del Sur,
que mejor lo conocemos, aunque lo conocemos mal, nos
sentimos orgullosos de contar entre los próceres de
las letras á tan insigne maestro. Su influencia, la influencia de su estilo, si no la de su ética, es patente al
través de las generaciones. Siempre hay en tal ó cual
República tal ó cual escritor en quien se advierte,
como en la tierra el surco abierto por el arado, la
huella de la pluma que escribió las *Catilinarias*. Es
también D. Juan Montalvo de los autores á quien citamos más á menudo en América cuando nos referimos
á estilistas castellanos, poniendo su nombre entre los
de Baralt y José Martí, ó cuando nos enorgullecemos
de poseer filólogos que penetraron hasta los silos del
idioma y sacaron al sol el alma de la lengua, y entonces repetimos el nombre de D. Juan Montalvo, entre
los de D. Andrés Bello y D. Rufino Cuervo; aunque
D. Juan Montalvo no se adscribiera sino por acci-
dente á esta disciplina y sea más bien, por instinto y
estudio, insigne prosador. Sabemos, por último, si bien
vagamente, que Montalvo fué un rebelde, un irreductible, y como á tal lo citamos. Pero á ciencia cierta, ¿qué
conocen las nuevas generaciones del carácter y de la
vida de Montalvo? Nada, casi nada, bien poco.

D. Juan murió ayer, puede decirse, puesto que falle-
ció en Enero de 1889; su obra es, hasta ahora, de constante contemporaneidad; su influencia en sucesivas
generaciones americanas, por lo que respecta al lenguaje, se mantiene viva en tal cual escritor; los contemporáneos de aquel hombre singular, amigos y

adversarios, existen aún en muchedumbre; sin embargo, la vida de Montalvo, la verdadera vida, los detalles, nos son casi desconocidos á todos, y una vegetación de leyendas empieza á florecer sobre la tumba del maestro y á desfigurar aquella fisonomía. Estas leyendas que trepan como enredaderas sobre la estatua y la ocultan á los ojos del que pasa y quiere observar, no son sino desviaciones de la gratitud y de la admiración. En vez de plantar un árbol junto al sepulcro del maestro, hemos plantado un bosque. El hacha tiene mucho que hacer en torno de esa tumba. La gran lección de ese apóstol, la gran moral de ese ejemplo, la gran verdad de esa vida deben aprovecharse intactos y escuetos. Es necesario que la podadera termine con toda la vegetación lujuriosa de falsedades tropicales y que aparezca en obra digna de perdurar una Biografía de Montalvo y un Examen crítico de sus obras. Los admiradores del maestro nos deben esos libros.

Debemos convencernos de que no basta producir varones ilustres, que es necesario merecerlos, honrarlos, estudiarlos y mantener encendido el fuego de Vesta en torno de aquellos nombres dignos de ello, entendiendo por tal fuego, no el aplauso desacordado é ininteligente, sino la escudriñadora mirada que explica lo que advierte y el afecto vigilante que, como grano de sal, guarda en sazón lo que sin ese grano conservador vendría á parar en cuerpo manido.

Es así, por medio de esa cadena de solidaridad entre las generaciones, cómo los muertos nos gobiernan desde el fondo de sus tumbas, cómo no hay solución de continuidad en las letras de un pueblo, cómo el alma nacional se acentúa, cómo el arte y los artistas pueden tener historia en Hispano-América.

No repitamos jamás, en sentido disociador, el verso de Longfellow:

Let the dead Past bury ist dead!

II

EL HIJO DE AMBATO

D. Juan Montalvo nació en Ambato, república del Ecuador, el 13 de Abril de 1832. De sus padres habla en los *Siete Tratados*. En una carta á D. Julio Calcaño, desde París, en Octubre de 1885, escribió:

"Lo que hay de sangre española en mis venas me viene de Andalucía y no de Galicia. Andaluz fué mi abuelo paterno, D. José Montalvo, y de Andalucía pasó este nombre á Cuba, donde se formó la opulenta familia que hoy lo lleva ennoblecido, yo no sé si por sus altos fechos, ó por los millones del viejo conde de Montalvo, que murió ahora ha algunos años en París."

Pero como D. Juan carece de preocupaciones nobiliarias, agrega en su epístola:

«Lo cierto es que el marquesado y el condado son hoy en día tan baratos, que tan solamente por prurito democrático no es conde ni marqués cualquier indiete que asoma por ahí con cuatro reales.»

Montalvo pinta á su madre como á una hermosa dama y á su padre como á un caballero de gentil prestancia. Su padre poseía un campo, según me informan, cerca de Ambato. Entre ese campo y este pueblo corrieron la infancia y la adolescencia de Montalvo.

Ambato es una villa de los Andes equinocciales. Situada en un valle ó planicie entre los montes sublimes, partida por un río, escalando con sus casitas pintorescas las faldas de la Cordillera, regalada por melocotoneros y nopales, entristecida por sauces, á la sombra de los montes, con su río á los pies, y bajo la sempiterna amenaza de los volcanes que en más de una ocasión la violaron en tálamo de fuego, Ambato, la accidentada y romántica Ambato, buena para un pintor, tiene en su torno la soledad, que tanto amó D. Juan Montalvo, rocas, turbiones, quebradas profundas, todo el aparato imponente de la Naturaleza tropical y toda la exúbera vegetación de la zona tórrida.

Disculpándose de por qué acometió la empresa de continuar el Quijote en los *Capítulos que se le olvidaron á Cervantes*, Montalvo pinta su Ecuador nativo y arguye que el medio grandioso predispone á los atrevimientos intelectuales.

He aquí sus palabras:

«El espectáculo de las montañas que corren á lo largo del horizonte y obscurecen la bóveda celeste haciendo sombra para arriba; los nevados estupendos que se levantan en la Cordillera, de trecho en trecho, cual fortificaciones inquebrantables erigidas allí por el Omnipotente contra los asaltos de algunos gigantes de otros mundos enemigos de la tierra; el firmamento en cuyo centro resplandece el sol desembozado, majestuoso, grande, como el rey de los astros; las estrellas encendidas enmedio de esa profunda pero amable obscuridad que sirve de libro donde se estampa en luminosos caracteres la poesía de la noche; los páramos altísimos donde arrecian los vientos gimiendo entre la paja cual demonios enfurecidos; los ríos que se abren paso por

entre rocas zahareñas y despedazándose en los infiernos
de sus cauces, rugen y crujen y hacen temblar los montes; estas cosas infunden en el corazón del hijo de la
Naturaleza ese amor compuesto de mil sensaciones
rústicas, fuentes donde hierve la poesía que endiosa á
las razas que nacen para ló grande.›

Como amador de la Naturaleza, tan fiel inspiradora,
se iba D. Juan, adolescente, al río de Ambato, por si-
tios lejanos del poblado y solitarios: allí arbitraba los
medios de allegarse á un gran peñón que se yergue,
pecho afuera, en el centro de la corriente, y sobre la
peña del agua se instalaba el soñador horas y horas,
solo con sus pensamientos y sus libros. En vano los vecinos le aconsejaban se precaviera contra una de esas
violentas acrecidas de nuestros ríos. D. Juan sonreía
del consejo. El placer de la soledad bien podía com -
prarse al precio de un susto. Y este amor del aislamiento fué tan absorbente en Montalvo desde sus más
verdes mocedades, que no contento de su Ambato solitario y de su río campestre, íbase por temporadas á
Baños, aldehuela de cien casas, distante de Ambato, en el oriente del Ecuador. Baños es pintoresco
sitio andino donde á más de la soledad encontraba
Montalvo otro tesoro: panoramas magníficos y la hermosa cascada de Agoyán, ese Niágara ó Tequendama
del Ecuador. Allí estudió, allí soñó, alli meditó, y, da-
dos la edad y el temperamento rijoso de D. Juan, puede asegurarse de firme que allí amó.

Montalvo, como tantos otros americanos de los más
sabios en punto á letras, Baralt, por ejemplo, fué un
autodidacta. Como Baralt, salió Montalvo de sus breñas nativas armado de todas armas.

Excluyendo una estada en Europa de 1858 á 1860—

y otra hacia 1869, de que no puedo fijar la duración, pero nunca mayor de dos años, cuando Montalvo se radica en París es para publicar los *Siete Tratados*, escritos en mucha parte, según parece, en Ipiales, villorio de Colombia, donde fijó su tienda de proscripto por tres veces, viviendo allí en las tres veces por espacio de siete años. Siete años en Ipiales, lugarejo fronterizo, olvidado, desierto, donde no existen ni bibliotecas, ni periódicos, ni espíritus dignos del comercio mental de un Juan Montalvo, ¡qué horror! ¡Qué soledad tan sola! ¡Qué aislamiento tan de celda carcelaria! ¡Cómo pudo Montalvo resistir ese tormento inédito y permanecer allí siete años, y escribir sin obras de consulta, sin más consulta que la memoria, algunas de sus más asombrosas páginas, llenas de fantasía y de erudición! Lo más trágico de este destino de Montalvo es que fue la pobreza quien lo condujo siempre como. un lazarillo. La pobreza conduciendo al orgullo, como en el barro de Tanagra la ciega lleva sobre sus espaldas al tullido. La pobreza lo hizo anclar en Ipiales; la pobreza, con sus férreas belortas, lo aferró allí. Fué á partir de 1882, quizás, cuando Montalvo arraigó en París, donde iba á fallecer. Es cierto que Montalvo habla en *El Espectador*, en 1886, *de los ocho años de Europa, de sus tres viajes*, y que en los *Siete Tratados*, impresos en 1882, en Besanzón, se descubre que ha recorrido Europa; pero ya el escritor, para 1882 y hasta para 1869 y hasta para 1858, estaba formado, y el erudito, de seguro, no hizo sino acrecer su caudal de ciencia. En 1858 contaba Montalvo veintiséis años, y á los veintiséis años, en cualquier parte, pero mayormente en la prematura América del trópico, un escritor de raza está formado; no ya en flor, sino en sazón. Puede

concluirse, pues, que armado de todas armas, como
se ha dicho, salió de sus breñas nativas. Europa le su-
ministró, sin embargo, el barniz complementario.

Baralt también había escrito, no sólo páginas admira-
bles, sino su *Historia de Venezuela*, que es su obra
maestra, antes de fijarse en España. Es más: fué á resi-
dir en España precisamente porque su país, al que acababa de erigir un monumento, le pagó al historiador
persiguiéndolo; ninguno de los contemporáneos, comenzando por Páez, presidente de la República, estaba
contento con Baralt, que se había reducido á la escueta
verdad, sin lisonjas para los vivos ni para los muertos.
España, con quien la justicia lo llevó á veces á ser duro,
fué más generosa con él: lo acogió. En España pudo pasar el resto de su vida. En España obtuvo honores
que merecía su talento, aunque se los amargara con
inmerecida injuria, destituyéndolo insolente y casi vi-
lipendiosamente de un cargo público cierto ministro
clerical tan antipático como mediocre y reaccionario.
En España murió.

Montalvo también irá á morir en el destierro; pero
no es por esta sola circunstancia que su personalidad
puede paralelarse á la de Baralt, sino también por haber sido un gran maestro de la prosa castellana y un
hombre que lo aprendió todo, ó empezó á aprenderlo
todo, por sí propio en el fondo de sus montañas de
América.

Griego, latín, inglés, francés, italiano, castellano,
Montalvo lo sabe todo, y todo, según parece, lo estudió por sí mismo ó con el apoyo de maestros lugare-
ños de Ambato y de vagos profesores de Quito, en
cuya Universidad cursó rudimentos de Derecho. Su
memoria, verdaderamente extraordinaria, lo ayudaba

mucho. Si se compara el tiempo que ya en Ambato, ya en Quito, pudo consagrar al aprendizaje, bajo la dirección de maestros hábiles ó no, pero maestros, encarriladores, enseñadores al fin, con lo que supo Montalvo, queda uno en asombro. ¡Qué sed de sabiduría; qué consagración al estudio; qué maravilla de memoria; qué don asimilativo; qué inteligencia tan digeridora! Montalvo lo aprende todo y lo aprende todo bien. Su erudición, que es inmensa, es bebida en la fuente. En él todo es puro como el oro y claro como el cristal. Á Platón lo ha leído probablemente en griego; á Séneca, con seguridad, en latín; á Milton en inglés, á Racine en francés, al Tasso en italiano; y conoce á los españoles profundamente, desde Gonzalo de Berceo hasta Saavedra Fajardo, y desde el arcipreste de Hita hasta Rodrigo de Caro. Poniendo por obra una opinión conocida de Goethe, estudió lenguas ajenas para ahondar mejor la propia; y tanto se benefició con el aprendizaje D. Juan Montalvo, que para encontrar á sus obras literarias hermanas dignas de ellas, en orden á elegancia, pulcritud y maestría en el lenguaje, es necesario remontarse á lueñes días y á los mejores cultores de la prosa castellana. Cervantes, Quevedo, Hurtado de Mendoza, Gracián, Luis de Granada: tales son sus pares en letras.

¡Y á este grande de España de las letras no lo quisieron por colega ultramarino, á pesar de Castelar y de Núñez de Arce, las pálidas sombras, cubiertas de orín, de la Academia! De cómo se sulfuró contra alguna de estas sombras Montalvo, dígalo el crujir de los viejos huesos de Aureliano Fernández Guerra y Orbe, nulidad devotísima y ensimismada. Por lo demás, Montalvo no solicitó el honor académico, y escribió, no sin amargura é ironía: «Yo existo fuera de la Academia.»

III

EL COMBATIENTE

En *La Democracia*, hebdomadario de Quito, aparecieron los primeros artículos de Montalvo; artículos «un poco lamartinianos», según me informa el novelista Corral, que los ha leído. Tenía Montalvo alrededor de veinte años. Pronto pule las zarpas y empieza á rasguear con la ágil péñola que tanto conocemos, libre de toda suerte de imitaciones, habiéndose encontrado á sí mismo. Hacia 1858 se embarca para Europa y vive en París, según antes se indicó, dos años. Ya de regreso, en Quito, empuña la pluma del escritor político, en lucha contra gobiernos de arbitrariedad. Aquí empieza la vida de acción de D. Juan Montalvo, esa lucha con tiranos y santurrones obscurantistas, que no acaba para él sino el día de la muerte.

En medio de gozquezuelos que ladraban y falderillos que lamían, una fiera arrogante, de crin dorada y zarpas potentes, empezó á medir la arena y á lanzar rugidos temerosos: era el león de las selvas ecuatorianas, era D. Juan Montalvo que salía á la palestra. Ese duelo de Montalvo con ultramontanos del Ecuador ocupó su vida entera, á partir de entonces, porque mientras él vivió los obscurantistas gobernaron el Ecuador, y él, enemigo recalcitrante, fué irreconciliable.

Decía á promedios de la centuria pasada un político neo-colombiano, el Sr. Murillo Toro, si no me equivoco, que, consumada la tripartición de la Gran Colombia, Venezuela se había convertido en un cuartel,
Nueva Granada en una universidad y el Ecuador en
un convento. Descartando la exageración de tan ma-
gra síntesis, hay en la fórmula del neo-colombiano
cierta dosis de realidad. En Venezuela imperaron los
soldados, aunque no· al punto de impedir que el segundo presidente de la República fuera un civil de
tanta cuenta y sabiduría como el Dr. Vargas, ni que el
cuarto presidente fuera el general Soublette, aquel gran
gentleman de Colombia, más hombre de salón, de gabinete y de consulta, por su cultura mental y social,
que representante de la barbarie voluntariosa y de la
ignorancia soldadesca. Además, era natural que en
Venezuela gobernaran soldados, puesto que soldado,
en la guerra de independencia, se hizo allí casi todo
el mundo, cuantos eran capaces de figuración política.
Era natural que en Venezuela culminasen soldados;
¿no fue Venezuela la patria de los libertadores? ¿no
fueron los venezolanos, como asienta con justicia
en sus *Memorias* el general neo-colombiano Posada
Gutiérrez, los que emanciparon en primer término á la
América del Sur? ¿no figuraron tambien los jefes venezolanos en la política de los demás países americanos, ya como primeros presidentes de cinco repúblicas,
ya en otros Estados del Continente, como guerreros
políticos? Nueva Granada fué siempre país de estudio
y de disciplinas intelectuales; lo fué y lo es. Pero esto
no lo libró de que su primer presidente fuera un militar; de que cayera pronto en manos de tan obscuro
y siniestro bandido como Obando; de que sus liberales

utopistas, divorciándose de las realidades sociales, hi-
cieran viable la reacción conservadora, como equilibrio que buscaba la sociedad entre las teorías y la
práctica, entre las instituciones y la nación. Respecto
del Ecuador mismo, la fórmula es extrema; pero con
un fondo de verdad tan positivo como lo que respecta á Venezuela y Nueva Granada.

En ese monasterio se levantó Montalvo. Esas mura-
llas quiso echar por tierra. Contra la fe y la ignorancia
tuvo que combatir; la fe y la ignorancia, esas dos fuerzas ciegas y todopoderosas.

Desde 1860 hasta 1875, García Moreno fué el alma
de la política ecuatoriana: Montalvo lo atacó sin tre-
gua, primero dentro y después fuera del Ecuador.
Desde su llegada de Europa al Ecuador en 1860 quebró Montalvo la primera lanza contra el hombre que
iba á ser su grande adversario en política; y al que,
en la historia americana, irá unido siempre su nombre
como el de un rival y opositor tremendo. Ya en 1860
presiente al futuro dictador clerical y lo amonesta:
«hay en usted elementos de héroe y... suavicemos la palabra, de tirano.» (1). Contra García Moreno, sus secuaces, su sistema, y para levantar las ideas y fomentar el
espíritu y el partido liberales, fundó *El Cosmopolita*,
en 1866, durante un breve paréntesis de respiro y relativa libertad. Las pasiones dan tono á *El Cosmopolita*, tanto á veces como las ideas, porque en medio de

_____

(1) Véase la carta íntegra reproducida en la obra de
ROBERTO ANDRADE: *Estudios históricos*, págs. 296-302, edición Francisco Grau y Cot. Lima, 1890. "La patria necesita
rehabilitación,—dice allí Montalvo,—y usted, señor García,
la necesita también.

una política personalista, todo no puede ser doctrinarismo.

Oigamos á Montalvo para darnos cuenta de su valor, de su elocuencia, de sus cóleras, de sus enemigos y de la caldeada atmósfera en que se agitó mientras redactaba en Quito *El Cosmopolita:*

«Si éstos caen en mi pluma—dice un día—, quedarán en tiras, en hilachas; y si es preciso que caigan en mis manos, les obligaré á bofetadas á ser hombres. ¿No saben que hay mucha diferencia entre las pobres gentes aferradas á la vida y los que las desprecian? El león es generoso; pero si le hieren alevosamente, ruge, salta, devora, vende cara su vida. Podré caer, pero será sobre otros.»

El Cosmopolita de Montalvo era faro encendido en medio de cerrada noche. Todos los espíritus libres se abrevaban allí de luz. Fue la tribuna donde más se prestigió la voz del maestro. Todavía hay quien llama á Montalvo, «el cosmopolita.»

Muerto García Moreno le sucede Borrero, personaje incoloro, liberal paliducho, de templanza intempestiva, que ofrece un ministerio á Montalvo; Montalvo no acepta, sino que funda en Quito contra el Gobierno otro periódico: *El Regenerador.* Pocos meses después cae Borrero, derrocado por Veintemilla, que ejercía el cargo de comandante general de Guayaquil. Montalvo abrió campaña contra Veintemilla. Esta campaña duró lo que el gobierno del excomandante general de Guayaquil: siete años, de 1876 á 1883. Entonces aparecieron las doce *Catilinarias,* escritas por Montalvo en su tercer destierro de Ipiales, en Colombia.

El último gobierno á quien combatiría, iba á ser, en

1888, el de Caamaño, aquel sacristán grotesco que hizo
reir al mundo de su país porque consagró la República
«al Sagrado Corazón de Jesús»; es verdad que á Caamaño no lo combatió con la pluma, pero lo combatió
muriéndose en el ostracismo.

Tales noticias caben en cortas líneas; pero en esas
cortas líneas ha pasado la vida de un hombre, de un
hombre el más ilustre de su país en aquel tiempo; y
ha pasado en la miseria, en el exilio, con un drama
nuevo á cada aurora ó una nueva decepción y una
nueva amargura.

En vano se le ofrecieron á Montalvo legaciones en
Bogotá, legaciones en París, ministerios de Estado: no
aceptó. En vano las provincias liberales lo elegían diputado al Congreso ó senador, como homenaje á aquel
hombre irreductible que consagraba su pluma y su
vida á desbarbarizar á la nación, á difundir principios
generosos, á protestar contra la frailería y la dictadura
imperantes: no aceptó nunca.

¿Se abstenía del servicio nacional por falta de patriotismo? No; Montalvo era un patriota. ¿Por rico?
Menos: comido su patrimonio, apenas ganaba con qué
vivir, valiéndose de los arbitrios de su pluma y de su
inteligencia y hasta se dice que algunos admiradores
lo ayudaron á veces discretamente para no herir su ingénita altivez. Verídico parece que Guzmán Blanco
quiso auxiliarlo pecuniariamente en situación conflic-
tiva para el maestro y que D. Juan Montalvo se negó
á aceptar el apoyo. ¡Con qué cara iba D. Juan á agra-
decer á ese presidente sin escrúpulos, aunque fuera un
presidente liberal, lo que no aceptaría jamás de los
presidentes sin conciencia á quien combatía! La dignidad no tiene patria; ni se puede ser noble en tal lati-

tud y en tal latitud villano. José Martí, el último libertador, que estuvo en Venezuela en época de Guzmán
Blanco, tampoco se allanó á aceptarle nada á Guzmán,
sordo el tribuno á insinuaciones oficiales. Semejantes
ejemplos debemos recordarlos, porque algunos cana-
llas se imaginan que todo proscrito ha de ser un men-
digo, y para que se sepa que no todo hombre de letras
americano por fuerza pertenece ó ha pertenecido á la
escuela de venalidad y mercenarismo de que es apóstol y prototipo cierto resonante portalira de Nicaragua: el cantor de D. Bartolo, poeta de odas de encargo
y turiferario de la Argentina, ese bardo que suplica le
agradezcan en monedas las adulaciones líricas y, quien,
Cyrano Panza, desciende del Parnaso ó de la luna para
que lo sobornen con los clásicos treinta dineros de
cuantos traicionan, sea al apóstol, sea á la patria, ó
para repletar muy prácticamente sus alforjas de queso
manchego y frasquitos con aguardiente. Montalvo
vivía pobremente porque era pobre; pero vivía digna-
mente porque era digno.

La actitud inapeable del batallante le dió una autoridad moral inmensa en el Ecuador. En Montalvo se
fijaron todas las miradas: era el centro y la esperanza
de la opinión radical.

IV

EL GRAN ADVERSARIO DE MONTALVO: DON GABRIEL GARCÍA MORENO

De cuantos hombres de gobierno, para no decir
hombres de Estado, afrontó D. Juan Montalvo, desde

el infusorio Borrero hasta la amiba Caamaño, sólo uno, García Moreno, fué digno de combatirse con él. Eran dos firmes caracteres, dos aceradas voluntades, dos claros cerebros, dos magníficas plumas, dos hombres eminentes. Aquel escritor liberal y aquel repúblico teocrático, que tanto se odiaron, pudieron tener conceptos opuestos de la vida y del gobierno, antagónicos pareceres respecto á organización de las sociedades; pero coincidían en la sinceridad de la propia opinión, en el valor con que bregaron por sus convicciones, en el fuego para defender ó servir sus ideas, en el talento con que procedían. Ambos fueron espíritus severos, hombres incorruptibles, paladines apasionados. Ambos tuvieron la vocación del proselitismo. Ambos fueron apóstoles. Ambos moralistas, cada uno á su modo.

García Moreno ha sido un hombre desfigurado por sus enemigos políticos, al punto de que su fisonomía, de rasgos tan precisos, aparece borrosa en las caricaturas. Fué de la mejor fe del mundo, y no por imitación sino por temperamento, Felipe II redivivo en pleno siglo xix, en la América que acababa de separarse del altar y del trono españoles, que había hecho una revolución social y política y que dió nuevas bases á la sociedad. En esa tierra y en esa época aparece la personalidad de García Moreno, anacronismo en carne y hueso.

Nada hay en él de lucradores como Guzmán Blanco, que se enriquecen con el peculado, ni de bárbaros heroicos y aguardentosos como Melgarejo, ni del instinto sanguinario de aquella hermosa fiera que se llamó Rozas; nada: porque era pulcro en el manejo de los caudales públicos; porque era un civil en la presidencia y de sobriedad ejemplar; porque si bien enérgico, á veces cruel, no derramó sangre por sólo placerse en ella, aunque la que vertió mancha su memoria. El único de los gobernantes americanos con quien posee puntos de contacto es con Francia, el célebre dictador del Paraguay; pero la diferencia primordial entre ambos sombríos dictadores consiste en que el Dr. Francia era un asceta y García Moreno un teólogo fanático.

García Moreno, de alcurnia clara, rico desde la cuna, brilló por su inteligencia y atesoró conocimientos en letras y ciencias. Estudió en Quito primero y luego en París letras divinas y humanas, ciencias naturales y exactas, lenguas vivas y muertas. Se graduó de abogado y ejerció por algún tiempo la carrera. En la Universidad de Quito, de la cual fué rector, regentó sin remuneración alguna las cátedras de Química y de Física. Hombre de ciencia, para realizar exploraciones descendió, con peligro de vida, por el cráter del Pichincha, en compañía del alemán Sebastián Wyse; hombre de ideas, desdeñaba los bienes materiales; civil, fué á los campos de batalla en defensa de sus convicciones y se condujo con valor; presidente, arregló la hacienda pública y dió impulso al progreso material; jefe de partido, fué rigorista en punto á moral política; orador y hombre de pluma, sirvió á su partido en la tribuna, en el diarismo, y alentó el arte de escribir cuando fué magistrado. Sólo que su ideal político era la teocracia, y al servicio de ese ideal anacrónico puso un carácter de hierro, proclive al despotismo. Fué un déspota consciente, aunque en punto á religión, como fanático, de criterio estrecho y violento.

Como indicios de su carácter cuéntase que en la flor de la juventud se rapaba las cejas ó la cabeza para no sentir tentaciones de salir á la calle, abandonando los estudios, y que, para no dormirse sobre los libros, de noche, metía los pies en un lebrillo con agua.

¿Verdad? ¿Fábula? ¡Quién sabe! Las leyendas son á veces la única verdad de la Historia. La circunstancia de que un pueblo que lo conocía tanto como el del Ecuador le achaque leyendas semejantes, dado que sean leyendas, significa que no le creía incapaz de haberlas realizado.

Lo que sí es constante es que de su contracción á los deberes y de su firme carácter dió cien pruebas como opositor á los gobiernos y como presidente aquel hombre de hierro. Alcanzó la presidencia perorando en las cámaras, esgrimiendo la pluma del diarista con inusitado fuego, en los campos del civismo; y luego á mandoble limpio, en los campos de batalla, en los que realizó actos heroicos y se arrogó, desde los primeros momentos, la supremacía caudillesca, supremacía que sostuvo, en medio de ambiciones rivales, gracias á su talento, y sobre todo á su energía. Los primeros cuatro años de su gobierno, en medio de un país en desorden, fueron de diaria, incesante lucha guerrera y política: contra Urbina, contra Franco, contra Borrero, contra Carpio, contra Maldonado, contra todos los liberales del Ecuador; contra el presidente Castilla, del Perú, y sus patrocinados ecuatorianos; contra Mosquera, presidente de Colombia, y los radicales neo-colombianos; hasta contra el famoso y tremendo Julio Arboleda, caudillo conservador, vigorosísimo poeta y arrogante *gentleman* de Nueva Granada que invade el Ecuador y derrota á García Moreno en Tulcan.

En uno de los choques guerreros, al principio de su iniciación militar, realizó aquel civil, aquel semi-clérigo, aquel orador, aquel periodista, un acto de audacia comparable á la del soldadote Melgarejo, de Bolivia, cuando de derrotado se convirtió por entereza en triunfador. García Moreno es vencido; pero le queda un puño de soldados, espera la noche y cae sobre los triunfadores que celebran la victoria ó duermen sobre sus laureles. Así cambia él en su favor la suerte.

Un día, guerreando, cae por traición en manos de soldadesca enemiga, que lo encarcela. Poco después se fuga de la cárcel, reune unos cuantos reclutas, ataca á sus carceleros, los vence, los aprisiona y los fusila. Otro día se pronuncia, en la misma ciudad de Quito, un chafarrote mulato de nombre Ayarza: García Moreno, en vez de encarcelarlo ó fusilarlo, dispone que lo azoten en plena plaza pública. Más adelante se insurge contra la teocracia de García Moreno un general de mucha cuenta: Maldonado. Lo fusiló. En vano la Constitución se lo impedía: lo fusiló. En vano la ciudadanía, el clero, la propia familia del presidente le pidieron la vida del insurrecto; en vano sacaron los clérigos procesiones por las calles; en vano las vírgenes, ó, más claro, las imágenes, le suplicaban con su presencia la vida de Maldonado: lo fusiló (1).

En una de esas revoluciones fusiló también, después del combate naval de Jambelí, á varios prisioneros. En-

_____

(1) Un clérigo español, apologista de García Moreno, autor de una biografía del dictador, inspirada según todos los visos en la obra del redentorista padre Berthe sobre el gobernante ecuatoriano, escribe:

"La víspera de la ejecución el mismo García Moreno fué á la cárcel para anunciar al prisionero que iba á ser fusilado."

Esta crueldad inútil es digna de un Luis XI, que también

tre éstos se encontraba el señor Vallejo, antiguo condiscípulo de García Moreno, y un hijo de aquél. Vallejo
rogó que lo fusilaran primero á él, al padre, para no
presenciar la muerte de su hijo. García Moreno los fusiló á los dos, y cuéntase que al hijo el primero. Aquí
García Moreno, si lo referido es exacto y no invención
de enemigos, entra en los términos de la monstruosi-
dad, y por esa página, la más odiosa tal vez de su vida,
se mira condenado á la fraternidad con Nerón, y á que
Rozas le estreche la mano como á un colega.

Este combate naval de Jambelí, sus peripecias y su
desenlace, merecen especial recordación y resulta de
lo que mejor retrata á García Moreno.

Es á fines de Mayo de 1865. García Moreno ha sido
sustituído en la presidencia de la República, aunque
conservando su inmensa autoridad moral de cabeza
visible del partido conservador. Está enfermo en su
hacienda de Chillo. Allí le llega la noticia de que el
inquieto y mediocre Urbina se aprovecha de la sepa-

---

se complacía en escarnecer con sus visitas al cardenal La
Balue, encerrado en férrea jaula.

Continúa el biógrafo español:

"García Moreno, para no verse obligado á escuchar á nadie, cerró la puerta de su casa, dando orden que no dejasen
pasar á persona alguna.

„La multitud volvía silenciosa y aterrada (de la ejecución)
cuando García Moreno salió de su casa, atravesó con gran
calma entre militares y paisanos, yendo fuera de la ciudad
para inspeccionar ciertos trabajos que le ocupaban en aquel
entonces." (Vida del Excmo. Sr. D. Gabriel García Moreno,
restaurador y mártir de la tesis católica en El Ecuador, por
D. Angel Z. de ¡Cancio, páginas 126-,27; edición de Madrid, 1889).

ración de García Moreno del Capitolio para insurgirse en Guayaquil, como lo ha hecho, contra el nuevo Gobierno.

García Moreno, apenas conoce la noticia, olvida la enfermedad; monta á caballo y se endereza á Guayaquil, en viaje fulmíneo, recorriendo en tres días ochenta leguas de montañas andinas. Cae en Guayaquil como una bomba. ¿Qué ha ocurrido? Ha ocurrido que Urbina y sus secuaces han sobornado al capitán del vapor yanqui *Washington*, y con el apoyo de este barco se han apoderado del único barco de guerra ecuatoriano en aguas de Guayaquil: el *Guayas*. Ambos buques piratas llevan ó llevaran la guerra, la venganza, la muerte á todo el litoral.

García Moreno decide salir incontinenti, personalmente, en su persecución, convirtiéndose en almirante como antes se convirtió en general. Pero hay un inconveniente. ¿Dónde; cómo partir? No existen barcos utilizables. Por casualidad preséntase en el puerto en aquellos momentos el vapor inglés *Talca*. García Moreno lo pide al cónsul; el cónsul, en vista de un buen negocio, ofrece cederlo por 50.000 libras esterlinas.

Aunque sabiéndose robado, García Moreno transige en el acto y empieza á armar con la rapidez del relámpago aquel buque mercante. Pero el capitán del buque olfatea que á él también le pueden caer en el bolsillo algunas monedas de oro, se llena de dignidad, se rebela contra su cónsul y aun contra García Moreno, y asegura que él no puede desprenderse del buque. Para apoyar su pretensión el capitán pide auxilio á una fragata española. El capitán de esta fragata, siguiendo la siempre acertada política de España

en América, que consiste en ponerse siempre del lado
del europeo contra las repúblicas hispánicas, acce-
de á prestar el apoyo exigido. Pero con García Moreno no se juega; y tanto el capitán inglés como el capitán español entran en cintura. Cuando el inglés aseguró que pasarían sobre su cadáver antes de arriar la
bandera inglesa:

—Pues va á ser ahora mismo—le replicó García Moreno—, porque lo voy á hacer fusilar á usted y su bandera le servirá de mortaja.

Ante semejante clase de argumentos proferidos por
un hombre como García Moreno, el inglés bajó el ga-
llo y cedió el barco incontinenti.

Pero quedaba otro inconveniente que vencer. Las
máquinas habían sido descompuestas y no se encontraba operario capaz de repararlas. García Moreno
hizo apresar á los dos maquinistas ingleses causantes
del desperfecto; y á la vista de un técnico nacional y
de cuatro soldados encargados de «saltar á los ingleses la tapa de los sesos si se mostraban recalcitran-
tes», las máquinas fueron dejadas como nuevas. Por
fin, armado en guerra, pudo partir el vapor, llevando
á bordo á César y su fortuna.

El 25 de Junio, á las seis de la tarde, partió el *Talca*,
acompañado de otro pequeño barco; el 26, á las ocho
de la mañana, divisaron á los buques enemigos: el *Guayas* y el *Bernardino*, en la rada de Jambelí. El *Washington* anclaba en otro paraje. Mirarlos, atacarlos, abor-
darlos y someterlos fué todo uno. El *Washington*, atacado á su turno, fué también reducido y hecho presa.
Urbina y Robles, los jefes, huyeron y no pararon hasta
refugiarse en Perú.

Los vencedores regresaron á Guayaquil. «La ciu-

dad entera estaba en el muelle llena de ansiedad.
Cuando apercibieron el *Washington* y los otros barcos,
muchos creyeron que Urbina volvía vencedor; pero
García Moreno apareció de pie sobre el puente del
Talca. Un inmenso ¡viva! salió entonces de todos los
pechos y hasta los marinos españoles, transportados
de entusiasmo, saludaron al vencedor con salvas de
artillería» (1).

De ese temple era el teócrata. Su fanatismo no fué
dulzón y sacristanesco sino combatiente y dominante
como el de Hildebrando.

Los frailes, sus protegidos, le temblaron siempre.
Entrábase aquel inquisidor cuando menos se le esperaba por conventos y sacristías, informándose por sus
propios ojos de la conducta de regulares y seculares,
de la vida que estaba viviendo la muchedumbre de
iglesia. Á clérigo bigardo, á fraile borrachín, á ecle-
siástico holgazán, al descuidado de sus deberes, al que
infringía los mandamientos de Dios, reprendíalo por sí
propio duramente, y á ocasiones lo exponía á la vergüenza pública. Así hizo atravesar á un fraile merce-
dario ebrio, á caballo, toda la ciudad de Quito.

Un novelista del Ecuador, enemigo de García Moreno—y el advertirlo es necesario tratándose de personaje que inspiró en pro y en contra pasiones tan violentas—me refiere algunas anécdotas que no andan en
biografías, cuya escrupulosa veracidad no garantizo y
que doy por lo que valgan.

He aquí algunas.

Á los seglares amancebados los desterraba ó los
encarcelaba, cuando no consentían en casarse; por

_____

(1) ANGEL Z. DE CANCIO, ob. cit., págs. 140-141.

donde resultaron cien matrimonios deslayados, como diría Montalvo.

El tirano se manifiesta por crueldades, inútiles tal vez, ó por intromisiones en la vida ciudadana. Cierta mujerzuela que cometiera un crimen fué condenada á la deportación. Á García Moreno le pareció la deportación inadecuada pena: él esperaba una sentencia capital. Magistrado respetuoso de la independencia que corresponde al poder judicial, convino en ejecutar la sentencia; sólo que al ser enviada la pelandusca á la deportación hizo que los jueces la condujeran personalmente. Se trataba de un viaje al Napo, á catorce días de Quito, por caminos de cabras.

Otra vez, cuenta el mismo informador, estando García Moreno en el templo, predicaba un frailecillo intonso, que no era un Bossuet ni un Masillon. García Moreno, teólogo profundo y orador de primera fuerza, apeó al fraile de la cátedra sagrada, y subiéndose al púlpito pronunció él el sermón.

Ese era el hombre contra quien combatió D. Juan Montalvo durante quince años; el hombre que, por su talento, por su cultura intelectual, por su carácter cesáreo, por su pulcritud en el manejo de los caudales públicos, por sus arrebatos de ánimo, por su valor, por sus virtudes privadas, por sus crímenes políticos, por su absolutismo anacrónico, por lo que fué, en suma, y por lo que representa en la historia de su país, que es una regresión organizada á la Edad Media, aparece como el único dictador ecuatoriano digno de contender con Montalvo, el civilizador, el moralista, el humanitario, el liberal, el maestro.

El duelo entre estos dos atletas duró desde 1860, año en que García Moreno ascendió á la presidencia por primera vez, hasta 1875, en que fué muerto por cuatro discípulos de Montalvo: Andrade, Rayo, Moncayo y Cornejo. Estos jóvenes conjurados que vibraron sus armas vengadoras contra el sombrío teócrata, eran el verbo de Montalvo hecho carne, eran la doctrina de Montalvo armada con puñales, eran el espíritu de Montalvo convertido en centella.

El escritor, cuando supo en el destierro la muerte del autócrata, tuvo súbita conciencia de su participación en el drama de Quito y exclamó, exultante:

—Mi pluma lo mató.

Anduvo el tiempo. El 6 de Enero de 1879 escribió D. Juan Montalvo en Ambato, donde á la sazón estaba: «Para lo que ha sucedido en el Ecuador después de la muerte de García Moreno, yo de buena gana le hubiera dejado la vida al gran tirano» (1).

---

(1) He aquí cómo refiere uno de los apasionados de Montalvo, Roberto Andrade, que fué también uno de los tiranicidas de García Moreno, el encuentro en las calles de Quito, del escritor con el dictador. «Iba él *(Montalvo)* por la acera de una calle central, yo por el frente. El Cosmopolita! oí decir á varios transeuntes que se detuvieron á mirarlo. Crucé la calle y me coloqué cerca de él, en el momento en que García Moreno aparecía á cincuenta pasos de distancia. Iban á encontrarse aquellos dos adversarios temibles, pero la pantera evitó al domador entrándose por el zaguán de una casa. Montalvo siguió adelante, erguido, cogitabundo, imponente. Hallábase al ras de los treinta y cinco años, y toda su majestuosa persona exhalaba ese como fluído que cautivaba ó repelía, según ·el temperamento de los que se amontonaban á su paso, atraídos cuándo por la admiración y el cariño, cuándo por el rencor y el miedo á su palabra. Su estatura era realmente excelsa

V

EL CABALLERO MONTALVO

Era D. Juan Montalvo un caballero de estatura prócera, tirando á cenceño, bien apersonado. La tez mo-
rena del hombre blanco nacido en los trópicos, con
una gota tal vez de sangre indígena, daba un tono am-
barino á su semblante; la riza cabellera de azabache se
ensortijaba sobre la frente amplísima, formando como
un orbe de serpientes lucias; los ojos obscuros, grandes, luminosos, «se van—dice el propio Montalvo—,
se van como balas negras al corazón de mis enemigos
y como globos de fuego celeste al de las mujeres ama-
das»; la nariz era recta, larga; los dientes blancos, uni-
formes, cuidados siempre con esmero; lampiño ó de
escasa barba, apenas usó bigote. No fumaba. Muy pre-
sumido en su persona, acicalábase cuanto podía. Gus-
tó siempre de vestir con elegancia, porque D. Juan llevaba á conciencia su nombre: era muy enamorado, y,
á lo que cuentan, fué feliz en amores, á pesar de que
su rostro, como el rostro de Mirabeau, ese otro amo-
roso, estaba picarazado de viruelas. Á sus propias
victorias donjuanescas se refiere en breves líneas de
los *Siete Tratados*, no exentas de fatuidad: «Á despecho de nuestra antigentileza, no hemos sido tan cortos
de ventura que no hayamos hecho verter lágrimas ni

_____

y descollante, recta, cenceña, bien proporcionada: jamás he
visto cabeza de varón mejor colocada sobre los hombros
que la del noble Don Juan.» (ROBERTO ANDRADE: ob. cit.
pág. 14).

perder juicios en este mundo loco, donde los bonitos se suelen quedar con un palmo de narices...» La tradición le concede, en efecto, la virtud del conquistador de voluntades femeninas.

En el Ecuador contrajo nupcias con una bella paisana suya. Á los pocos años divorcióse; de ese matrimonio salieron un niño, que murió, y una niña que aún existe, según creo, y se llama doña María de las Mercedes. Á Montalvo se le acusa de que no fué marido ni padre ejemplar. En una querida suya francesa tuvo un hijo, que vive en París. Y cuéntase que las aventuras amorosas de *Geometría moral* son sus propias aventuras desguisadas. Podrían aplicársele estos versos de Arcipreste:

Era un garçón loco, mancebo bien valiente,
Non quería casarse con una solamente.

Por lo demás, Montalvo opinaba: «Felicidad sin amor no hay alma seca y helada que imagine: preponderancia, honores, tesoros, salud, fama, todo va á dar en el centro de la felicidad única, que es el amor.» Á las aventuras de Grammont las llama «calaveradas de buen gusto y pilladas estupendas del último de los galanes franceses». Describe figuras: «blanco el seno, alta la cadera, gorda la pantorrilla».

Pero, no confundir: Montalvo no es el sátiro libidinoso ni el escribidor pornográfico; ese hombre lo hace, lo dice todo á lo caballero. Su vida es máximo ejemplo moral; su pluma la de un filósofo moralista.

Sobre proclive á la soledad, que fué su compañera de proscrito á menudo, D. Juan Montalvo era ceremonioso, repugnaba la familiaridad. En Madrid

sintióse desilusionado ¨al conocer á Campoamor,
quien, al revés de Montalvo, era muy campecha-
no, y en la primera entrevista le contó un cuento co-
lorado. Aunque demócrata, ó más bien liberal de opiniones, Montalvo, que no fué cortesano como Horacio, ni cantó al pie de los poderosos, prefería á los
demás hombres los aristos de la pluma y aborrecía al
vulgo, como el poeta latino:

Odi profanum vulgus...

VI

MONTALVO, ANTICLERICAL Y FILÓSOFO CRISTIANO

El Ecuador ha sido durante casi todo el siglo xix,
con excepción de la última década, el paraíso terres-
tre de clerizontes y beatos. La cuestión religiosa fué
allí el más grave de los problemas nacionales. Apoya-
dos en el espíritu de intrasigencia y fanatismo, y hasta
dándole impulso, los ultramontanos del Ecuador han
podido gobernar luengos años. Los dictadores ecuatorianos, los presidentes, los ministros, cuantos personajes tuvieron en sus manos la dirección de la República desde el año de 1830 hasta las postrimerías del
siglo, fueron todos, ó casi todos, salvo en cortos paréntesis de liberalismo, clericales. Por recibir en el país á
unos cuantos jesuítas expulsos de Nueva Granada,
se estuvo á pique de sostener una guerra civil y una
guerra internacional: lo que si prueba clericalismo de
una parte, prueba también oposición anticlericalista
de otra. Los liberales, que mantuvieron allí siempre

una lucha sorda, y á veces heroica, no se enraci-
nan en el alma nacional; y no se enraízan, en parte
por la herencia de educación conventual que viene
desde los tiempos coloniales; en parte, porque á lo
distante de las mesetas andinas donde se asientan
Quito y otras ciudades importantes del Ecuador, llegó
con dificultad el aire impío y oxigenado de siglo tan
revolucionario como el siglo xix. La indiada, base étnica del país, la indiada, que padece modorra secular en su espíritu, no es tampoco á propósito, máxime si no se la instruye, para formar plantel de
reformadores, ni siquiera para seguir por caminos
nuevos á los que no lleven en la mano, como los clérigos, el cayado tradicional de los pastores. El prestarle apoyo la nación á los absolutistas y el que el partido conservador alcance allí tanto arraigo en la opinión
significa que el sentimiento religioso de los gobernantes corresponde al espíritu nacional, y no es, en definitiva, sino su reflejo y exponente. Como toda reacción
es igual y contraria á la acción, el partido liberal ecuatoriano hace del anticlericalismo número de su programa y canon de sus teorías; por donde el encarniza-
miento de las luchas partidarias se extrema, en este
punto de divergencia, hasta lo increíble. La masonería
y el librepensamiento para los conservadores: he ahí
el jabalí de Erimanto. El clericalismo para los liberales: he ahí el enemigo.

Por eso Montalvo no se dió jamás reposo en combatir á la clerigaya. En su obra íntegra transciende la
fobia del clero. Éste representaba para D. Juan, no
sólo, como en otros países, al cómplice de los tiranos,
al ungidor de todos los déspotas, sino al propio domi-
nador. De semejante pugilato con gente de loba y so-

lideo nació ese libro tremendo que se titula *Mercurial Eclesiástica*, como de su pleito titánico con la dictadura nacieron las *Catilinarias*. Pero la unión de déspotas y clérigos es tan íntima en la historia ecuatoriana, que el púgil los mancomuna y acollara en sus arrebatos. En ambos libros desborda la pasión, y el lenguaje, de un aticismo alborotado por la ira, se colorea con el fuego del ímpetu.

Este anticlerical es, por contraste, espíritu profundamente religioso, del propio modo que sus odios de tigre no eran sino desbordamientos de amor. Sólo los corazones que aman saben odiar. Sólo blasfeman los creyentes. Pero Montalvo, en rigor, no blasfemaba: todo lo respetable obtuvo de él respeto y todo lo santo veneró.

Este hereje fué un deísta: «Sí; Dios es y hace todo eso: Dios ve el crimen en medio de las sombras.» Este anticatólico fué un gran cristiano. Á Jesús lo llama: «Hombre divino», «resplandeciendo en su mirada el fuego eterno del Empíreo». «La Escritura Sagrada hace mención, á cada paso, de la ira de Dios; ésta no es soberbia: no lo fué en Jesucristo porque no cabe semejante pasión en la Divinidad.» «Yo sé muy bien que Jesucristo es el modelo de la virtud; su *Imitación*, uno de los mejores libros que han salido del corazón del hombre.»

Lo que subleva el honrado espíritu de Montalvo es la hipocresía, la especulación, la falsedad religiosa. Esto no era en él alarde retórico, ni pujos de filosofastro, sino esfuerzo benemérito contra una tremenda realidad de todos los días: luchó constantemente contra el farisaísmo de los santones y la abyección mental de los carneros crédulos. Para Montalvo «los pre-

ceptos del Decálogo son los que constituyen la religión propiamente dicha»; no el formalismo que explo-
tan algunos y sirve de máscara y aun pábulo á tantos.
«Comer de un manjar y no de otro; hartarse de carne
el jueves y de pescado el viernes; tirarse de rodillas
ante un leño para cavilar en la iniquidad; aporrearse
el pecho sin verdadera contrición; andar sacando
media vara de lengua negra al pie del altar y asesi-
nando á Jesucristo en lo secreto de unas entrañas co-
rrompidas; echar de ventana abajo un cuarto al por-
diosero, y reembolsarlo con la herencia del huérfano
desvalido; proferir sin conciencia algunos términos
venales, en la rutina de esa devoción sin corazón con
que ofendemos al cielo, y encarnizarnos sobre la honra y el sosiego de nuestros semejantes; cumplir, en
una palabra, los mandamientos de la Iglesia y en cuanto le conviene á uno, á su negocio, y huir de los de
Dios: esta es la virtud del hipócrita.»

Sería no acabar nunca si fuésemos á citar sus ataques á gente de cogulla y á beatos camanduleros. Cada
embestida es un muerto, porque este toro posee astas
buídas y certeras. Sabe, por otra parte, más Teología
que un canónigo y conoce la Biblia como el mejor
exégeta. Armado de todas las armas de la sabiduría,
cuando sale á controversias cuenta las victorias por
las batallas. «Yo veo con sinceridad—dice á los cató-
licones—; vosotros no veis» (1).

_____

(1) El fué víctima, por su parte, durante la vida toda, no
sólo de ataques, sino hasta de calumnias. Los obscurantistas, los tiranuelos y los serviles se vengaban. «Insultar á
Montalvo pasaba como título de recomendación cerca del
partido (conservador) dominante de cierta época. Manifes-
tarse enemigo suyo era prueba de religiosidad y buen juicio,

Y en efecto: es tanta la sinceridad de este moralista, que cuando topa un sacerdote evangélico lo pone sobre cuernos de la luna. Véase, si nó, el episodio que titula: *El cura de Santa Engracia*. Además, no confunde en sus ataques la esencia de la religión con aquellos holgazanes que han hecho de la fe una profesión de lucro; ni niega, sino por el contrario proclama, la necesidad social de las religiones: «sin el freno de la religión, el hombre hace lo posible para perder su semejanza con el Hacedor; solamente los filósofos pudieran vivir sin él como viven con él, si ya hubiera la filosofía negado la Soberana Esencia.»

Conocedor de todas las modernas teorías científicas expone, sin embargo, de acuerdo con su conciencia: «no repugna á la razón la idea de que los hombres, tantos cuantos son los millones que cubren el haz de la tierra, provengan todos de un solo y mismo padre» (2).

Tales son las ideas, en punto á religión, del «hereje» D. Juan Montalvo.

Ese hereje, por su espiritualismo, por su profundo amor de Dios y del prójimo, por su culto de la justicia, por su tendencia al sacrificio, por su afección hacia los débiles y desvalidos, es un corazón eminentemente religioso. Pero el vulgo le lla-

---

recomendación segura para obtener puesto en la Academia, en los ministerios, en las cofradías.» «Á pocos escritores se les ha calumniado, vituperado, escarnecido tanto como á él.» (*Juan Montalvo*, por Agustín Yeroví, pág. 61, ed. de la Imprenta Sudamericana, París, 1901)

(2) Las citas anteriores y las que luego se harán, tanto en este capítulo como en el que sigue, son tomadas de *Siete Tratados, passim*, ed. de Besanzón, 1883.

ma ateísta porque combate á los fariseos, porque niega limosna que se pide para el *Señor de los desamparados*, y asienta: «el Señor de los desamparados es probablemente un cleriganzo podrido en plata, de los que ahuyentan con los perros á los pobres que se asoman por sus umbrales, ó un cura de esos que amenazan con negar la sepultura á un cadáver si no le dan cien pesos para los dijes de su barragana».

Llaman ateo á este espíritu tan religioso porque la furiosa hombría de bien de Montalvo se transparentaba en sus prédicas y en sus actos. Cierta ocasión, en una esquina, delante de dos imágenes públicas rogaba un hombre. «Iba yo á pasar—dice Montalvo—cuando el ladrón me ase por la levita y dice con furia: hínquese, ca... nalla». Yo no sé si murió del puntapié que le di entre pecho y espalda; pero sí que me habrían hecho pedazos los católicos si por dicha no pierde el habla el viejo beduíno y no se ve en la imposibilidad de hacer gente.»

Esto no prueba ateísmo, sino la arrogancia del moralista y el estado social del Ecuador en aquella época.

VII

ÉTICA Y ESTÉTICA DE MONTALVO

Siete Tratados es tal vez la obra capital de Montalvo, la que mejor se conoce. Por voto unánime se la considera un monumento de la lengua castellana. Montalvo confiesa que la mayor parte de esa obra la compuso en 1873. Estaba entonces en la madurez de su talento: contaba alrededor de cuarenta años. Poseía

gran cúmulo de conocimientos, y aunque desterrado
entonces, y en lucha contra García Moreno, su espíritu
encontró el vagueo y la serenidad requeridos para
acometer empresa de tanta monta. Maravilla lo que había atesorado de conocimientos históricos, filosóficos,
lingüísticos en medio de su vida azarosa, y el arte con
que se sirve de ellos. Escribe ensayos como Montaigne,
lo que le permite mostrar con libertad sus caudales, hacer incursiones en todos los campos del saber, y, aunque no tan ególatra como el gascón, entretenernos á
veces con relaciones de sí propio. «Los *Ensayos*, de
Montaigne—opina—son una de las obras más excelentes y agradables que podemos haber á manos; de esas
obras que nos hacen olvidar comida, sueño, barba, y
nos instruyen tanto cuanto nos deleitan.» Fué también,
en sus últimos años, redactor, como Addison, de otro
Espectador, y como Addison podía tratar en él y trataba de cuanto ocurría ó se le ocurría, ó creyera digno de comento.

Expurgando los *Siete Tratados* pueden extraerse la
filosofía de Montalvo, su ideal ético, sus teorías literarias, su concepto de las sociedades, su intenso americanismo, y hasta detalles íntimos de su existencia.

Filósofo, es idealista; apóstol por temperamento,
predica la fraternidad entre los hombres, la dignidad
social, el respeto á las libertades públicas, la tolerancia
á las ideas ajenas; escritor, es gran hablista, un clásico;
demócrata, más por obedecer al influjo de teorías
imperantes, hoy revaluadas, que por temperamento,
acepta la nobleza, reconociéndole como origen el mérito de algún hombre, aunque no olvida asentar: «la
nobleza sale de la plebe y vuelve á ella»; moralista, no
titubea en proclamar el tiranicidio; proscripto, víctima,

es de un optimismo imperturbable; menesteroso, es un epicúreo; americano, envuelve á todas las repúblicas en el mismo amor filial, cita á cada momento las cosas de América, hace constantes incursiones á la historia de nuestro gran país; individualista, aborreciendo á los gregarios y á los sectarios, fué, sin embargo, núcleo de aspiraciones populares.

Cree en los hombres providenciales y en el heroísmo á lo Carlyle. Así de Bolívar expone: «muerto él, España tan dueña de nosotros como en los tiempos de nuestra servidumbre y América á esperar hasta cuando en el seno de la nada se formase lentamente otro hombre de las propias virtudes; cosa difícil aun para la Naturaleza, como la Providencia no la asistiera con sus indicaciones».

No lo arredra, según se indica, el tiranicidio; antes lo proclama sin ambages: «la vida de un tiranuelo vil sin antecedentes ni virtudes; la vida de uno que engulle carne humana por instinto, sin razón y quizás sin conocimiento; la vida de uno de esos seres maléficos que toman á pechos el destruir la parte moral de un pueblo, matándole el alma con la ponzoña del fanatismo, sustancia extraída por putrefacción del árbol de las tinieblas; la vida de uno de esos monstruos, tan aborrecibles como despreciables, no vale nada... Los tiranos, los verdaderos tiranos, se ponen fuera de la ley, dejan de ser hombres, puesto que renuncian los fueros de la humanidad, y convertidos en bestias bravas pueden ser presa de cualquier bienhechor denodado.»

Aunque purista en punto á lenguaje, ve más allá de la punta de su nariz, y, creador de hermosura, no se imagina, como tristes é infecundos preceptistas, que la gramática es el *non plus ultra* del arte de escribir. «La gramática—opina—no es tierra para flores; mas como ella da los frutos del idioma, preciso es cultivar ese campo de espinos y plantas sosas.»

Los que difunden sus pensamientos por medio de la pluma deben ser amenos. «Los autores que aderezan la inteligencia de manera de hacerla paladear ávidamente á los que la prueban, esos son los maestros.» Y hace mención honorífica de «esos que echan á la sabiduría el grano de sal indispensable para su conservación, y el de locura, sin el cual el extremado juicio del filósofo vendrá á parar en insensibilidad y desabrimiento». «Enseñar deleitando es el arte del escritor perfecto.» Su grande amor en literatura fueron los maestros del siglo de oro español, mayormente Cervantes.

Sus sarcasmos suelen ser terribles. Á los hispanoamericanos que se creen descendientes de María Santísima les aconseja que no rastreen el abolengo, porque pueden dar con el Potro de Córdoba, el Azoguejo de Segovia ó la Playa de Sanlúcar. Á los eunucos los llama: «miembros descabalados». Un canalla de alemán escribió: «La raza hispano-americana es tan menguada que jamás dará un hombre capaz de componer un libro». Montalvo responde: «El prusiano Paw hubiera dicho más si no le hubiera faltado el vino.»

Tiene frases y pinturas lacónicas, magníficas, aunque á menudo suele recargar sus adornos tocando en lo plateresco. Del Nuevo Mundo dice: «este inmenso depósito de sombras». Á Felipe II lo nombra: «monarca ungido con sangre». El padre Las Casas es: «el ángel de la guarda de los indios».

Sus venganzas fueron sonadas. Ordóñez, arzobispo

de Quito, condena los *Siete Tratados* como libro herético. Montalvo toma la pluma é inmortaliza al mitrado, con una inmortalidad bien poco transcendente á rosas y virtudes, aventándolo como lo avienta en la *Mercurial eclesiástica*, «adonde sabía el coronel Cambronne». Don Aureliano Fernández Guerra y Orbe, que tenía menos nombres que presunción y más apellidos que talento, se permitió en una ocasión acoger á Montalvo sin la debida cortesanía. Pues Montalvo agarra al vejete idiota por donde más le dolía, que era por un discurso académico, lo desvalija de oropeles y lo exhibe desnudo de ciencia y de bondad á la risa de las generaciones.

Corona de laurel á los héroes. Siente por el Libertador una admiración sin límites. «Guerrero, escritor, orador, todo lo fué Bolívar, y de primera línea. ¿En qué le cede á los grandes hombres de lo antiguo? En que es menor con veinte siglos... ¿Qué será de Bolívar cuando sus hazañas, pasando de gente en gente, autorizadas con el prestigio de los siglos, lleguen á los que han de vivir de aquí á mil años?... Dentro de mil años su figura será mayor y más resplandeciente que la de Julio César.»

Á los yanquis no los quiso, ni podía quererlos, aquel idealista enamorado de toda galanura moral, intelectual, física. Jamás fué ni deseó ir á los Estados Unidos. Ariel mal podía placerse en el imperio de Caliban. Pero sus razones de antipatía á los yanquis son razones epidérmicas, razones de orden subalterno, no razones de peligro racial y continental. Montalvo, que no poseyó la mentalidad poderosísima de José Martí, ni menos el genio de Bolívar, no exclamó, como el cubano,—que temía la agresión en América de sajones á

latinos, y comprendía la ceguedad del Sur respecto á
la sedicente República modelo: «conozco el monstruo,
porque he vivido en sus entrañas»; tampoco pronunció, como hizo el Libertador á comienzos del siglo XIX,
sintiéndose entorpecido por los yanquis en su plan de
libertar á las Antillas y de llevar la guerra á las Fili-
pinas y las Canarias, estas palabras de oro, estas palabras proféticas: «Los Estados Unidos parecen haber
sido puestos por la Fatalidad en el Nuevo Mundo, para
causar daños á América en nombre de la libertad». Y
cuenta que Bolívar pronunciaba semejantes conceptos
hace casi una centuria, cuando la República yanquí no
era mayor de diez ó doce millones de habitantes y en
aquella época en que Bolívar era todopoderoso y decía con razón de Colombia la Grande: «en América no
existe poder humano que pueda oponerse á la fuerza
militar de Colombia». Sin embargo, se opuso la diplomacia norte-americana, asesorándose de Inglaterra; se
opuso la diplomacia de Anglo-América que se re-
servaba como presa las Antillas, y que miraba con
disgusto crecer la figura y la influencia del Libertador; se opuso diciendo que éste iniciaba con la
expedición á las Antillas una guerra de conquista
y en aquellos momentos en que Bolívar estaba ab-
sorbido en el Sur por el gran pensamiento—del cual
la liberación antillana era sólo parte—de formar
con todas las naciones de Hispano-América, «la
madre de las repúblicas, la más grande nación de la
tierra».

D. Juan Montalvo, en suma, fué un apóstol sincero,
honrado, abnegado, cuya existencia de incesante combatir por las ideas que creyó buenas y justas puede
servir como un modelo de consagración y de bravura;

fué un filósofo moralista, mitad estoico, mitad cristiano; fué un *self made scholar;* fué, como Castelar y Víctor Hugo, á quienes se parece, un pensador de segunda fila y un escritor de primera fuerza. Su memoria maravilla y el tino con que la empleaba. Imaginación encendida, poeta por la opulencia de la fantasía, su prosa, rebosante de imágenes, va arrastrando un manto azul bordado de constelaciones. Tiene del poeta, junto con el pensar á menudo por imágenes, el don de la objetivación. Lo más abstruso y abstracto asume en la prosa de Montalvo concreción, figura coercible.

Pero Montalvo no ha sido ni será nunca escritor popular. Su prosa lo condena á ser más admirado que leído. Al vulgo no llegará nunca. Es un literato para literatos. Para gustar su prosa amanerada, solemne, sabia, se necesita de iniciación. Esto no indica demérito. También se necesita de iniciación para comprender la poesía de Homero, que, sin embargo, fué popular en su tiempo, la pintura de Rembrandt y la música de Wagner.

VIII

ÚLTIMOS DÍAS DE MONTALVO

El Ecuador puede estar orgulloso de haber dado á la América tal hijo. Esta tierra de volcanes produce temperamentos volcánicos. No tiene el Ecuador la fecundidad de otros países americanos para producir hombres de letras. La tierra duerme un buen espacio

de tiempo; pero es que ciertos alumbramientos necesitan gestación prolongada; y en Ecuador, después de
un Olmedo nace un Montalvo.

Mientras vivió D. Juan, desde el día cuando se mez-
dó en las luchas partidaristas no tuvo patria. Las circunstancias políticas y sociales de la nación le fueron
adversas. Exilado, salió á beber el agua de los ríos
extranjeros. En América viajó por Colombia; en Europa por España, Francia, Italia, Alemania, Inglaterra y
Grecia. Sus últimos años los pasó en París.

Casi en abandono, pobre, triste, proscripto, corrieron
amargamente para D. Juan Montalvo los postreros
días de su vida. Sin embargo, no se quejó de nadie; al
contrario, bondadoso y religioso, exclamaba que ni
Dios ni los hombres le habían faltado.

Una tarde, en la primavera de 1888, á causa de cambio brusco de temperatura, que lo sorprendió en la
calle sin abrigo,—*en avril ne te découvre pas d'un
fil*—atrapó una dolencia que lo tuvo padeciendo
durante un mes. Al cabo de ese tiempo se reconoció que tenía un derrame pleural. El médico francés León Labbé le extrajo de la pleura, por medio
de punciones, un litro de licor ceroso. Montalvo me-
joró. Engañosa mejoría. Los dolores intercostales de
que se quejaba desde que cayó enfermo, interrumpi-
dos con la extracción del líquido, reaparecieron. Tenía interiormente, según opinó el médico Labbé, un
gran foco de supuración. Era menester operarlo, y
con tal objeto lo transportaron á una casa de salud.
Aquel férreo y viril D. Juan no consintió en que lo
anestesiaran ni durmieran.

—No—dijo á los operantes—, en ninguna ocasión de
mi vida he perdido la conciencia de mis actos. No

teman ustedes que me mueva. Operen como si la cuchilla no produjera dolor.

El Sr. Agustín Yeroví, su amigo, que presenció la operación, expone que ésta «consistió en levantar dos costillas de la región dorsal, después de cortar en una extensión de un decímetro las partes blandas de esa región; dar la mayor dilatación á la herida, mediante pinzas que recogen carnes sangrientas, y luego colocar algo como una bomba que tiene el doble objeto de aspirar los productos del foco purulento é inyectar líquidos antisépticos»...

«Todo esto duró—agrega Yeroví—cosa de una hora; mientras tanto el enfermo no había exhalado una queja».... (1)

La operación no pudo salvar al maestro. Lo condujeron á su casa, adonde, comprendiéndose grave, quería morir. Era el 15 de Enero de 1889. Arribado á ésta, aseguró sentirse mejor y dijo:

—Siento que toda mi vida se concentra en mi cerebro. Podría componer hoy una elegía.

Al día siguiente, el 16, mientras la nieve de Enero caía sobre París, agravóse. Trajeron á un sacerdote. Cuando el sacerdote le invitó á confesarse, D. Juan repuso:

—No, padre; yo no creo en la confesión.

—Piense usted bien—arguyó el levita—, que va á presentarse delante del Creador.

—Padre—contestó Montalvo—, estoy en paz con mi razón y con mi conciencia; puedo, tranquilo, comparecer ante Dios.

Poco después dijo:

_____

(1) Yeroví, ob. cit., pág. 58.

—En mi enfermedad, ni Dios ni los hombres me han faltado.

El 17, sintiéndose ya morir, vistió de gala, y sentado en el más cómodo sillón de su aposento, se puso á esperar á la muerte. El carácter ceremonioso y estoico de Montalvo está pintado en esa última escena de su vida. Le faltó quizás naturalidad para morir, pero no le faltó valor. Murió como bueno. Á su amigo el señor Yeroví, que se extrañaba de encontrarlo tan acicalado, le dijo:

—Cuando vamos á cumplir un acto cualquiera de solemnidad nos engalanamos, lo mismo que cuando esperamos á algún personaje de cuenta. Ningún acto más importante que abandonar la vida. Á la Muerte debemos recibirla decentemente.

Estas palabras revelan al estoico, como revela al poeta nacido en el corazón de nuestras florestas de América el anhelo de mirar flores antes de morir y de tener flores en torno de su cadáver. Uno de sus últimos ademanes fué tomar una moneda y mandar á comprar flores (1).

Le llevaron cuatro claveles. En invierno, en París, y por cinco francos, no le podían tapizar el aposento de rosas y de lirios. ¡Pobre Montalvo!

Poco después de llegar sus tristes claveles exhalaba el último aliento. Era el 17 de Enero de 1889. Murió en el cuarto piso de la casa núm. 26, rue Cardinet.

---

(1)   Este informe lo tengo del Sr. M. A. Corral. El Señor Yeroví dice en su libro, tan ingenuo y declamatorio, que pidió á la criada que le pusiesen flores después de muerto, sin darle con qué comprarlas. "Montalvo—añade—mendigaba flores para su cadáver." (Pág. 59.)

Así, miserable y altivo, se extinguió aquel claro cerebro; así se rompió una de las más próceras plumas de América (1).

---

(1) Este artículo se publicó en París, en 1912, al frente de los *Siete Tratados*, edición de Garnier. Ahora se introducen leves variantes, y se citan aquellos autores en que se apoya el comentarista. Complácese éste en recordar que el presente trabajo avivó la curiosidad que siempre inspira y debe inspirar entre los literatos y hombres libres de América D. Juan Montalvo; y suscitó el maravilloso y completo estudio, sobre el maestro ecuatoriano, de José Enrique Rodó, uno de los más eminentes ecritores contemporáneos y el mayor de los críticos y ensayistas de cuantos hoy se producen, en uno y otro mundo, en lengua de Castilla. Véase el estudio en *Cinco Ensayos*, de Rodó, ed. de la casa Editorial-América; Madrid, 1915.

MANUEL GONZÁLEZ PRADA

Perú fué, como todos saben, el más opulento y poderoso virreinato de España en la América del Sur.

Del virreinato peruano dependían un tiempo: Nueva Granada, Venezuela, Quito, Chile, Bolivia y Buenos Aires. Las más viejas y prestigiosas dinastías de Europa no gobernaron nunca tan vasto imperio como el que gobernaba desde Lima un simple virrey español.

Lima era, puede decirse, y se ha dicho, la capital de la América del Sur. En el siglo XVII y aun en el siglo XVIII, no abundaban en el mundo las ciudades congestionadas, por lo menos en el grado que ahora conocemos á Londres, á París, á Nueva York, á Buenos Aires. Entonces Madrid,

Madrid, princesa de las Españas,

según el verso de Musset, traducido por Juan Clemente Zenea, si no me equivoco, era una ciudad que, con-

siderada á la luz de las modernas estadísticas, pasaría
por de cuarto ó quinto orden. En 1546, ya descubierta la América, tenía Madrid apenas 24.000 almas; en
1577, bajo el reinado del formidable Felipe II, no contaba sino 45.422. Hasta el siglo xviii no llegó á los
100.000 habitantes. ¡Y era la capital de un imperio
gigantesco! Así Lima, capital de media América, apenas cuenta, según el censo del virrey Gil de Taboada,
censo practicado entre 1790 y 1796, con una población de 52.627 habitantes: la tercera parte, poco más,
poco menos, del Madrid de entonces. Es, sin embargo,
una importante y bella ciudad de la época, la más
bella é importante en la América del Sur.

Sus calles son rectas y amplias; sus edificios, de la-
drillo y piedra. Posee jardines, paseos, fuentes de
bronce en las plazas públicas. Tiene imprentas, periódicos, tres colegios, una Universidad. Mil cuatrocien-
tos coches se cruzan de diario en sus carreras. Innú-
meros títulos de Castilla: un duque, cuarenta y seis
marqueses, treinta y cinco condes, un vizconde, osten-
tan el escudo de sus armas sobre la puerta de sus palacios. No importa que tales títulos ó muchos de ellos
se pagasen en relucientes peluconas á la venal corte
de Madrid, satisfaciendo una forma de vanidad criolla
que era el rastacuerismo de entonces. ¡No importa!
Aquellos ricos peruanos, títulos de Castilla, formaban
una corte brillante en torno del virrey.

Y todo es fiesta en aquella Lima opulenta, regalada
y sensual; toros, bailes, comidas, besamanos, *recibi-
mientos* de la Universidad se suceden. Los amores
clandestinos abundan. Á veces, los amores clandestinos son públicos. Los virreyes no se desdeñan de dar
el ejemplo. Á promedios del siglo xviii era, no ya no-

toria, sino ruidosa, la mancebía del anciano virrey
Amat con una joven actriz de Lima, apodada la *Perricholi*, Un detalle pinta la época, las costumbres, á
Amat y á la *Perricholi.* Teníase por privilegio de los títulos de Castilla el enganchar á la carroza doble tiro
de mulas. Pues bien, la concubina de Amat, cuando le
vino en gana, apareció en su carroza de cuatro mulas,
haciendo arrastrar por las calles, al mismo tiempo que
su hermosura, su insolencia.

En aquella vida de los limeños, devota, sensual y
cortesana, se busca y se encuentra motivo para fiestas en la recepción de un virrey, en la llegada de un
arzobispo, en el grado de un doctor, en el onomástico
de algún magnate, en la fiesta de algún santo ó en la
conmemoración de alguna antigua victoria española.

Y no son los cincuenta y tantos mil limeños los felices. En Lima sólo 17.215 habitantes son de raza española. Es esa estrecha oligarquía la que domina y se
regala. Lo demás, es el pueblo pasivo y laborioso, que
trabaja para los amos.

Esa tradición de metrópoli rica, sensual y cortesana, dará sello á Lima. Este sello tradicional lo veremos claro en la época de la independencia, y en un
siglo de república.

II

CARACTERES DE LIMA Y EL PERÚ

Asentada la sociedad limeña, durante la colonia, sobre la división de castas y la explotación de castas inferiores por una minoría de raza española—minoría

rica, regalada, sensual, devota, ignorantona, muy sociable y muy chunguera—, conservará, durante la República, la mayor parte de esos caracteres. Esos caracteres le imprimen sello: Lima será la misma en el siglo xix que en el siglo xviii, durante la república que durante los virreyes: burlona, conversadora, religiosa, elegante, enamorada, ignorante y llena de preocupaciones antañonas. Las castas perdurarán porque la evolución democrática se realizará muy lentamente.

Lima posee, además, dos particularidades; primera: su capitalidad es un contrasentido de geografía política.

La ciudad, á diez kilómetros del Pacífico—en costa árida, desierta, enfermiza—se halla separada por la cordillera de los Andes del sano y opulento país cuya capital es.

La segunda particularidad consiste en que el clima limeño contribuye á enmuellecer la raza. Desde el siglo xviii observaban ya el peruano Unanue y Humboldt que hasta el perro era más dulce y manso en Lima que en parte alguna.

Lima no es, pues, una ciudad guerrera como Caracas, ó México, ó Santiago, ni letrada como Bogotá, ni comercial como Buenos Aires. La carencia de algunas condiciones hace desarrollar otras que las suplan. Lima se distingue por lo cortesanesco: es un pueblo de diplomáticos.

Pero que Lima no sea una ciudad combativa no significa que el Perú sea pueblo cobarde. Las razas de la Sierra Andina son enérgicas, fuertes, guerreras. La Historia lo demuestra.

Durante nuestra guerra de emancipación—que hasta hoy es la piedra de toque para los pueblos americanos—, el Perú fué. el soldado de España. El virreinato desempeñó un papel de primer orden en la historia de la época. Fué para Chile, Quito, Bolivia y Argentina lo que la España europea fué para México, y con más empeño para Nueva Granada y Venezuela.

España envió una, y otra, y otra expedición á estos tres países, principalmente á Venezuela, núcleo de la más poderosa resistencia, y porque estrategas y políticos de la Península creían que, dominado este punto céntrico del continente, sería fácil extender la pacificación hacia el Norte y hacia el Sur. En cambio, á los países australes, España no envió ni grandes ni frecuentes expediciones militares.

En 1814, por ejemplo, arribaron de Europa dos mil hombres (2.000) á territorio ríoplatense, ni siquiera á Buenos Aires, sino á Montevideo; y desde esa fecha hasta la conclusión de la guerra, en 1825, no mandó España un solo soldado más al Río de la Plata. Allí, pues, se luchó por la emancipación menos que en el Norte. Y cuando se luchó, la lucha no fué por lo general contra tropas españolas, ni contra caudillos españoles que sublevaron, como Boves, á las ignaras masas criollas, sino contra tropas indias del Perú, expedidas por el virrey de Lima.

¡Feliz el pueblo argentino, á quien la emancipación costó poco! ¡Feliz, porque la guerra allí no asumió ni un instante el carácter terrible que mantuvo durante catorce años en los pueblos del Norte, máxime en Venezuela, escudo de América entonces, país de la guerra á muerte! Mientras Buenos Aires de 1810 á 1819 aumenta su población, Caracas, diezmada por la guerra y ocupada sucesivamente por Monteverde, por Bolívar, por Boves, por Morillo, por Bermúdez, por Pe-

reira, y luego definitivamente por el Libertador, después de Carabobo, es para 1825 un montón de ruinas
en medio de un desierto (1).

Mientras España combatía en el Norte de Sur-América, con su viejo heroísmo histórico, servía el Perú, en
la parte austral, de metrópoli. Tropas indígenas del
Perú bastaron para mantener en obediencia á Quito
hasta 1821, y á la mitad Norte del antiguo virreinato
del Río de la Plata hasta 1825, fecha en que la liber-
taron tropas y triunfos de la Gran Colombia y pudo el
Libertador fundar con esos territorios la actual república de Bolivia.

En Chile ocurrió algo, si no igual, parecido. Tropas
expedicionarias de Lima, al mando de jefes peninsula-

––––––––––

(1) El 10 de Julio de 1825 escribe el Libertador, desde
el Cuzco, á su tío D. Esteban Palacios que regresa á Venezuela por entonces, después de muchos años de ausencia
en Europa. Y le dice:

"Mi querido tío Esteban y buen padrino: ¡Con cuánto
gozo ha resucitado usted ayer para mí! Ayer supe que
vivía usted y que vivía en nuestra querida patria! ¡Cuántos recuerdos se han aglomerado en un instante sobre mi
mente! Mi madre, mi buena madre, tan parecida á usted,
resucitó de la tumba, se ofreció á mí en imagen; mi más
tierna niñez, la confirmación y mi padrino se reunieron en
un punto para decirme que usted era mi segundo padre.
Todos mis tíos, todos mis hermanos, mi abuelo, mis juegos
infantiles, los regalos que usted me daba cuando era ino-
cente: todo vino en tropel á agitar mis primeras emociones,
la efusión de una sensibilidad deliciosa... Mi querido tío: Usted habrá sentido el sueño de Epiménides: usted ha vuelto
de entre los muertos á ver los estragos del tiempo inexora-
ble, de la guerra cruel, de los hombres feroces... Usted se en-
contrará en Caracas... y observará que nada es de lo que

res, restablecieron el imperio español en la patria de O'Higgins y los Carrera, y mantuvieron este dominio hasta 1817 y 1818.

Casi siempre llevaron las bravísimas tropas del Perú la mejor parte.

Triunfaron, por ejemplo, contra los argentinos en Vilcapugio, Ayohuma, Viluma; contra los chilenos en Talcahuano y Rancagua; contra los argentino-chilenos reunidos, y á las órdenes de San Martín, en Cancha-Rayada. Las expediciones peruanas á Chile fueron destruídas en Chacabuco y Maipo por el mismo San Martín y el heroico O'Higgins; pero el territorio del Perú y del Alto Perú lo conservaron los peruanos para la madre patria hasta 1824 y 1825, triunfando en Mo-

---

fué. Usted dejó una dilatada y hermosa familia: ella ha sido segada por una hoz sanguinaria; usted dejó una patria naciente que desenvolvía los primeros gérmenes de la civilización y los primeros elementos de la sociedad; y usted lo encuentra todo en escombros, todo en memorias. Los vivientes han desaparecido. Las obras de los hombres, las cosas de Dios y hasta los campos han sentido el estrago formidable del estremecimiento de la naturaleza.

Usted se preguntará á sí mismo: ¿dónde están mis padres, dónde mis hermanos, dónde mis sobrinos?

Los más felices fueron sepultados dentro del asilo de sus mansiones domésticas; los más desgraciados han cubierto los campos de Venezuela con sus huesos, después de haberlos regado con su sangre, ¡por el solo delito de haber amado la justicia!...

Caracas no existe; pero sus cenizas, sus monumentos, la tierra que la tuvo, ha quedado resplandeciente de libertad; y está (la ciudad) cubierta de la gloria del martirio...

(CARTAS DEL LIBERTADOR: *Memorias del general O'Leary*, vol. XXX, págs. 90-91, ed. oficial, Caracas, 1887.)

quehua, en Ica, én Torata, é invadiendo con éxito, sin un solo revés, el territorio argentino por Salta. Si se devuelven, ya en el corazón de la Argentina, á pesar de no haber sufrido un solo descalabro, y casi sin combatir, porque el enemigo reculaba hacia el interior del país, es por la insurrección de Bolivia, á sus espaldas; porque esta insurrección los aisla de su centro de operaciones y les impide toda comunicación con Lima y el virrey.

Así, pues, con algunos miserables auxilios de tropas y oficiales españoles, el Perú mantuvo en zozobra, durante catorce años, á toda la América Meridional, al Sur del Ecuador. Los jefes de ese ejército peruano-español: los Abascal, los Pezuela, los Ramírez, los Goyeneche, los La Serna, los Canterac, los Valdés, los Olañeta tuvieron la orgullosa alegría de conservar ó contribuir á conservar la bandera de España—hasta Junín y Ayacucho—sobre las torres de la antigua capital del Perú, la capital estratégica, la sagrada ciudad incaica, la Roma de los Andes, la secular y maravillosa ciudad del Cuzco.

Como se advierte, el Perú supo guerrear, aunque no por su independencia. Estuvo al servicio de la reacción, defendió el Pasado. Representó en la revolución de América, y de acuerdo con las tradiciones del virreinato, una fuerza conservadora.

Ese será su carácter durante el siglo xix.

Entretanto, Lima tampoco perderá su sello de ciudad opulenta y tornadiza, más diplomática que guerrera.

Cuando se inicia en América la revolución de independencia—obra en todo el Continente de los cabildos capitalinos y de inteligentes oligarquías criollas de

Caracas, Buenos Aires, Bogotá, Santiago, México—, la ciudad de Lima se reduce á intentar una revolución de intrigas palaciegas, excitando al virrey Abascal á que se coronase rey, con independencia de la Península.

Lima es la última capital de América que obtiene la libertad. Y no se emancipa por sí propia, sino con ayuda de argentinos, chilenos, ecuatorianos, bolivianos, granadinos y venezolanos, que formarán el Ejército unido de Sur-América, bajo la conducta de Bolívar y su primer teniente el mariscal Sucre (1).

---

(1)   Conociendo, aunque sea someramente, el carácter de Lima y su situación en la geografía del país, queda explicado el absurdo estratégico de San Martín en el Perú y su completo fracaso. Como si no hubiera abierto jamás un mapa del Perú, abrió campaña sobre Lima, y creyó que tomando á Lima había dominado el virreinato.

Los generales españoles le abandonaron á Lima sin defenderla. San Martín creyó que, sin él disparar un fusil, acababa de libertar el Perú, y escribió á O'Higgins: "el Perú es libre". Estaba ciego. Con razón dice Mitre, panegirista de San Martín: el abandono de Lima "hace alto honor á la inteligencia y al ánimo esforzado de los españoles en el Perú, prolongó cuatro años más la guerra y quebró el poder militar de San Martín..." (Vol. II, pág. 672.)

Paz Soldan, historiador de *El Perú independiente*, escribe á su turno: "la posesión de la capital era una ventaja aparente, que sólo halagaba la vanidad, pero militarmente no presentaba ninguna ventaja". (Vol. II, pág. 78.)

Los españoles se internaron en la Sierra del Perú, rica en hombres, rica en ganados, rica en caballerías, llena de pueblos prósperos con cultivos varios, con minas de metales preciosos, con posiciones militares de primer orden y

III

Este carácter conservador del Perú mantiénese, insistimos en ello, durante casi toda su historia contemporánea.

Se cree en la sangre azul; una oligarquía domina; los clérigos educan á la juventud; innúmeras congregacio-

_____

poblada con gente más guerrera y enérgica que la costeña. Allí organizaron un ejército de 23.000 hombres, que antes nunca tuvieron. A San Martín, por eso, lo mismo que por la insubordinación de sus propias tropas y por mil y un errores de carácter político y administrativo, que le granjearon el odio de los limeños y provocaron la revolución que depuso á Monteagudo, su ministro y verdadero dictador del Perú, no le quedó más camino, abandonado, receloso y maltrecho, que correr á Guayaquil á echarse en brazos de Bolívar y solicitar, en favor propio y del Perú, el apoyo militar de la Gran Colombia. A este hacer de la necesidad virtud es á lo que se ha llamado la abnegación del general San Martín.

Apenas llegó al virreinato, Bolívar procedió de otro modo. No se cuidó de Lima como capital estratégica. Situó su cuartel general en el Norte del Perú, recorrió los Andes peruanos del Septentrión al Mediodía, en los Andes peruanos hizo la campaña de 1824 y en los Andes peruanos libró las batallas que decidieron, no sólo de la suerte de Lima, del Perú y del Alto Perú, sino que emanciparon definitivamente á Chile, Argentina y Ecuador, es decir, al Continente.

Si se quisiese comparar como estrategas al Libertador y á San Martín, ahí está el Perú, campo de acción para el uno y el otro. Ahí está, además, el resultado definitivo de una y otra campaña.

nes religiosas viven en el país y del país. «Se observa (exclamó González Prada, ayer no más, en 1902), se observa la más estricta división de clases.» Y añade: «respetuosas genuflexiones á collares de perlas y menosprecio á trajes descoloridos y mantas raídas». Aunque estas palabras de González Prada se refieren exclusivamente á cíertos cuerpos, pueden en rigor aplicarse á toda la sociedad donde semejantes corporaciones mangonean y pelechan. Otro peruano de calidad, Ventura García Calderón, lo comprende, y escribe: «Subsisten las castas coloniales y sus prejuicios.» La casta dominante conserva con celo, hasta en las exterioridades, su superioridad: una mácula de tinta en algún dedo, ó la corbata ladeada, ó los brodequines polvorientos bastarían para desdorar á un petimetre de Lima.

Como el catolicismo es una de las bases sobre que descansan las clases dirigentes ó dominantes, se hace del catolicismo una religión de Estado. El que no sea católico no espere ni la piedad obligatoria de hospicios y hospitales. «En hospitales y casas de misericordia—ruge González Prada—, desatendencia ó maltrato al enfermo que no bebe el agua de Lourdes, ni clama por la bendición del capellán.»

No existe el divorcio; pero existe la pena de muerte. Á la indiada infeliz la domina en absoluto y sin escrúpulos minoría de capataces: abogados, periodistas, clérigos, coroneles y generales (1).

_____

(1) Chile, pueblo rival del Perú, ha conservado también una estructura conservadora, con distintos resultados que su vecino del Norte. ¿Por qué?

Veré si encuentro explicación satisfactoria.

Chile, país paupérrimo y de suelo ingrato—picachos an-

Esta persistencia del carácter conservador peruano durante el siglo XIX, á pesar de los embates de la democracia, se debe, en primer término, á que las mismas causas de antaño siguen obrando con eficacia en aquella sociedad, á saber: una minoría blanca que explota á la indiería ignara y fanática, y para dominarla

dinos ó rocas batidas por el mar—, ha tenido que desplegar una energía inmensa para vivir y prosperar sobre sus peñas. Esa energía, en el fondo, no hizo el moderno Chile sino desarrollarla; ya la recibió en herencia de aquella formidable raza araucana que dió origen á la única aceptable epopeya escrita en castellano: *La Araucana*, de Ercilla. La raza conquistadora, los compañeros de aquel Valdivia que se paseó por los Andes como Pedro por su casa, pusieron asimismo su contingente: conquistador sin extrema energía, no pudo permanecer en aquel suelo miserable poblado por indígenas que disputaban sus estériles rocas con tanto brío.

Como durante el período colonial no tuvo tradiciones brillantes como el Perú aquella obscura provincia, sus tradiciones de más orgullo datan de los esfuerzos que hizo el país para independizarse de España.

Su conservadorismo, en consecuencia, es eminentemente nacionalista. La base de ese conservadorismo es un sentimiento patriótico, á veces agresivo. Como es un Estado que por las condiciones de su suelo y de su posición geográfica tiende á la expansión hacia el Norte y hacia el Este, las clases, aunque divididas por prejuicios antidemocráticos, se unen de corazón en el callado anhelo de crearse una patria más grande.

Aunque lejos de ser liberal ni justiciero el conservantismo chileno, carece del elegante egoísmo de los dirigentes del Perú. Los resultados han sido diferentes. Chile, con un déficit en su presupuesto que no tiene el rico Perú, ha hecho mejor papel que este hermoso país, tan digno de la más risueña suerte.

se apoya en privilegios, preocupaciones, carencia de instrucción popular y abundancia de clerigalla y cleri calismo. Persisten igualmente razones económicas y hasta de geografía física y política. Ferrocarriles, escuelas, inmigración blanca, contacto con pueblos de Europa, prédica de apóstoles generosos, y aun el mismo desastre nacional de Tacna y Arica están cambiando, han cambiado en sentido de progreso y mejora el medio. Pero durante mucho tiempo perduran las viejas desigualdades, la antigua concepción de la existencia social. Á medida que las causas eficientes van debilitándose, va también decolorándose el subido tinte conservador; se humaniza y democratiza el país. Pero las tradiciones tienen allí todavía arraigos, y rasgos del fastuoso virreinato se conservan en la República.

Y si en general el espíritu del país —soldado de España contra América en las luchas de emancipación— se mantuvo durante mucha parte del siglo XIX casi incólume é inconfundible, mantúvose también con la persistencia de intenso perfume en el frasco, ya vacío, que lo contuvo, el carácter de Lima, más sinuoso que enérgico, más bizantino que esparciata.

En dos momentos graves de la vida peruana, durante la centuria postrera, puede observarse que la muelle y regalada capital de los virreyes perdura en la capital democrática de la República: cuando la agresión de España en 1865-1866, y cuando la guerra de 1879 contra Chile.

En el primer caso, España, de modo arbitrario y pirático (y con su todavía, para esa fecha, no desvanecido sueño de volver á poner pie en aquella América que un día conquistó, cristianizó y gobernó), ocupa en el Pacífico las islas Chinchas, pertenecientes al Perú.

El Gobierno de Lima no vacila en ofrecer por rescate de aquellas islas tres millones y medio de pesos fuertes *(Enero de 1865).*

Por fortuna, estalla una insurrección popular contra el Gobierno que pacta semejante vileza, y la vileza queda sin reconocerse ni cumplirse por la insurrección triunfante. Era el país imponiéndose á la capital y salvándola de un paso de ignominia.

En el caso de la guerra con Chile, los ejércitos de este país, después de la batalla de Chorrillos *(13 de Enero de 1881)* y la de Miraflores, ocurrida dos días después, ocuparon á Lima y allí se establecieron, á pesar de los elementos de defensa con que contaban Lima y el Callao. «Durante la ocupación chilena—escribe González Prada—, algunas caritativas señoras se declararon *neutrales.*»

El país, en cambio, aunque en estado caótico y anárquico, se mantuvo luchando sin descanso (y sin éxito) hasta 1883.

En las letras peruanas puede seguirse el rastro de esta supervivencia de un alma colonial, desde 1810 hasta nuestros días.

Personaje representativo de Lima durante la revolución de independencia fué Riva-Agüero, hombre inteligente, halagador, palaciego, inquieto, inescrupuloso, ambicioso, que se introduce en la intimidad del virrey para hacerle traición; que conspira luego contra la autoridad de San Martín y contribuye á derrocarlo; que sin asomo de empacho se encasqueta el título de gran mariscal, cuando no empuñó jamás un acero ni jamás dirigió un combate; que, ya presidente, se declara un día en rebelión contra el Congreso, y no vacila en volverse abiertamente contra la República, de

que ha sido jefe, y contra la patria de que es hijo, en-
tendiéndose con los españoles.

Este mismo Riva-Agüero escribirá más tarde libelos
anónimos contra los libertadores del Perú. Como carece de autoridad moral, suscribe sus elucubraciones
con el pseudónimo de *Pruvonena*. *Pruvonena* babea
su odio contra los prohombres más ilustres de América: un San Martín, un Sucre, un Bolívar. Lamenta la
desaparición de los antiguos duques, condes, vizcon-
des, etc.; es decir, el advenimiento de la democracia
en su patria. La emancipación de ésta le duele en el
fondo. Por lo menos, le duele que se haya realizado sin
él, á pesar de él.

En general, en ninguna parte se ha escrito con más
acerbidad é injusticia contra los emancipadores americanos que en el Perú. En ninguna parte, sin embargo,
se les aduló tanto en vida. Desde el honrado y me-
diocrísimo Paz Soldan hasta el pillastre é inteligente
Mendiburu, que traicionó á España cuando creyó pre-
potente á América, y que luego traicionó á la República, cuando la vió vencida y la creyó en ruinas (como
traicionó más tarde, en las luchas partidarias de su
país, á cuantos fiaron en él), casi todos los historiógra-
fos peruanos son de una aspereza y de una injusticia
insospechables contra los libertadores de América (1).

_____

(1) Ahora tratan los descendientes de este señor Riva-
Agüero de hacerlo pasar por representante del peruanismo
contra los libertadores, que eran de Argentina, de Chile y
de la antigua Colombia. Pongamos los puntos sobre las íes.
El peruanismo de Riva-Agüero se redujo á obscuras é in-
trincadas intrigas, de las cuales fué, á la postre, víctima; y
á echarse en brazos de los europeos, de los españoles, de
los dueños y tiranos de América, de los esclavizadores del

Habrá de tales escritores como el tradicionalista Ricardo Palma, hombre de pluma fácil y de fértil in-

Perú—á echarse en brazos del virrey La Serna y sus generales, traicionando al Perú contra aquellos guerreros que venían de los cuatro puntos del horizonte á libertarlo de esos mismos europeos, con los cuales él pactaba.

Remigio Silva, antiguo espía en Lima del general San Martín, fué el encargado de Riva-Agüero para ir al campamento del virrey y servir de intermediario, como sirvió, entre La Serna y Riva-Agüero.

He aquí, sin comentarios, el "*Artículo 5.°*, MUY RESERVADO", del pacto propuesto por Riva-Agüero, presidente rebelado contra el Congreso que lo depuso, al virrey español: "*Artículo 5.°*, MUY RESERVADO. Se convendrá el Gobierno del Perú en despedir á las tropas auxiliares que se hallan en Lima y el Callao; y si los jefes de éstas lo resistieran, entonces, *en concierto los ejércitos español y peruano*, las obligarán por la fuerza á evacuar *un país en que no existe ya el motivo por que fueron llamadas.*"

Ahora no falta sino que los descendientes de Torre-Tagle y de Berindoaga salgan también sincerando á sus abuelos de la traición á la patria con que mancillaron ambos su nombre y su memoria.

Cuanto á Riva-Agüero, recordemos el romance clásico:

De la ciudad de Zamora
un traidor hoy ha salido;
se llama Bellido Dolfos,
hijo de Dolfos Bellido.

Con una ligera diferencia: Bellido Dolfos engañó y mató á un rey enemigo de su reina: ése era el patriotismo de la época. Riva-Agüero, para conservar el mando de que lo despojó el Congreso de su país, se entendió con el enemigo de su pueblo y traicionó á su patria.

Tal es el peruanismo de Riva-Agüero.

genio, que acusen á Bolívar, sin un solo documento en apoyo, de crímenes bajunos, absurdos, incomprensibles. Ese mismo Palma dedicará sus mejores años y sus mejores esfuerzos á encomiar la vida del Perú bajo los virreyes, á embellecer con talento las épocas más tenebrosas de la dominación extranjera en su patria y á entonar hermosísimo canto, el canto del esclavo, á sus dominadores (1).

_____

(1) *Tradiciones peruanas*, de Ricardo Palma, es una de las obras más amenas y más americanas de nuestra literatura. Y caso curioso: esta obra tan americana es producto de un espíritu servil, tradicionalista, españolizante, colonial. Palma, imitador de los clásicos españoles en cuanto á estilo, se propuso, al escribir sus *Tradiciones*, conservar el recuerdo de la dominación europea, sintiendo la añoranza de las cadenas y la nostalgia del rebenque. Su obra se vincula, por el estilo, á la tradición literaria española, y por el asunto, á la tradición política de España. Palma es, repito, un españolizante, un retardatario, un espíritu servil, un hombre de la colonia. Sin embargo, su obra aparece muy americana. ¿Por qué? Porque nosotros, con muy buen acuerdo, tenemos por nuestros á aquellos conquistadores y dominadores de los cuales, directa ó indirectamente, venimos. Porque nosotros *sentimos* la obra española en América, en lo que ella tuvo de bueno —y tuvo de bueno más de lo que se piensa—, como propia.

Pero es tan poco americano en el fondo Palma, y tanta importancia concede á ciertas cosas de la Península, que no tienen ninguna, que cuando realizó un viaje á España se enorgulleció en letras de molde de que tales y cuales literatos le hubiesen acogido con sonrisas y apretones de manos. Esto revela al mulato, deslumbrado y seducido por la mano tendida y la silla brindada del hombre blanco. Se satisfizo á tal punto de que la Academia aceptase varios americanismos propuestos por él —como si nosotros necesitáramos

Es necesario llegar hasta Francisco García Calderón, orgullo del pensamiento americano, hombre de los que abren vías, hombre que no nació para seguir, sino para que lo siguiesen, si se desea encontrar, en punto á Historia, nuevas orientaciones en la mentalidad peruana.

Y los historiadores no se presentan como excepción.

Cultivadores del espíritu en otros órdenes de actividad, dejarán asimismo trazas de conservantismo y de transigencia bajuna con los amos de ayer.

En ninguna parte la literatura autóctona de América, el criollismo, el americanismo, tuvo hasta hace poco menos adeptos. Sucedió á menudo, eso sí, que

---

de esa Academia para hablar y escribir como nos dé la gana—que cablegrafió á Lima *su triunfo*. Un franco-argentino, de talento y mala entraña, el Sr. Groussac, á la sazón en Perú, recordando la guerra con Chile y el alboroto de Palma, hizo esta cruel observación: "¡Pobres triunfos peruanos!"

Por los mismos años de la ocupación chilena, Ricardo Palma, como si no hubiese mejor actividad á sus aptitudes y energías, se ensañaba contra la memoria de Bolívar, llamando asesino al hombre á quien el Perú debe la independencia y el territorio que Chile estaba arrebatándole.

Nunca pude explicarme aquel odio. Un limeño, amigo mío, me ha dado la clave del misterio. Hela aquí:

En los ejércitos de la Gran Colombia que pasaron al Perú con el Libertador había muchos negros de nuestras africanas costas. Conocida es la psicología del negro. La imprevisión, el desorden, la tendencia al robo, á la lascivia, la carencia de escrúpulos, parecen patrimonio suyo. Los negros de Colombia no fueron excepción. Al contrario: en una época revuelta, con trece años de campamento á las

aun los imitadores más imitadores, en momento de
abandono y descuido, anduvieron, no sobre nubes
exóticas, sino sobre el suelo de la patria. Y sus plantas, de aquel descuido, salieron perfumadas con las
flores de nuestros campos. Pero generalmente no co-
nocieron más flores sino las de papel, gala de jardines
retóricos.

Esta impersonalidad, este no ser literario, este vivir
de préstamo, estos sentimientos de sombra, estas ideas
reflejas, esta ceguera á lo circundante, esta sordera
para oirnos á nosotros mismos y este ridículo remedo
literaturesco de la Europa, no es pecado exclusivo del
Perú, sino de la América íntegra. Pero en otras partes
hubo más independencia y más conatos de literatura

---

espaldas y en país ajeno, país al que en su barbarie consi-
deraban tal vez como pueblo conquistado, no tuvieron á
veces más freno ni correctivo sino el de las cuatro onzas de
plomo que á menudo castigaban desmanes y fechorías. Una
de aquellas diabluras cometidas en los suburbios de Lima
por estos negros del Caribe fué la violación, un día ó una
noche, de ciertas pobres y honestas mujeres. De ese pecado mortal desciende Ricardo Palma.

Así explica mi amigo del Perú el odio de Ricardo Palma
á la memoria de Bolívar y de sus tropas.

Don Ricardo ha olvidado, hasta ahora, incluir entre sus
Tradiciones peruanas esta amarga tradición de familia. No
podemos echárselo en cara.

Me complace que el viejo mulato de Lima pueda leer antes de morirse esta breve nota. Se la debía. No tanto para
vindicar la memoria de Bolívar, como para corresponder á
las acotaciones que él puso, según parece, al margen de
alguna obra mía en la Biblioteca Nacional del Perú. Donde
las dan las toman, seor feolenco.

vernácula. En cambio, la mayor parte de los autores
peruanos se pasa la vida, como expresa Ventura García
Calderón, «imitando á los mismos maestros *(extranjeros)* con servilismo».

Si no fueron exclusivos del Perú lo simiesco, la des-
caracterización literaria, obsérvase allí que hasta algunos productores de obra americana lo hacen á pesar
suyo, sin proponérselo ó proponiéndose lo contrario.
Ejemplo: Ricardo Palma, autor de las deliciosas *Tradiciones peruanas,* que hizo obra nacional cuando intentó hacer obra extranjera y celebrar la dominación
europea en estilo y con chistes á la española.

En las *Tradiciones,* las menos son las consagradas
á héroes y heroicidades exclusivos de América, y no
faltan para éstos, aquí y allá, arañazos de lego de convento que se come las uñas y no araña más porque
no puede. En cambio, ¡qué entusiasmo cuando se trata de frailes y virreyes de la colonia! Es autor de aquellos á quien no falta la lista de condes y marqueses
del Perú.

La obra de Palma es americana, *malgré lui.* Toda
su vida se la pasó imitando en versos, no ramplones
sino grotescos, á Zorrilla, Bécquer, etc., y en suelta
prosa á los Isla, Feijóo, cien más, sin olvidar á Quevedo para los chistes.

No posee, sin embargo, el monopolio de parodiar
lo ajeno. Todos hacían otro tanto. «No se copiaban—
dice Ventura García Calderón—, no se copiaban úni-
camente los metros y los moldes, sino eran imitados
los sentimientos.» «La emoción fué pocas veces sincera, postiza la herejía y al leerlos sólo notamos el
énfasis.»

En general, no hubo en Perú, ni menos en Lima,

hasta Chocano, un poeta épico. Todos son líricos sin unción, de sentimientos de préstamo. Y abunda la poesía, no satírica, porque la sátira significa pasión, sino burlesca.

Un rimador, Felipe Pardo, cierra en malos versos anfibológicos contra la libertad nada menos:

> *La libertad estéril y quimérica*
> *que agosta en flor la juventud de América.*

Grito de caballero antañón, mal habido en una democracia. Por boca de D. Felipe Pardo, personaje de viso y poeta notable en su localidad, hablan castas enteras del Perú. Ridiculiza también el Sr. Pardo, en versos muy mediocres, por cierto, la constitución ó carta fundamental de la república. Es, pues, un partidario del absolutismo. No en balde se educó en la corte de Fernando VII.

Los poetas peruanos, casi sin excepción, imitaron á Espronceda, á Zorrilla, á Bécquer, que, si bien hombres de talento, eran, á su turno, lunas de soles extranjeros: Espronceda de Byron, Zorrilla de Víctor Hugo, Bécquer de Heine.

Un día á España le entraron ganas de apropiarse otra vez del Perú. Mandó unos cuantos barcos á bombardear el Callao. Pues bien, apenas si se encuentra en toda la literatura peruana un grito de ira contra aquella agresión injusta é impolítica, que hizo levantar la cabeza á toda la América del Sur y darse la mano á las repúblicas del Pacífico. El mismo crítico de las letras peruanas, D. Ventura García Calderón, que escribe en nuestros días y es un espíritu y un carácter emancipados, llama al bombardeo del Callao: «una excursión española á nuestras costas» (1).

Muchos poetas, después del bombardeo del Callao, cantaron á España. Chocano mismo, en nuestro días, se acerca al pie del trono español aquejado por nostalgias inconfesables.

Un nieto de Riva-Agüero, de más talento que su abuelo, figura prócera de la más reciente literatura del Perú, ha escrito que España «procedió de muy buena fe en la expulsión de judíos y moriscos, en el establecimiento de la Inquisición, en la guerra contra los protestantes».

Los pensadores de la España regenerada, un Pi y Margall, un Unamuno, un Altamira, opinan que aquella buena fe se llamó intolerancia y fanatismo (2). El Sr. Riva-Agüero, como se ve, es más papista que el papa.

La literatura de Perú se explica por la historia del virreinato y por la psicología nacional.

---

(1) Por los mismos días en que se escriben estas líneas promuévese en toda la Prensa de Madrid un revuelo de opiniones, con motivo de la propuesta venta del *Numancia*, uno de los barcos que hicieron aquella «excursión». Todos los diarios, sin discrepancia, se pronuncian porque se conserve en el Museo como testigo de una página gloriosa de la historia española contemporánea. Algunos patriotas aprovechan para decirnos á los americanos cuatro frescas. Lo más sensato que he leído en este punto ha sido lo que suscribe D. Eduardo Gómez de Baquero, que también opina por la conservación.

(2) El grave y sincero Unamuno acaba de escribir:

«Felipe II, en cuyos dominios no se ponían ni el sol ni la intransigencia.»

La falta de personalidad en muchos de sus cultivadores parece inverosímil.

De alguno de los más cultos hombres de pluma, *Juan de Arona*, escribe D. Ventura García Calderón en sus medulosos estudios ya citados sobre las letras patrias: «recorrió todos los géneros literarios, pasó frenéticamente de uno á otro...» «Yo no sabría decir cuáles condiciones le faltaron á su espíritu, dotado admirablemente, para ser el gran literato que no ha sido.» Le faltó una cosa simple y rara: la sal de la vida, lo que imprime carácter al hombre y sabor á la obra: personalidad.

De otro autor no menos importante que *Juan de Arona*, el poeta Clemente Althaus, expone el eminente crítico supradicho: «toda la vida fué clásico y romántico». Á los clásicos españoles, «Althaus los imitó toda su vida... como romántico. Porque admira á fray Luis de León le canta en una curiosa poesía perfectamente imitada». Para luego advertir «los inconvenientes de ser corto de vista».

De un tercer poeta, Manuel A. García, opina el propio crítico limeño que *hasta los adjetivos son importados*. «¿No es original y casi inexplicable—pregunta—encontrar en libros de Ricardo Palma y Manuel García los madrigales á huríes morenas, en metro breve, que popularizaron el nombre de Zorrilla?»

No, amigo, censor, no es inexplicable. Lo inexplicable sería lo contrario: encontrar un autor con personalidad allí donde ninguno la tiene.

Los García Calderón, Chocano, y señaladamente González Prada, inician época nueva. La aparición de esos hombres en ese medio significa que la tierra nacional se ha cubierto de nitratros y que á las plantas

rastreras suceden los árboles erguidos como campani-
les vegetales: la araucaria, de elegante arquitectura; el
mango rumoroso, cargado de frutas de oro; el magno-
lia odorante, con flores como blancos y núbiles senos.

Esa carencia de personalidad literaria, aunque—se
repite—no exclusiva del Perú, parece allí genérica y
más profunda.

Aquella suavidad de la raza, por lo menos en parte
del país, que ya notaron Unanue y Humboldt desde el
siglo xviii, puede explicar la siguiente observación: no
hubo en Perú, ni menos en Lima, hasta Chocano, un
poeta épico.

Y saliendo de la literatura á la política, para explicar ambas por la psicología nacional, advertimos que
el Perú puede considerarse como el único país de
Hispano-América que no ha producido un gran carácter en la política: ni un gran caudillo, ni un gran tirano. Castilla, su presidente más representativo en este
sentido, ¿qué vale en comparación de una voluntad
como la de Portales, Tomás Cipriano de Mosquera ó
Benito Juárez?

Esta excepción es elocuente para los que hayan sabido observar á nuestra América.

En América suele concurrir la ausencia de personalidad intelectual con una enérgica y asombrosa personalidad política. En pocas partes, pocas veces, dióse
en política la planta humana tan ruda y de tanto vigor. Casi nunca el yo, no sólo insumiso, sino imperante, absorbente, expansivo, surgió con semejante brío y
magnificencia como en la América caudillesca.

Los caudillos y tiranos de América, ya fuesen bárbaros y feroces como Rozas y Melgarejo; ya cultos y
fanáticos como el Dr. Francia y García Moreno; ya

deslumbrantes de soberbia, heroísmo y abnegación patriótica, como Solano López; ya civilizadores á palos, como Guzmán Blanco y Porfirio Díaz; ya sabios y pensadores, como Rafael Núñez; ya hombres de ideal y de garra, en medio de su analfabetismo, como Rufino Barrios; ya sensualistas é instintivos, como Cipriano Castro; ya representen simples regresiones á lo animalesco de la selva y signifiquen el desboque de los más rastreros instintos de la bestia, como Ulises Heureaux, *Lili*, «la pantera negra de Santo Domingo», como lo llamó Vargas Vila, todos, sin excepción, desde Rozas hasta *Lili*, todos representan un inimaginable y monstruoso desarrollo de la personalidad. Sólo en la Italia de los Borgias, los Sforza, los Médicis se produjeron hombres semejantes.

¡Cuán másculos y hermosos espécimens humanos de energía algunos de ellos! El desfigurado mariscal Solano López, hombre magnífico y potente, acero y oro, es una de las más férreas voluntades, una de las llamas psíquicas de más cumbre y lucimiento, uno de los yo más resistentes y deslumbradores de que la historia humana tenga noticia. Se parece en eso á Bolívar.

¿Cómo junto á tales águilas pudo rastrear tanta oruga?

¿Cómo junto á estas almas de diamante han podido pulular tantas almas de cera? ¿Cómo la marcada personalidad de los caudillos puede encontrarse en la propia latitud y en el propio momento histórico, con la total ausencia de personalidad en los literatos?

Se dirá que aquéllos imponían sumisión. No es verdad con respecto á los artistas, ó no es verdad sino hasta cierto punto. En la pura y exclusiva obra de arte, ¿qué tenía que mezclarse el caudillo, por tirano ó inquisidor que fuese?

Además, la mayoría de nuestros escritores viajó fuera de su patria, vivió en Europa; lejos del tirano produjo obras. ¿Por qué no manifestó personalidad? Porque no la tuvo. Cuando la tuvo, la mostró. El tirano, aun el más despiadado, no fué óbice, así lo intentase, á la eclosión intelectual, cuando á su personalidad intromisora y despótica se opuso la personalidad vigorosa y combativa de un escritor de garra.

Rozas no obstaculizó el vuelo, aunque lo intentase, á esas águilas que se llaman Alberdi y Sarmiento. Montalvo erigió sus enhiestos *Tratados*, blandió sus flageladoras *Catilinarias*, á pesar de García Moreno y Veintemilla. Rafael Núñez no impidió el germinar de un Vargas Vila, ni Juan Vicente González le pidió permiso á nadie, sin salir jamás de Caracas, para escribir y publicar los más erizados, deliciosos y viriles libelos. El propio José Martí, no ya con déspota en turno sentado en el sillón provisional de la presidencia patria, sino con el conquistador europeo instalado por siglos en la tierruca, se fué á patrias ajenas á laborar por la suya y á escribir en páginas maestras, con una sinceridad viril, cuanto sintió, cuanto pensó. De Hostos pudiera decirse otro tanto.

En vano buscaríamos en el Perú, hasta Manuel González Prada, un nombre semejante á los de Alberdi, Montalvo ó Cecilio Acosta, que también pudo entrar en lista. Tampoco encontraríamos allí un gran caudillo, ni un gran tirano: ni Rozas, el bebedor de sangre, ni Guzmán Blanco, el escultor de pueblos.

Si se ha hecho hincapié en el carácter social, político y literario del Perú, es precisamente para que se sepa en qué medio floreció y contra qué seculares inercias y arraigos alzó bandera y combatió Manuel González Prada.

A medida que vayamos viendo en páginas subsiguientes henchirse los músculos del púgil y escuchemos sus gritos estentóreos sobre la arena tinta de sangre, comprenderemos en detalle los esfuerzos del gladiador.

Vástago de esa familia americana á que pertenecen un Hostos, un Martí, un Juan Vicente González, un Vargas Vila, un Montalvo, un Alberdi y un Sarmiento, este D. Manuel González Prada ha sido hombre de ideas, crítico literario, prosador, poeta, tribuno, reformador de la sociedad... y de la ortografía.

Estudiémoslo, por turno, en los diferentes empleos de su fuerza.

IV

APARICIÓN Y PAPEL HISTÓRICO DE GONZÁLEZ PRADA. —EL HOMBRE

En aquel Perú dividido en castas, en aquella Lima sensual, muelle, zumbona, jamás se conoció tan gallardo animal de presa como González Prada. Hasta entonces nunca se dió tal producto en tal zona. Cuando aquel tigre real apareció con las garras empurpuradas y llevando en la boca piltrafas de carne humana, el asombro fué unánime (1).

_____

(1) Las obras en prosa de González Prada, estampadas hasta la fecha, son: *Páginas Libres* (París, 1894); *Horas de Lucha* (Lima, 1908); *La Biblioteca Nacional* (Lima, 1912).

En verso dió á la imprenta: *Minúsculas* (Lima, 1901);

Y de nada podía ni debía asombrarse aquella sociedad que acababa de pasar por una lenta pesadilla de cinco años, que acababa de ver sus ejércitos disueltos, su capital sometida, su territorio mutilado, su orgullo herido.

Porque toda aquella división de castas, todo aquel egoísmo de unos cuantos amos, toda aquella sumisión de la indiada irredenta, toda aquella imprevisión de los dirigentes, todas aquellas guerras civiles, toda aquella ignorancia del pueblo, todo aquel despilfarro de los señores, toda aquella literatura de imitación, todo aquel religiosismo fanático, la historia entera de medio siglo de desorden organizado, iba á culminar en una desastrosa guerra nacional.

El Perú no fué cobarde. Bolognesi y Grau son nombres de epopeya; y ¡cuánto anónimo Grau, cuánto ignoto Bolognesi no produjo aquel pueblo! No; no era cobarde el país que Chile venció. Mal aconsejados andarían los chilenos que tal asegurasen. Sobre incierto, es hábil recordar que

El vencedor ha honra del precio del vencido,

según balbuceó en sus versos fundamentales el arcipreste de Hita.

Era, sí, el Perú un país en desorganización, como el México de Maximiliano, como la Argentina de Rozas y Facundo Quiroga, como la Venezuela de la guerra federal. Era, además, pueblo sin exigente moral política, sin excesiva abnegación patriótica; un país con exceso

---

Exóticas (Lima, 1911); y otro volumen, *Plesbiterianas*, única de las obras publicadas por Prada que no conozco. Ignoro dónde y cuándo salió á luz.

de sangre quichua y dividido en castas; un país fanático, ignorante, con clases dirigentes retrógradas, sensualistas y faltas de voluntad. Lima lo mató. En cuanto á Lima, la perdieron sus tradiciones del virreinato, su contrasentido geográfico, la influencia de su clima y su gente.

Con Chile triunfaron, no sólo ejércitos bizarros, sino la homogeneidad de aspiraciones, la política de larga vista, la disciplina y una voluntad férrea y previsora, que fué derecho á su objeto. Mientras Chile, homogéneo, audaz, aguerrido, pobre—vecino peligroso—, embistió con todas sus fuerzas como un toro, el Perú se dividió en partidos y la derrota echó la rúbrica á la anarquía.

Chile, frío, calculista, sin un instante de flaqueza ni de piedad, sordo á cuanto no fuera su interés presente y futuro, ya previsto de largo tiempo atrás por sus hombres de gobierno, arrancado por sus bayonetas durante la guerra, impuesto por sus diplomáticos el día de las negociaciones, mutiló al Perú cercenándole provincias ricas en salitre y guano, provincias que, aparte la importancia geográfica, política y sentimental, representaban para el Perú un enorme valor económico.

La pesadilla del Perú concluyó en 1884 con el alejamiento de las tropas chilenas. Partían, pero llevándose jirones de la patria histórica.

El país quedó sumido en estupor. Su economía trastornada, su política revuelta, su territorio mútilo. Por la herida abierta escurríanse los restos de la energía nacional. Nunca pueblo alguno se comprendió más vencido ni se sintió más impotente.

Pintando el desconcierto de la época, González Prada exclama: «Chile nos deja el amilanamiento, la pequeñez de espíritu, la conformidad con la derrota y el tedio de vivir modesta y honradamente. Se nota en los ánimos la apatía que subleva, pereza que produce rabia, envilecimiento que mueve á náuseas.»

Entonces, en medio de aquel envilecimiento, de aquella apatía, de aquella conformidad, de aquel amilanamiento, de aquella súbita pobreza, de aquella inesperada herida, de aquellas amargas lágrimas, de aquel cruento dolor, surgió Manuel González Prada. Apareció en 1886 en la tribuna del Ateneo de Lima.

¡Qué clarinada! Nunca voz limeña sonó con tanta virilidad y tanto brío.

Acomete contra todo cuanto contribuyó á formar el espíritu, las costumbres de aquella sociedad; contra todo lo que imaginó—con sutil psicología ó por vaga adivinación—pudiera haber contribuído al vencimiento del Perú. Ataca por igual la educación religiosa, los vicios políticos, la influencia española, la mentira social, la literatura rancia, el antimilitarismo, la abyección.

¡Y en qué prosa! Una prosa de electricidad que brota relámpagos.

Cierra contra todo lo que implique retroceso en Arte, en Ciencia, en Política, en Literatura. Es decir, arrima el hombro á la empresa de desconservantizar el Perú, de romper con fatales tradiciones que embelesan á un Palma, de sembrar aurora.

Su papel queda claro desde entonces. Su vigorosa función social no es de crítica, sino de reactivo. Será no sólo cauterio de la gangrena, sino inyectador de energías. En las venas exhaustas de la generación vencida introduce dinamita. En los corazones temblorosos

inyecta el odio á Chile, la confianza en el propio esfuerzo y la fe en el porvenir. Será en el Perú durante
largo tiempo el primer factor del renacimiento patrio.
En la evolución de sus ideas filosóficas, éstas se resen-
tirán, durante vasto período, de ese papel histórico
que en la política y las letras del Perú representa Manuel González Prada.

¿Quién era Prada para la época de su aparición en
el Ateneo de Lima?

Para la época de su aparición en el Ateneo de Lima
contaba más de treinta años. Se conocían de él versos
románticos, heinianos, de juventud, mediocres. Los autores célebres en el Perú eran otros: Benjamín Cisneros, cantor de glorias europeas; Palma, también ex-
tranjerizado; *Juan de Arona*, romántico desaforado á
veces, aunque erudito en letras clásicas, otras veces
humorista, siempre metrificador adocenado, y la incontable cáfila de imitadores subalternos, ya de Bécquer,
ya de Selgas, ya de Lamartine, Víctor Hugo, Beranger.
«Congestión de palabras, anemia de ideas», dirá luego Prada, refiriéndose á la inopia mental de ese período.

La guerra descubre agotamiento y silencio; los corazones del Perú no podían entusiasmarse con triunfos
chilenos, y las lágrimas viriles no saben llorarlas humo-
ristas como *Arona*, ni cantores de glorias y tradiciones extranjeras como un Palma, un Cisneros y otros
plumíferos inferiores á éstos.

En semejante momento intelectual y político resonó
el verbo másculo de Prada.

Aquel hombre de treinta y tantos años era un tipo
alto, elegante, los ojos azules, la maneras de gran distinción.

Pertenecía á una vieja familia peruana de abolengo en el virreinato. Se educó en el Seminario. Viajó por Europa. Llevó en Paris no vida disipada, sino de estudio y desarrollo psíquico.

Cuando aparece en el Ateneo de Lima, en 1886, el antiguo educando del Seminario se revela un librepensador; el joven mundano, un demócrata; el vástago de familia conservadora, un revolucionario; el viajero, un patriota; el mal poeta, un gran prosador.

Su vida pública empieza entonces. Entonces emprende el Hércules la destrucción de las Estinfálidas.

Pero, ¿qué dice aquel hombre? Oidlo.

De la sociedad peruana: «Dondequiera que apliquemos el dedo brota pus.»

De los gobiernos: «La historia de muchos gobiernos del Perú cabe en tres palabras: *imbecilidad en acción.*»

De la literatura: «El Perú no cuenta hoy con un literato que por el caudal y atrevimiento de sus ideas se remonte á la altura... ni que por el estilo se liberte de la imitación...»

Del periodismo:

«Nada se prostituyó más en el Perú que la palabra: ella debía unir y dividió; debía civilizar y embruteció; debía censurar y aduló. En nuestro desquiciamiento general, la pluma tiene la misma culpa que la espada. El diario carece de prestigio, no representa la fuerza inteligente de la razón, sino la embestida ciega de las malas pasiones. Desde el editorial ampuloso y kilométrico hasta la crónica insustancial y chocarrera se oye la diatriba sórdida, la envidia solapada y algo como crujido de carne viva despedazada por dientes de hiena... El publicista rodeó con atmósfera de simpa-

tías á detentadores de la hacienda nacional, y el poeta prodigó versos á caudillos salpicados con sangre de
las guerras civiles. Las sediciones de pretorianos, las
dictaduras de Bajo Imperio, las persecuciones y des-
tierros, los asesinatos en las cuadras de los cuarteles,
los saqueos al Tesoro público, todo fué posible, porque tiranos y ladrones contaron con el silencio ó el
aplauso de una Prensa cobarde, venal ó cortesana.»

De los partidos políticos:

«Los mal nombrados partidos políticos del Perú
son fragmentos orgánicos que se agitan y claman por
un cerebro; pedazos de serpiente que palpitan, saltan
y quieren unirse con una cabeza que no existe. Hay
cráneos, pero no cerebros. Ninguno de nuestros hombres públicos asoma con la actitud vertical que se necesita para seducir y mandar...»

De la instrucción:

«Sin especialistas, ó, más bien dicho, con aficionados que presumían de omniscientes, vivimos de ensayo en ensayo: ensayos de aficionados á Diplomacia,
ensayos de aficionados á Economía política, ensayos
de aficionados en Legislación y hasta ensayos de aficionados en Táctica y Estrategia... Vimos al abogado dirigir la Hacienda pública, al médico emprender
obras de ingeniatura, al teólogo fantasear sobre política interior, al marino decretar en administración de
justicia, al comerciante mandar cuerpos de ejército.»

De la educación en manos del clero:

«Todos esos colegios, fundados so capa de instruir
á las mujeres, tienen por oficio la propagación religiosa
más ó menos fanática... Los clérigos en la sociedad re-
cuerdan á los cuerpos opacos en el Firmamento: aunque no se descubren á la vista, manifiestan su presencia

por las perturbaciones que causan en los astros vecinos... Todos los sacerdotes extranjeros *(en Lima)* van
al mismo fin y se valen de iguales medios: desde el vi-
sitador dominico hasta el delegado apostólico, desde
el azucarado padre francés, que representa la meta-
morfosis masculina de madame de Pompadour, hasta
el grotesco fraile catalán, que personifica la evolución
mística del torero.»

¿Son tales embestidas de Prada como bocanadas de
odio? ¿Indican pasiones subalternas ó vergonzosas?
¿Es el envidioso, el malogrado, el inepto, quien profie-
re en voces de censura y se entretiene en aguzar dientes de ratón contra el zócalo de las estatuas, que no
puede morder? No. Habla un hombre de fuerza, un
hombre de verdad, un hombre de bien. En su odio
hay amor. El amor de lo bello, de lo bueno; el anhelo
de perfección. Sentimiento el más generoso lo mueve:
el altruísmo. Que los otros sean paradigmas de altivez, fuentes de hermosura, frutos de bondad. El patriotismo lo inspira, un patriotismo franco, rudo, desinteresado.

El más vil de los hombres es aquel que lisonjea á un
personaje, á una corporación, á un pueblo, con fines
de lucro. El que ostenta patriotismo para vivir de la
Patria es como el fariseo que finge fe para vivir del
altar. Sentimiento donde apunta el medro como finalidad es negocio de truhanes, así se disfracen los truhanes de abnegación. Este patriotismo habla claro, expone verdades, exhibe lepras, aplica cauterios. Jamás
cobra sueldos, jamás acepta cargos públicos, jamás
conserva largo tiempo jefaturas de partido. ¿Cuándo
la idea de medro empañó la claridad de aquella conciencia? ¿Cuándo puso González Prada por escabel

de ambiciones ni su pluma de oro, ni su palabra de mármol, ni el prestigio de su nombre, ni la austeridad de su vida?

Lo mueve sólo un furioso afán de redentorismo. Existencia de veras apostólica. La vida de González Prada es uno de los más nobles ejemplos que puede proponerse á la juventud de América.

Y ¿cómo le pagan? Como á todos los redentores: con la cruz.

La sociedad lo repudia, el clero lo excomulga. Se inicia revolviendo la charca: ¡qué mayor enemigo! Poco á poco los radicales, los liberales, lo rodean; y hasta se funda un partido: la «Unión nacional», que lo reconoce por jéfe.

Fué candidato de su partido á la presidencia de la República. Pero González Prada no debía saborear mieles políticas. Olvidando que las reformas se imponen á un país desde el Gobierno con menos desgaste de energías, Prada, todo ímpetu; Prada, el abnegado; Prada, el Bayardo del Perú, el caballero sin miedo y sin tacha, ó posee deficiencias en cuanto hombre sociable y transigente, ó ignora adrede los caminos de ascender al Capitolio. Á ese rectilíneo le sobra orgullo, le falta acomodamiento. Sin vocación para la intriga, incapaz de bajarse á practicar aquellas triquiñuelas y marramuncias que contribuyen al triunfo, fué él mismo el primer factor de su derrota.

Su partido se disgrega. Él se aisla y permanece distante, erguido, mudo, sin más satisfacción que la de ver cómo sus semillas fructiefian, aunque no en provecho del sembrador.

Las ideas liberales, en efecto, á Prada más que á ninguno deben su presente difusión en tierra del Perú.

Un flamante partido, compuesto con médicos y abogados de las provincias—genté liberta ya de funestas tradiciones peruanas—, ha sido fecundado con el espíritu del maestro, y merced al espíritu del maestro, á su labor preparatoria de agronomía política, puede prosperar y prospera.

Entretanto el Perú fué convaleciendo poco á poco,

El dolor fertiliza más que el guano y deflagra más que el nitro. Chile se llevó salitre y estiércol; pero dejó dolor. El Perú, regado con lágrimas y removido por un energético de tal vis como González Prada, empezó á pimpollecer.

Ha renacido de sus cenizas, como la Francia de 1870. Por su laboriosidad presente, por su cordura, por su fuerza, el enemigo de ayer es el primero que hoy lo respeta en la América del Sur.

A medida que el Perú se iba robusteciendo, la obra estimulante de González Prada fué perdiendo de su actualidad. Al fin no le quedó al buen ciudadano sino callarse.

Los pueblos son tornadizos, ingratos. El Perú no quiso ser excepción.

González Prada no se queja. Conténtase con vivir retraído. De vez en cuando una vira conservadora busca el pecho de bronce. Pero lo que más hiere al púgil de seguro no son buídas y vibrantes saetas, sino la sorda, subterránea y bizca indiferencia; el deliberado silencio que se extiende en su torno. Para un hombre del Agora, esa es la cruz.

Todas las tardes, hasta hace algúntiempo, se le veía á la misma hora, con fijeza cronométrica, en la Exposición, bello jardín de Lima, acompañado de su esposa, una hebrea, y de su hijo. En 1912 se dignó aceptar el primero, el único cargo de su carrera pública: la dirección de la Biblioteca Nacional.

Pero es tan de presa este azor, que al entrar en la Biblioteca sacó en las garras, por los cabellos, chorreando ridículo, al antiguo bibliotecario, aquel jacarandoso Ricardo Palma. Nadie olvida en Perú el folleto donde González Prada daba cuenta al Gobierno del estado como encontró la librería nacional. Y menos que nadie lo olvidará el viejo mulato Palma: quedó convertido en calandrajo; quedó electrocutado, muerto.

González Prada vivió siempre con modestia, de su corto patrimonio.

Como Vigil, antiguo profesor de anticlericalismo en el Perú, ha sido Manuel González Prada modelo de amistad, de dignidad y de santidad laica.

En el Perú de antaño, en la nación purulenta que él mismo apostrofó con crueldad hebraica, pudo considerarse á González Prada como González Prada consideró á otro peruano: «columna de mármol, á orillas de un río cenagoso».

V

EL HOMBRE DE IDEAS

En el Perú, González Prada ha puesto ideas en circulación. ¿Ideas nuevas? No. ¿Cuántos hombres han introducido, no ideas, sino una sola idea en el acervo común? ¿Cuántos? Lo que ha hecho González Prada, como tantos otros, es descubrir verdades con relación á un objeto dado; crear ideas de relación.

Pero, ¿puéde considerársele como á un filósofo?

Filósofo lo es por cuanto generaliza: ama las ideas generales. Lo es en el sentido etimológico: ama la sabiduría. Lo es por su constante preocupación de buscar fórmulas de mejora humana. Lo es porque persigue ideales de bien y enuncia ideales de mejoramiento social. No lo es en el sentido, un poco anticuado, de creador de sistemas especulativos para conocer la verdad ó parcelas de verdad. Se reduce este pensador, mixto de hombre de acción, á meditar por sí propio, lo que vale decir, con independencia, sobre cuestiones espirituales que preocupan á los animales de razón; y á divulgar aquellas ideas con las que imagina que el hombre gana. Porque la primera preocupación de González Prada—recuérdese bien—no será de pura abstracción especulativa, sino de contribuir al mejoramiento social.

Es enemigo de las religiones.

«Toda religión - dice—resuelve á priori los problemas físico y morales, forma una cosmogonía fantástica, algo así como la teoría de los colores por un ciego.» «Los antropoides, al acercarse al hombre, se despojan de la cola; las inteligencias, el perfeccionarse, pierden la religiosidad.»

No cree en vida futura ni en inmortalidad del alma. Es ateo.

«Hasta hoy, ¿á qué se reducen Dios y el alma? ¿Á dos entidades hipotéticas, imaginadas para explicar el origen de las cosas y las funciones del cerebro?»

La vida y la muerte las encara sin palidecer.

«¿Para qué este hambre de vivir? Si la vida fuera un bien, bastaría la seguridad de perderla para convertirla en un mal.» «¿Á qué venimos á la tierra?... Todo lo creeríamos un sueño, si el dolor no probara la realidad de las cosas.» «Quien dijo existencia, dijo dolor; y la obra más digna de un Dios consistiría en reducir el universo á la nada.»

«¿Existe algo más allá del sepulcro?... ¿Qué esperanza debemos alimentar al hundírnos en ese abismo que hacía temblar á Turenne y horripilarse á Pascal?» Conoced la respuesta: «ninguna, para no resultar engañados, ó gozar con la sorpresa, si hay algo.»

Otros pudieran, en efecto, vivir contentos, viviendo en la ilusión, en el engaño. Espíritu tan noble como el de González Prada no recurre á inyecciones de morfina, sino prefiere poseer conciencia clara de todo, hasta del dolor, hasta de la inanidad del existir.

¡Con cuánta hermosura comenta el pensador limeño la hipótesis de una vida ultraterrena!

«Aplicando á la Naturaleza el sistema de compensaciones, extendiendo á todo lo creado nuestra concepción puramente humana de la justicia, imaginamos que si la Naturaleza nos prodiga hoy males, nos reserva para mañana bienes; abrimos con ella una *cuenta corriente*, pensamos tener un *debe* y un *haber*. Toda doctrina de penas y recompensas se funda en la aplicación de la teneduría de libros á la moral.»

De la Naturaleza, expone:

«La Naturaleza no aparece justa ni injusta, sino creadora. La Naturaleza, indiferente para los hombres en la tierra, ¿se volverá justa ó clemente porque bajemos al sepulcro y revistamos otra forma?»

De la moral católica, piensa:

«Quien practica el bien por la remuneración póstuma no se distingue mucho del prestamista usurario que da hoy uno para recibir mañana diez.»

Un optimismo sano, fuerte, sirve, á pesar de todo, como aureola á esta filosofía viril y nervuda.

«Poco ó nada vale el hombre; pero, ¿sabemos el destino de la Humanidad? De que hasta hoy no hayamos resuelto el problema de la vida, ¿se deduce que no lo resolveremos un día? Viendo de qué lugar salimos y adónde nos encontramos, comparando lo que fuimos y lo que somos, puede colegirse adónde llegaremos y lo que seremos mañana. Habitábamos en la caverna y ya vivimos en el palacio, rastreábamos en las tinieblas de la bestialidad y ya sentimos la sacudida misteriosa de alas interiores que nos levantan á regiones de serenidad y luz. El animal batallador y carnicero produce hoy abnegados tipos que defienden al débil, se hacen paladines de la justicia y se inoculan enfermedades para encontrar el medio de combatirlas; el salvaje, feliz con dormir, comer y procrear, escribe la Iliada, erige el Partenón, y mide el curso de los astros.»

Antes de observar á González Prada en lucha para imponer sus ideas, tarea ajena al filósofo y propia del campeón, que es una de las facetas más claras de su personalidad, veamos de dónde procede el pensador, cuál es la filiación de su espíritu.

Adviértese con las solas *Páginas Libres*, su mejor libro, que González Prada, hombre de mucha lectura, conoce—sin contar á los sabios antiguos ni á los pensadores franceses é ingleses anteriores á la Revolución de 1789—las figuras máximas de la filosofía alemana, desde Hegel hasta Schopenhauer.—Los comentaristas y expositores del pensamiento francés contemporáneo también salen á colación muy á menudo, principalmente Renan, de cuyo temperamento es antípoda, pero á quien admira y sobre el que inserta una monografía en *Páginas Libres*.

Á la formación del espíritu de González Prada han ocurrido distintas corrientes del pensamiento filosófico en el siglo XIX.

Este ateo es un idealista. Aunque con firme base positivista, como hijo de su tiempo, de un tiempo que fundó sobre el conocimiento experimental toda concepción científica ó filosófica, Manuel González Prada, hombre intuitivo, imaginación creadora, espíritu clarividente, pudo ser y es un idealista. Es decir, este hombre supo concebir anticipos de la realidad futura; y porque supo concebir anticipos de la realidad futura, porque quiso que ese porvenir fuera de mejora humana y porque luchó por ese futuro de perfeccionamiento que anteveía, Manuel González Prada debe ser considerado como un sembrador de ideales, un apóstol del bien, un idealista.

Este idealismo asumirá, primero, el aspecto apostólico del patriota: del reformador de la vida nacional; luego, el aspecto apostólico del anarquista: del reformador de la vida del hombre. Espíritus tan desemejantes como los de Guyau, Nietzsche, Renan y más tarde Kropotkine y Jean Grave parece que tienen, por una ú otra razón, nexos transitorios con el espíritu de González Prada.

Á Renan lo oyó mucho en el Colegio de Francia.

González Prada puede creer, como Renan, que sólo la Ciencia llegará á conocer la verdad, que el universo marcha á un fin: la realización del ideal; admira al estilista, celebra al erudito: «Ariel, que lleva en sus alas el polvo de una biblioteca»; pero González Prada, espíritu rectilíneo, de afirmaciones y negaciones claras, hombre de sacrificio, demócrata combatiente, hasta anarquista por rebeldía y generosidad, choca con lo fundamental de Renan: con el espíritu indeciso, apenumbrado; con aquel buscar la parte de verdad que haya en toda mentira y la parte de mentira que haya en toda verdad; con el aristocratismo y el egoísmo del bretón. «Es probable que todos los dolores de la Humanidad no le quitaran una hora de sueño», exclama Prada en son de censura.

Nietzsche y Guyau, aunque tan desemejantes entre sí, tienen ambos algún punto de contacto con él, y en todo caso no parecen extraños, repito, á la formación de aquel espíritu.

Como Nietzsche, preconiza Prada la trasmutación de valores morales, aunque no con idéntico radicalismo. Cuando González Prada escribe: «el cristianismo se redujo á la reacción del fanatismo judío y oriental contra la sana y hermosa civilización helénica», parece que se estuviese leyendo una página del *Anticristo*.

En González Prada resaltan contradicciones que tampoco escasean en el pensador tudesco. Como Nietzsche, González Prada afirma sin darse la pena de probar lo que afirma, al punto de que pudiera repetir esta frase del teutón: "yo no soy de aquéllos que deben siempre dar la razón de lo que opinan».

Se diría igualmente que, en ocasiones, Prada acepta la teoría del superhombre, conciliando esta creencia con su odio á los déspotas, con su exaltación del demos; y conciliándola por probidad de juicio, por fidelidad á una precisa y continua observación histórica. Bastarían para suponerlo salidas como la siguiente: «Épocas hay en que todo un pueblo se personifica en un solo individuo: Grecia, en Alejandro; Roma, en César; España, en Carlos V; Inglaterra, en Cromwell;

Francia, en Napoleón; América, en Bolívar. El Perú de 1879 era Grau.»

Además, el pensador de Lima se expresa como el filósofo de Roecken, en aforismos luminosos, y demuestra, como éste, una sensibilidad extrema y una sinceridad desaforada.

Pero ahí se interrumpen las semejanzas y empiezan las oposiciones.

Al egoísmo feroz de Stirner y de Nietzsche, que lleva al primero á considerar el mundo como su cosa, como su propiedad, y lleva al otro á preconizar la dureza y á indignarse, v. gr., porque se concede á los obreros el derecho de sufragio, opone González Prada toda una vida dedicada á luchar por los demás: el altruísmo. Al aristocratismo de Renan y de Nietzsche, corresponde en Prada aquel amor al prójimo, que tiene el nombre de piedad en filosofía y de democracia en política.

Y á cuántos millones de kilómetros no se distancia de Nietzsche, cuando exclama:

«¡Hay horas de solidarismo generoso en que no sólo amamos á la Humanidad entera, sino á brutos, plantas, lagos, nubes y piedras; hasta querríamos poseer brazos inmensos para estrechar todos los seres que habitan los globos del firmamento!»

Prada no considera la Filosofía, repito, como pura y exclusiva especulación, sino que la convierte en función práctica. Gracias al concepto científico de las sociedades, las sociedades irán mejorando. Del foco deben todos gozar luz y calor. La vida debe ser cómoda y debe ser bella. Que se difundan bienestar físico y comprensión estética: de ello resulta placer, es decir, felicidad.

Tales ideas, que si no con las propias palabras, ni en discurso continuo como hilo de perlas, se transparentan aquí y allá en su obra, lo vinculan á Guyau.

El parentesco entre ambos espíritus se verá más claro cuando González Prada afirme, por ejemplo: «el Arte ocupa la misma jerarquía que la religión»; ó bien: «las hipótesis de la Ciencia no atesoran menos inspiración que las afirmaciones de las añejas teogonías».—Prada quiere, como Guyau, una moral arreligiosa, que carezca de sanción ultraterrena; y ambos coinciden en desear la expansión del individuo. Sólo que Prada llega—por lo menos en sus últimos años—, á partir límites con el más extremo anarquismo, mientras que en Guyau, esa expansión del individuo hacia los cuatro vientos de la vida, no colide, sino que se armoniza con la sociedad.

En resumen: ambos sueñan, cada uno á su modo, con la expansión del individuo, con el perfeccionamiento social.

Los tres vértices de la filosofía de Guyau: la vida, la sociedad, la belleza; su ideal de atracción de sensibilidades, simpatía de inteligencias y compenetración de conciencias, ¿no se vislumbra en Prada—en el Prada de las *Páginas Libres?*

Mientras el francés especula en el terreno ideológico, el peruano talla en carne viva, no obedeciendo á teorías, sino á la realidad de carne y hueso. Pero el pensamiento, en definitiva, es quien inspira la palabra y mueve la mano. ¿Cuál es el pensamiento eje de las *Páginas Libres?*

En su propaganda por crear un Perú fuerte, que pueda encararse con el vencedor de la víspera, en su empresa de regenerador social, Prada, aunque atemperándose al papel político de exaltador de energías, aunque trabajando para recoger un fruto práctico, inmediato, preconiza la individualidad intensa dentro del propósito colectivo, la influencia social del Arte, el anhelo de una sociedad mejor por la compenetración de conciencias afines y la solidaridad con un ideal común.

¿No se descubre, por tenue que parezca, un hilo espiritual que une al filósofo de Francia con el batallador de Lima?

¿Qué importa que Prada, águila zahareña y libérrima, siga su vuelo solo y encuentre, en su continuo adelantar por el espacio abierto, otras águilas hermanas? Lo que se quería era fijar hasta donde se pudiera la relación de su espíritu con otros espíritus, por lo menos en cuanto autor de las fulgurantes *Páginas Libres*.

Pero ahora me ocurre una duda. ¿No será baldía esta pena que me estoy dando para estudiar por cotejo y parentesco el espíritu de González Prada? ¿No se le encontrarán á González Prada igualmente, si se buscan, nexos transitorios con otros pensadores? Tanto lee el hombre moderno y tanto se divulgan sistemas y teorías, que no es difícil encontrarse á sí mismo, aunque sea de paso, en los otros. Por lo demás, resulta en verdad un poco arbitrario buscar la formación de un espíritu en contactos instantáneos con otros espíritus, máxime cuando éstos vienen á ser tan desemejantes entre sí como los de Guyau y Nietzsche, por ejemplo. Prueba ya originalidad en un pensador el suscitar nombres y corrientes de opiniones tan antagónicos entre si; no podía en efecto, un temperamento tan independiente como Prada, dejar de serlo y vestir librea de lacayo cuando el pensador se entrega

á especulaciones filosóficas. Podemos concluir que
Prada es siempre Prada y que á la formación de su
espíritu concurren, como ya se dijo, diferentes corrientes mentales del siglo XIX.

Como el propósito de este meditador parece, en
primer término, si no exclusivamente, de mejora social (en cuanto autor de *Páginas Libres)*, no convierte
al hombre en abstracción: su hombre es de carne y
hueso, el peruano de todas los días. Para él perora,
redacta, apostoliza. Porque este hombre, de la made-
ra de los apóstoles, predica—esa es la palabra—, y á
veces con crudeza hebraica, lo que deba contribuir
á que el Perú cumpla más pronto y con más decoro
su misión en el grupo de naciones á que pertenece.

Y esto nos lleva, como de la mano, á inquirir sus
ideas respecto á Gobierno, ya que el hombre, según
enseñó Aristóteles, es un animal político; y mal puede
contribuirse á la dicha de este animal aislándolo del
Estado, es decir, de la sociedad con organización ju-
rídica.

Como González Prada, en el fondo, siempre fué un
individualista, aunque luchase por ideales colectivos;
aunque escribiese: *poco ó nada vale el hombre*, nunca pensó que el individuo deba desaparecer en provecho del Estado, ni que deba sólo reducirse á resorte
secundario y obediente para que se conserve la armonía superior de la máquina pública. Todo lo contrario:
González Prada, en su amor desasosegado por la libertad, en su odio de toda coacción, no parece admitir,
en suma, otra acción gubernativa sino la de legislar
y la de reprimir, hasta cierto punto, las transgresiones
á la ley. «¿Por qué aguardar todo de arriba?—pregunta—. La evolución salvadora se verificará por mo-

vimiento simultáneo del organismo social, no por la simple iniciativa de los mandatarios.»

Con el avanzar del tiempo, su pensamiento evoluciona hacia las teorías extremas de la revolución social.

Esto puede observarse en tal cual página suelta y, si no recuerdo mal, en *Horas de lucha*, un tomo de artículos que no siempre testimonia al prosador de *Páginas Libres*, aunque se encuentren allí páginas de gran polemista á lo Montalvo. No tengo á la mano ese volumen mientras escribo, pero lo recuerdo: capítulos de polémica y ataques á los caudillos. El anticlericalismo y el desdén á los generales criollos es la nota esencial.

En el avance de sus ideas, penetra González Prada con resolución hacia el anarquismo, ataca la propiedad, ataca á la sociedad existente, y se apoya en autores como Elíseo Reclus, Juan Grave y Kropotkine.

Á medida que envejece, á medida que cesa en la actividad pública ó disminuye su influencia, ó se reconcentra en el gabinete, su antigua y constante preocupación por el peruano de todos los días abre cabida á una preocupación por la entidad, por la abstracción hombre. De ahí su anarquismo; de ahí el que lo distraigan problemas que no son, hasta el presente, problemas de su país. El anarquismo, en efecto, según aparece en el viejo mundo, nada tiene que hacer, por ahora, en el Perú, donde las necesidades sociales son distintas de las existentes en Europa. Desde este punto de vista, González Prada resta á su patria, por de prisa que sea, energías que pudiera consagrarle.

Pero él puede sincerarse de semejante asomo de censura, exclamando:

—Hombre soy; nada de lo que á los hombres se refiere me parece ajeno ni me deja indiferente.

VI

EL CRÍTICO LITERARIO

González Prada no se ha erigido en juez de letras, ni ejerce de dómine, repartiendo palmetazos y boletas de buena conducta. Ignora la literatura americana, y sólo incidentalmente se ocupa en la del Perú, triste cosa por los días de *Páginas Libres*, sin los ulteriores é intensos Chocano, los reflexivos García Calderón y aun los ponderados Riva-Agüero. Este Riva-Agüero, al revés de los autores citados, que son todo renovación, representa la supervivencia del pasado, un elemento retardatario; es un tradicionalista de las peores tradiciones, si bien hombre con talento y buen gusto literario.

Pero sin ser, por fortuna, crítico profesional, adviértese en Prada que las cuestiones literarias lo preocupan, en cuanto tienen relación con el resurgimiento de su patria. Más de una vez mueve la pluma analizando los vicios capitales de las letras nativas, proponiendo una regeneración de estilo y lenguaje, condenando la influencia, en Lima, de vacuos y palabreros autores de la Península ibérica, y preconizando hermosura, novedad, autoctonía en la expresión y médula en el concepto. No quiere vino nuevo en odres viejos, sino substancia cerebral en cláusulas modernas.

Sus *Notas acerca del idioma* son jugosas y de mucha enseñanza. Del castellano, como vehículo de ideas, expone: «Puede haber lengua más armoniosa, más rica, más científica; pero no la hay más enérgica.»

Sin embargo, á esta valiente lengua, á esta lengua de bronce, se propusieron ahembrarla, desosarla, ahuecarla, empobreciéndola hasta convertirla en tegumento marchito, sin color y sin calor, puristas, académicos, poetas de abanico, oradores de lacrimosa verborrea. Tal es, salvo excepciones, el espectáculo de la literatura española entre 1876 y 1886.

Hasta América transciende aquella anemia contagiosa. Parece que la raza ha perdido sus bríos mentales, á pesar de un Campoamor, de un Galdós, que sostienen la bandera de España, ó de un Díaz Mirón, un Olegario Andrade, que levantan los pabellones americanos.

Por fortuna, la salvación estaba en camino. Venía de América. De 1880 á 1886 aparecen González Prada en el Perú, López-Méndez en Venezuela, Gutiérrez Nájera en México, José Asunción Silva en Colombia, Rubén Darío en Nicaragua. Pronto seguirán Rodó y Herrera Reissig en el Uruguay, Gómez Carrillo en Guatemala, Lugones en Argentina, Chocano en Perú, Pedro-Emilio Coll, Díaz Rodríguez en Caracas, Guillermo Valencia en Bogotá, y la incontable legión de los modernos. La mentalidad nueva se expresó en nueva lengua; se olvidaron las fórmulas antiguas. La revolución literaria de América pasó el mar, haciendo á la inversa el camino de los conquistadores, y suscitó en España á los Juan Ramón Jiménez, á los Machado, á los Villaespesa, á los *Azorín*, á los Valle-Inclán, á los Martínez Sierra, á los Pedro de Répide, y á muchos otros que han traído sangre joven, sangre rica en glóbulos rojos, á las exhaustas venas de la literatura española finisecular.

Pero antes de tan brillante resurgimiento de las letras castellanas, González Prada, que fué uno de los precursores, se encontró con un ambiente caliginoso é irrespirable.

Á aquellos hombres que, impotentes para crear nuevas formas de hermosura, vivían en una suerte de masturbación literaria, imitando á los clásicos ó pseudo-clásicos, Prada les grita: «Arcaísmo implica retroceso; á escritor arcaico, pensador retrógrado... Las lenguas no se rejuvenecen con retrogradar á la forma primitiva, como el viejo no se quita las arrugas con envolverse en los pañales del niño, ni con regresar al pecho de las nodrizas... Quien escribe hoy y desea vivir mañana debe pertenecer al día, á la hora, al momento en que manejó la pluma. Si un autor sale de su tiempo ha de ser para adivinar las cosas futuras, no para desenterrar ideas y palabras muertas.» «Las razones que Cervantes y Garcilaso tuvieron para no expresarse como Juan de Mena ó Alfonso el Sabio, nos asisten hoy para no escribir como los hombres de los siglos XVI y XVII.»

La literatura española coetánea la pinta con una imagen gráfica: «Á los representantes oficiales de la literatura española se les debe aplicar lo que Biot decía de las congregaciones docentes: se parecen á las antiguas estatuas que servían para guiar á los viajeros, y hoy mismo, desde hace miles de años, continúan señalando con el dedo inmóvil caminos que ya no existen.»

Desea que América se empape de literaturas extranjeras, porque «la renovación de las simientes debe considerarse también como precepto literario», y porque «regresar á España para introducir nuevamente su sangre en nuestras venas y sus semillas en nuestra literatura, equivale á retrogradar». «La dependencia intelectual de España significaría para nosotros la indefinida prolongación de la niñez.» «Inútil resultaría la emancipación política si en la forma nos limitáramos al exagerado purismo de Madrid...»

En la última frase transcrita va envuelta la revolución literaria que el mismo González Prada contribuye á iniciar, y revolución que asume su más alta expresión en el nombre sonoro y glorioso de Rubén Darío.

Esas últimas palabras citadas son de 1886. Y lo que pensaba González Prada en Lima, respecto á necesidad de expresarnos los americanos en lenguaje más suelto, más emancipado, más nuestro, más afín con nuestra mentalidad americana, nuestros gustos americanos, nuestro temperamento y nuestro medio americanos, lo estaban pensando, á la sazón otros escritores en Bogotá, en Caracas, en Buenos Aires, en México, en Managua. Ya la revolución clareaba en las conciencias, ya existía. Lo demás no será sino episódico. Lo demás no será sino poner por obra las ideas, escribir como creemos que debemos escribir. Á los héroes de nuestra independencia mental, continuadores de Bolívar, ya los conocemos. Algunos de ellos siguen por un camino, otros por otro. ¡No importa! En lo fundamental no existen distingos: la emancipación es lo que inician y quieren. Que Rubén Darío imponga una tendencia de amor á la forma y González Prada una tendencia de amor á la forma y á la idea; lo esencial es que ambos se sientan americanos. El mismo Darío, después de sus excursiones por campos de Grecia y de Francia, vuelve en su madurez al terruño, como torna el gerifalte al reclamo del halconero.

González Prada, por su parte, aunque indica todas las literaturas extranjeras como propicias para abrevar nuestra curiosidad y apacentar nuestro espíritu, no predica extranjería en la expresión, sino todo lo contrario: «los hombres de América y del siglo XIX, debemos ser del siglo XIX y americanos». «Aquí en América y en nuestro siglo necesitamos una lengua condensada, jugosa y alimenticia, como extracto de carne... una lengua democrática que no se arredre con nombres propios ni con frases crudas; una lengua donde se perciba el golpe del martillo en el yunque, el estridor de la locomotora en el riel, la fulguración de la luz en el foco eléctrico...» «Los buenos autores, como los buenos arquitectos, se valen de grandes líneas y desdeñan las ornamentaciones minuciosas y pueriles. En el buen estilo, como en los bellos edificios, hay amplia luz y vastas comunicaciones, no intrincados laberintos ni angostos vericuetos.»

Prada aspira á una prosa fácil, «como conversación de gentes cultas, clara como alcohol rectificado; natural como un movimiento respiratorio».

Cuando abandona la prédica abstracta y se encara con un autor, suele chorrear la sangre. Como es fuerte, no se las ha sino con los fuertes. Valera, Núñez de Arce y Castelar no olvidarán, ni en los apuros del Juicio final, á González Prada. Castelar, sobre todo. Fué el primero que desnudó del usurpado prestigio al gélido retórico Núñez de Arce, y, en cambio, ensalza, como se lo merece, el genio de Campoamor. Cuando le llegó su turno á D. Juan Valera, ¡qué azotea! Quedó en su puesto D. Juan, con las espaldas rojas de cardenales.

Lo que más desamor inspira en Valera, no es el estilo, siempre enlucido, á menudo lleno de gracia y á veces de un aticismo encantador, sino la mentalidad socarrona, la mala intención y la insinceridad. Prada, que no lo estima como novelista, ni lo pone sobre los cuernos de la luna en cuanto crítico, tampoco parece admirarlo sobremanera como estilista.

«Valera confiesa, con cierto desdén, que no escribe sino por divertirse y divertir á sus lectores. Lo segundo no sucede siempre... Con sus frases cortas y ligeras estamos como en sociedad de pisaverdes, que no atraviesan un jardín por conservar el lustre de sus botinas, ni abrazan fuertemente á una mujer por miedo de arrugarse la pechera. Su estilo carece de empuje masculino, de sabor medular, y todas sus obras parecen vertebrados con el 'hueso convertido en gelatina. En sus novelas es un Daudet desteñido en agua de Javel. Aunque nada tenga que decir, escribe porque sabe disimular la vaciedad del fondo con períodos estoraqueados y relamidos. Al leerle, nos acordamos de los viejos verdes que tienen unas cuantas mechas de pelo, las dejan crecer, les dan mil vueltas, las pegan con goma, y piensan haber ocultado la calva.»

Eso en cuanto al estilo de Valera.

En cuanto á las ideas, añade:

«No vuela libremente; sujeto por la Religión y la Monarquía, se mueve y cabecea como globo cautivo. Espíritu esencialmente burgués, adorador del justo medio, no tolera el desquiciamiento del orden establecido, ni la plena libertad de la concepción filosófica.»

Por lo que dice á la agudeza tan celebrada de este andaluz escéptico, cuya característica fué la más disimulada envidia, González Prada expresa:

«La ironía, ese grano de sal en unos ó cucharada de salsa inglesa en otros, es en Valera un lazo gaucho para detener á los audaces ó cuchilla traidora para desjarretar á los fuertes.» «Nada que se levanta un palmo del suelo: fuera el águila, paso á la *avenida* ó gusanillo que vuela un momento para caer y no remontarse nunca...»

«Un crítico español—dice, por último, González Prada—tuvo la ocurrencia de comparar á Valera con Goethe. Distingamos: Valera es á Goethe como el padre Claret á Straus, como Cánovas del Castillo á Bismarck, como Martínez Campos á Molke, como Ferrán á Koch y como el mismo crítico es á Hegel.»

He transcrito sin escatimar líneas esos párrafos, que son como sinapismo en las diplomáticas espaldas de D. Juan Valera. Y las transcribo con sumo placer. Primero porque son justas, y luego porque de alguna manera nos debemos vengar nosotros de aquellas deliciosas é impertinentes *Cartas americanas* de Valera.

Usó D. Juan un tonillo tan doctoral y chunguero en aquellas célebres *Cartas*, que todo su talento, con ser grande, no pudo impedir que pareciera odiosa tanta suficiencia. Agravaba la cosa el escoger D. Juan, como deliberadamente escogió por sus corresponsales, á pobres diablos ridículos que se reían de placer con las tundas de D. Juan.

¿Por qué no se dirigió á escritores representativos. Á un Hostos en Chile, á un López-Méndez en Venezuela, á un Altamirano en México, á un Vargas Vila en Colombia, á un González Prada en Perú?

¡Lo que hubiera oído el buen D. Juan! Este juicio de González Prada, escrito en aquella época, representa la voz de América, de la América que sabe pensar y escribir. De la América que juzga y aprecia en lo que vale al académico relamido, al diplomático zumbón, al delicioso é impertinente D. Juan Valera.

Esa crítica de Prada es nuestra respuesta á las *Cartas americanas*.

VII

EL LITERATO

Insistamos en este fenómeno:

González Prada, el energético, es caso de excepción en Perú, máxime en Lima, donde, según la observación de Unanue y de Humboldt, á que ya me referí, hasta los perros son más suaves que en parte alguna. «Todo es allí medido: los odios, los entusiasmos, los amores. Una malicia socarrona reemplaza á la indignación violenta; una incredulidad á flor de piel impide los desgarramientos de Pascal!» (1).

Prada surge en el momento en que el país, vencido por Chile, necesita un hombre tremendo con la boca llena de verdades y el pecho de resoluciones. Representa en el Perú de 1886 el papel que más tarde representara Joaquín Costa en la España de 1898; será el demoledor de lo pasado, el inyectador de energías, el sembrador de ilusiones, la voz de un amanecer.

En González Prada, como en Costa, existe un acuerdo maravilloso entre el talento másculo y la función social á que lo dedica. En cuanto al estilo, el apóstol del Perú sobrepuja cien veces al apóstol de España.

_____

(1) (V. García Calderón: *Del romanticismo al modernismo en el Perú*, pág. 394; ed. Ollendorff, París). De la misma obra son varias citas que se han hecho del autor.

Su prosa, sacudida, violenta, imaginífera, de un constante vibrar de clarín, capaz de levantar no sólo á un
pueblo vencido, sino hasta á un pueblo muerto, hubiera sido pésimo instrumento para los raciocinios enros-
cados ó perezosos del metafísico ó para la narración
serena del novelista. Nada mejor para el tribuno popular, para el revolvedor de sociedades, para el creador de esperanza.

No se desmelena, sin embargo, como el tribuno po-
pulachero; no lo iguala en triste espontaneidad ni en
abofellar períodos. Este orador reflexivo lee á menudo sus discursos y jamás los improvisa. Cualquier plu-
mada suya, aun la que parezca más instintiva, es dada
á conciencia. Jamás tropezáis en su obra con el villano
lugar común ni en sus predios con huellas de alparga-
ta. Este demócrata no olvida su origen ni su temperamento señoriles. Escribe en bronce de Corinto. Su
prosa, metal sonoro y brillante, chispea y repercute.

El prosador gusta iniciarse con una frase rotunda
de imagen ó imágenes audaces. En seguida la claridad
inunda la página. Original en todo, enmienda, como
veis, la plana á la Naturaleza: primero el trueno y luego el relámpago.

Corre de su pluma la frase cálida, chorreando vida.

Adjetivar es lo más escabroso y peliagudo. González Prada adjetiva artimañosa, oportuna y á veces fe-
rozmente. Clava un epíteto como un puñal. Acuden los
adjetivos en ocasiones á la pluma del prosador como
pájaros señeros á un reclamo eficaz.

Á Saavedra Fajardo, por su frase conceptuosa, corta,
lo llama "asmático"; á Mateo Alemán, de periodos
entrelazados como anillos de longa cadena, "inacaba-
ble y lánguido"; "Castelar seduce por el arte de reju-

venecer en España las ideas envejecidas en Europa, y
arrebata por su estilo de períodos ciceronianos y cer-
vantinos, pero cansa con la amplificación interminable
de los mismos pensamientos y hace sonreir con su
lenguaje sesquipedal, heteróclito, abracadabrante, po-
lingenésico, caótico, superplanetario y cosmogónico".

Prosa de un dinamismo extraordinario la de González Prada. Salta de período en período con la agili-
dad de un torrente que se desmelena de roca en roca;
pero en la espontaneidad aparente de aquella prosa
hay estudio y disimulo de esfuerzo; es decir, arte de
buena ley, oro de diez y ocho quilates.

Relativos, gerundios, lánguidos incisos eslabonados;
lo ficticio, lo frondoso; los purismos, los arcaísmos; todo
lo inútil y baldío desaparece en González Prada. Queda el nervio: lo que vibra; la concisión: lo que hiere;
la idea: lo que ilumina; la imagen: lo que deslumbra.

Jamás vulgaridad lo aplebeya; nunca el lugar común
lo mancilla. Nada de flores de trapo; todo originalidad,
personalidad, frescura. En *Páginas Libres* no decaen
un momento vigor y novedad; en *Horas de lucha*, casi
nunca. Ese hombre parece en guardia siempre contra
cualquier flaqueza. Esos nervios suyos están siempre en
el máximum de tensión como las cuerdas de una gui-
tarra que va á dar música. El buen gusto vigila; la podadera no descansa.

En su estilo, preciso y de relieve, se codea la imagen
poética, extraída de la Naturaleza, con la imagen científica, sacada de la Química, de la Botánica ó de la
Geometría.

Su prosa, más que pictórica es marmórea y, sobre
todo, musical.

Los colores parece que no inpresionan mayormente

al escritor. Rara vez aprecia una cosa por el color, sino por la forma ó por el sonido que produce.

No ve si el mar es azul ó el campo verde; menos verá los distintos azules de un mar ó los distintos verdes de un campo. Pero columbra las cosas de bulto y de bulto sabe destacarlas. Hasta cosas incorpóreas aparecen de relieve: las ideas en el cerebro le parecerán "serpientes enroscadas en el interior de un frasco".

El sentido auditivo también suple en González Prada á la percepción de matices que le falta. Del sonoroso Castelar dice, *oyéndolo:* "Es el tambor mayor del siglo xix". "En el estilo de los puristas modernos —expone—nada se desdobla con la suavidad de una articulación; todo *rechina y tropieza como gozne desengrasado y oxidado.*" Celebra, en inciso transitorio, el arte que posee "la música ó el ritmo".

Prada, pues, confiesa de refilón amar música y ritmo en obras de arte. No necesita semejante confesión. Basta al observador para saberlo, leer las cláusulas de este prosador henchidas de armonía.

Tal afición á ritmo y relieve contribuye á crear esa prosa labrada á cincelazos. Relieve y música, en efecto, se descubren casi siempre en *Horas de lucha* y en *Páginas Libres.*

El autor se produce á ocasiones en frases de *sententiæ*; aquella *sententiæ* que se introdujo en la literatura latina á la muerte de Augusto, fenecido el ciclo clásico, cuando se abandonó la abundante prosa de Cicerón y el verso majestuoso de Virgilio por estilo más lacónico, buído, *sentencioso.*

Hombre de gusto, no extrema, sin embargo, la nota de sentencia. Pero sus frases cortas rehilan como dardos de acero y se clavan como viras de oro. «Donde no hay nitidez en la elocución, falta claridad en el concepto.»

En resumen: como en todo escritor de raza, el estilo en González Prada corresponde al temperamento. Y temperamento y estilo del hercúleo peruano se acuerdan con su profesorado de ciudadanía.

Cuando algunos castrados de Lima se espeluznan con las audacias de Prada ó exigen en voz de tiple que, después de tantas demoliciones como supo practicar, erija algo, prueban desconocer á Prada, al Perú, la Literatura, la Filosofía, la Historia y la Humanidad. Á otros les toca crear; erigir algo sobre los recientes estribos que él echó en aquel campo mismo que dejaron las decrépitas arquitecturas demolidas. Él ha cumplido su tarea con desinterés, con nobleza, con belleza.

Su literatura ha sido su arma. No le exijamos que sea lo que no podía ser: un literato para señoritas, un filósofo sin contradicciones, un escritor académico, un político de acomodo, un panglosiano que imagine vivir en el mejor de los mundos posibles.

No le pidáis, como Clemente Palma, el hijo de su papá, después de tantas negaciones, una afirmación, un sistema, un remedio.

No seáis injustos ni ciegos. Él os ha dado más que todo eso: os ha dado la esperanza.

VIII

EL POETA

No satisfecho con su influencia de prosador, González Prada ha vuelto, en la edad madura, á la forma rimada de sus primeros tanteos y pinicos literarios.

Poeta lo es, por cuanto posee el don de pensar por imágenes. Lo es en cuanto sensitivo: como que tiene fácil el entusiasmo. Pero como á constituir la entidad poeta entran, además de aquella virtud de saber traducir en imágenes los pensamientos y la de sentir á flor de piel la exaltación, otras mil complejas virtudes, González Prada, que carece de estas otras virtudes accesorias, resulta inferior á sí mismo comparando sus versos con su prosa.

Un sólo invisible lazo vincula esos versos y esa prosa al espíritu que los genera: el anhelo de originalidad. Prada ensaya en sus versos combinaciones métricas inusitadas, usa y abusa del verso blanco, del versolibrismo, y aun introduce en abundancia nuevas formas, no ya estróficas, sino poemáticas, que bautiza con nombres obsoletos ó extraños: rondeles, romances, espenserinas, triolets, balatas, pantums, rispettos, canciones, estornelos, etc.

Tras ágil excursión al través de extranjeras literaturas, regresa al solar nativo con las manos cargadas de tesoros. ¡Qué jardines de Europa, y aun de Asia —adaptaciones de Omar Kayama—, no visitó esta abeja laboriosa y meliflua, este cultivador de hermosura!

Trata de aclimatar exóticas plantas de encantamiento en su tierra de Lima. Así vemos florecer en sus platabandas la espenserina de Spencer, el rondeau de Carlos de Orleans, el rispetto italiano y el antiguo romance de Castilla. En su último libro, *Exóticas*, advertimos con frecuencia versos blancos, libres, que él titula *polirritmos sin ritma;* ensayos de adaptación de metros latinos: el dístico elegíaco, pongo por ejemplo, adaptación que resultó no nada feliz.

Otras audacias rítmicas y estróficas avaloran sus

copias ó colecciones líricas: aquel ensayo, por ejemplo, de un nuevo endecasílabo con hemistiquio esdrújulo y sin acentos en cuarta, sexta ni octava. Hasta se encuentra, al fin de *Exóticas*, una explícita é interesante teoría sobre la métrica del autor.   ·

Todo esto, parezca bueno ó malo, produzca frutos de miel ó insípidos, denuncia sólo la fobia del lugar común en González Prada.

Y esto es lo único que vincula su obra en versos á su obra de prosista.

Por lo demás, ¡cuánta diferencia! Es tan prosador nato González Prada, que aun en los instantes de más artificio retórico parece, en prosa, espontáneo. Por el contrario, aun en los momentos de más feliz espontaneidad, sus versos parecen obra de paciencia, fruto de erudición: se oye la llave rechinar en la cerradura por falta de aquel mágico óleo que chorrea en el cerebro de los poetas inspirados, esa es la palabra, y lubrifica voces y pensamientos.

Algunos de los más gallardos arrestos de la musa pradariana evidencian al prosista, al orador más que al poeta. Sirva de ejemplo ésta diatriba contra los poetas españoles.

Atronadora y rimbombante poesía castellana,
tambor mayor en la orquesta de Píndaro y Homero,
si poco arrullas á las almas, mucho asordas los oídos.

En el espeso follaje de inútiles vocablos
brota pálida y sin jugo la fruta de la idea.
¡Oh, verbo de Cervantes, en tu viña empampanada
son gigantescas las hojas, enanos los racimos!

¡Qué legión de beocios! ¡Qué falange de baturros!
¡Qué cacofónico concierto de locuaces cacatúas!
Reina lo cursi, lo vulgar y lo pedestre;
desuella Marsias al divino Apolo,
muerde al Pegaso el burro de Sileno (1).

Tal embestida, recuerda las más crespas *Páginas Libres* y los más claros minutos de las *Horas de lucha.* ¿Torpeza de nuestro oído? Tal vez. En todo caso el ímpetu yámbico se diferencia de la diatriba en prosa. La unción poética, el ardor pimpleo, es uno, y el zarpazo del panfletista es otro. Ello no significa que no puedan correr ambos chorros de la misma fuente; no significa que obsedan las antiguas divisiones y géneros retóricos, sino que la poesía y la prosa, deshermanándose, resultan diferentes, inconfundibles, así rimemos la prosa. Hay temperamentos más aptos para producirse en prosa que en verso, y viceversa. González Prada, lo mismo que Castelar, ó Juan Montalvo, ó Juan Vicente González, aun poseyendo espíritu poético, parece de los primeros.

_____

(1) Vaya esta embestida por tanta broma de buen y de mal gusto que han inspirado en España ciertos poetastros americanos que, dígase la verdad, las merecían. Aquel Luis Taboada, especie de Alphonse Allais con los zapatos rotos y las uñas de medio luto que tanto hizo reir, más que de sus chistes, de él mismo, escribió una vez la siguiente agresiva parodia:

"Yo soy el asno; tú el pajarillo
que vas cortando del cielo el tul;
soy la jareta del calzoncillo,
la cinta tú.

MANOLITO PALOMEQUE.
(De la Academia de Guatecaca.)»

La doble capacidad, sin que la una prevalezca á expensas de la otra, como en Gautier, como en Gutiérrez Nájera, es caso de excepción. Pero dotó la Naturaleza por modo tan admirable á González Prada, que suele en su obra de poeta aparecer la conocida huella del león.

Hasta nos tropezamos con aciertos del más suave y pulcro lirismo. Sirva de ejemplo este

ROMANCE

Cuando reclina en la nevada mano
La rubia frente virginal,
Entorna la mirada y enmudece:
¿En quién la Niña pensará?

Cuando risueña sale á sus balcones
Y fija el ávido mirar
En la sinuosa y argentada ruta:
¿Á quién la Niña buscará?

Cuando, al surgir las brumas de la tarde,
Recorre el ámbito del mar,
Y gime al son del agua y de los vientos:
¿Por quién la Niña gemirá?

Cuando en la calma del dormir suspira,
Diseña un ósculo de paz
Y balbucea dulcemente un nombre:
¿Con quién la Niña soñará?

No es única esa perla. De cuando en cuando hallamos otras, lo bastante para un collar ó una diadema:

esa diadema de poeta que ha querido ceñirse el ambicioso prosador.

> *La fuente dice: escucha mi lamento;*
> *el aura: no desoigas mis rumores;*
> *la rosa: bebe mi oloroso aliento;*
> *el ave: aprende amor en mis amores.*

Pero de súbito comparece el pensador que no dilu-
ye bastante en esencias líricas lo espeso de su masa
gris. La ilusión se desvanece, como ocurre á menudo
con Guyau:

> *¿Siento yo ó en mi sensorio*
> *Sienten bosque, nube y mar?*
> *¿Pienso yo ó en mi cerebro*
> *Piensan ave y pedernal?*

> *¿Soy la parte ó soy el todo?*
> *No consigo deslindar*
> *Si yo respiro en las cosas*
> *Ó en mí las cosas están.*

Progenie de Lucrecio, que termina en Sully Pru-
dhomme y no se parece al abuelo.

El caso del mejicano Manuel Acuña no menudea:
ese Acuña sí fué pensador y gran poeta en una pieza;
y si no siempre, llegó por lo menos una vez, *Ante un
cadáver*, á la más envidiable altura.

Hay unos versos de *Exóticas*, titulados *El Inmortal*,
que se refieren á la supervivencia de cuanto representa de poesía, de naturaleza, de amor, de instintos, el
mito de Pan.

Los versos de Prada, de florida hermosura, son originales por la combinación métrica: esto cuanto á factura, porque González Prada es buceador de ritmos y aciertos de expresión. Cuanto á médula ideológica, la de tales versos es de la mejor ley: esto respecto al fondo, porque González Prada es pensador de calibre. Sí, Pan no ha muerto. Pan, como expone González Prada, es *El Inmortal*. Pan, como en el *Himno de Pan*, de Shelley, maravilla con su eterna siringa á cuantos lo escuchan, desde Apolo y las Ninfas, hasta la cigarra en el sauce y la abeja en el tomillo. Los mismos hombres, como expresa el dios en el himno de Shelley, se suspenderían al encanto si no tuvieran la sangre helada por los años y la envidia.

Copiemos las tres últimas estrofas del poeta peruano:

Se sumergen los pechos, se abisman las almas
en un lago de ignota, suprema dulzura;
*   el tibio aliento de los bosques*
*   trasciende á néctar y ambrosía.*

Un lejano concierto de liras eolias
embelesa los aires, suspende los ríos.
*   ¿En dónde suenan esas liras?*
*   ¿Presagian bienes á los hombres?*

En el mar legendario de Ulises y Homero,
á los hombres anuncian las liras eolias:
*   —El Pan arcádico respira,*
*   el pan arcádico no muere.*

Pues bien: para que se comprenda mejor que por medio de teorías y disquisiciones la diferencia existen-

te entre aquel que posee apenas algunas virtualidades
del poeta y el que las posee en su plenitud, copiare-
mos versos pánicos de un hombre que no alcanza la
talla de Prada, ni por talento, ni por cultura; pero que
es, más que Prada, poeta.

Se titulan los versos de este poeta á que me refiero: *La muerte de Pan,* y el autor, un caraqueño, se
llama Gabriel E. Muñoz.

Está escrita *La muerte de Pan,* no en sutiles y no-
vedosas combinaciones métricas, como *El Inmortal*
de Prada, sino en vulgares endecasílabos.

El pensamiento central, en el poemita de Muñoz,
no es, acaso, rigurosamente verídico. Pan no muere,
como se imagina el caraqueño, al advenimiento de
Cristo. Pan, representante de instintos, los más inti-
mos é indesarraigables de nuestra naturaleza, perdura
en nosotros. Los mismos dioses paganos, metamorfo-
seados, ¿no aparecen en nuestra mitología católica?
El rayo de idealismo cristiano, luz de toda nuestra civilización, ¿es incompatible con la supervivencia de
cierto paganismo? ¿De veras han muerto los dioses?
¿Ha muerto Pan, el eterno Pan?

Muñoz, en todo caso, lo asegura, y hasta refiere sus
últimos momentos:

> *Era una fría tarde en que el otoño*
> *sus últimos aromas daba al viento,*
> *y alfombraba con hojas amarillas*
>   *los bosques del Taigeto.*
> *Á la sombra de un roble centenario*
>   *yacía Pan, enfermo:*
> *sobre su frente pálida aún lucía*
> *la corona de pámpanos, ya secos,*

que, para adorno de su sien, las ninfas
en la ruidosa bacanal tejieron.

En torno de Pan congréganse faunos y otras divinidades numerosas y de ríos ó fuentes. Pan, moribundo,
anuncia la desaparición del paganismo. Ya se columbra la aurora del Nuevo Ideal:

se apaga ya, bajo invisible soplo,
sobre el altar, el fuego.

Enmudece Pan, exánime, y las divinidades, en medio
del bosque deshojado é invadido por la noche, pro-
rrumpen en lamentaciones.

Calló la voz... Mas al mirar, temblando,
que el exánime dios rodaba al suelo,
que al boscaje las sombras de la noche
daban un tinte pavoroso y negro,
ninfas, silvanos, sátiros y ondinas,
"se van, se van los dioses", prorrumpieron;
y desde el fondo de la selva obscura
tristísimo clamor subió hasta el cielo,
y en el éter azul quedó vibrando
como un sollozo prolongado, inmenso.

Lo transcrito sirve para comparar.

Y la comparación sirve, mejor que cien abogaciles
alegatos, para hacernos penetrar la diferenciá entre el
poeta genuino y el poeta á palos. El poeta á palos
puede poseer más talento, más conocimientos cientifi-
cos y literarios, puede ser, en suma, hombre superior
al poeta genuino: tal es el caso presente; pero el poeta genuino canta, y cuanto existe en su torno se her-

mosea, y todo lo retórico, erudito, laborioso, talento-
so, desaparece ó empalidece.

Eso es el don poético en su plenitud: cosa insusti-
tuíble é inconquistable. Se tiene ó no se tiene.

IX

González Prada echa su cuarto á espadas, en punto
á estilo, ortografía y fonética.

Oid palabras suyas, pronunciadas en el Ateneo de
Lima:

«No hablamos hoy como hablaban los conquistadores: las lenguas americanas nos proveen de neologis-
mos, que usamos con derecho, por no tener equivalentes, en castellano, por expresar ideas exclusivamente nuestras, por nombrar cosas íntimamente relaciona-
das con nuestra vida. Hasta en la pronunciación,
¡cuánto hemos cambiado! Tendemos á elidir la *n* en la
partícula *trans* y á cambiar por *s* la *x* de la preposición latina *ex*, antes de consonante, en principio de
vocablo. Señores: el que habla en este momento, ¿qué
sería en España? Casi un bárbaro, que pronuncia la *ll*
como la *y*, y confunde la *b* con la *v* y no distingue la
s de la *z* ni de la *c* en sus sonidos suaves. Cien causas
actúan en nosotros para diferenciarnos de nuestros
padres: sigamos el empuje, marchemos hacia donde
el siglo nos impele. Los literatos del Indostán fueron
indostánicos, los literatos de Grecia fueron griegos,
los literatos de América y del siglo xix seamos americanos y del siglo xix.»

Talen son las razones en que se apoya al desear introducir una reforma.

¿En qué consiste su propuesta renovación? Esta renovación consiste, por lo que respecta al estilo, en hacer más escuetos prosa y verso, arrancándoles pampanosidades, extirpando fórmulas de expresión gélidas y centenarias, en introducir voces americanas, si de veras son útiles, y, por lo que respecta á la ortografía, en algunas variantes.

El autor mismo nos enseñará las más salientes de tales variantes; á saber:

Cambiar por *s* la *x* en la preposición latina *ex*, antes de consonante; pero conservándola en expresiones como *ex* ministro, *ex* papista.

Suprimir la *n* en la partícula *trans*, antes de consonante.

Poner *i* en lugar de la *y* vocal y conjuntiva.

Usar *j* en los sonidos fuertes de la *g*.

No acentuar la preposición *a* ni las conjunciones *e*, *o*, *u*.

Restablecer las contracciones *del* y *dellos*, *della* y *dellas*, *deste* y *destos*, *desta* y *destas*, *dese* y *desos*, *desa* y *desas*, *desto* y *deso*.

Elidir vocales por medio del apóstrofo: sin excepción, entre artículos ó preposiciones y las otras palabras; algunas veces, entre pronombres ó conjunciones y las demás partes de la oración; nunca entre verbo y verbo, sustantivo y sustantivo, verbo y adjetivo, etcétera.

Estas modestas reformas se proponían entre 1886 y 1890.

Anduvo el tiempo, y la Real Academia Española, como puede advertirse por las recientes publicaciones

oficiales de este instituto, adoptó algunas de las modificaciones preconizadas por Prada. ¿No enseña ahora la Academia, pongo por caso, que ni la preposición *a*, ni las conjunciones *e*, *o*, *u*, deben llevar acen-
to? (1).

Pero la Academia, y aun Prada, andan con retardo
de muchas décadas. Más de medio siglo atrás, D. Andrés Bello, y antes que D. Andrés Bello D. Simón Rodríguez, el ignorado y grande D. Simón Rodríguez,
maestro del Libertador, propusieron esas ó parecidas
reformas.

Lo único extraordinario en las modificaciones propuestas por González Prada es la ignorancia que este
hombre, sabidor de tantas cosas, revela de la literatura americana.

Respecto á Bello no hagamos hincapié. En la mayoría de las repúblicas de América se aprende castellano por su gramática; Chile no observa otra ortografía, sino la del ilustre polígrafo: nada de acentos
en la preposición *a*, ni en las conjunciones *e*, *o*, *u;* sustitución de la *y* griega por la *i* latina; reemplazo de
la *j* en los sonidos fuertes de la *g:* varias, como se ve,
de las modificaciones propuestas por el escritor peruano.

---

(1) El arca del pasado, la Academia matritense del
idioma, parece que se está revolucionando, y tiene el diablo, si no en el cuerpo, en la lengua. ¿No muda ahora de
ortografía cada diez años, como serpiente que cambiase de
piel? Al paso que vamos, ningún autor vivirá más de una
década. A los diez años, ó nueva edición, ó glosas, ó al car-
nero.

¡Tenebrosa conjura de efímeros académicos contra escritores de perduración!

Pero antes que Bello mismo, un hombre mal estudiado y más interesante acaso que D. Andrés, ya trató de estas cuestiones con un criterio radical.

Según D. Simón Rodríguez, «el discurso hablado ó escrito comprende dos cosas: la pronunciación de las palabras y la expresión de los pensamientos, la articulación de las voces y la modulación de la voz». De ahí parte para creer que «la escritura, por consiguiente, debe tener signos para una y otra cosa».

Y como tales signos no existen, D. Simón Rodríguez, «reformador de la sociedad y de la ortografía», los inventa.

¿Cómo? Valiéndose, dice su más reciente biógrafo, «de llaves, guiones, puntos suspensivos, tipos diversos por la forma y el tamaño y de renglones seguidos ó cortados». (1).

La teoría se basa en ideas originalísimas de aquel originalísimo pensador.

«*Leer*—dice—*es resucitar ideas;* y para hacer esta especie de milagro, es menester conocer *los espíritus de las difuntas* ó tener espíritus equivalentes que subrogarles. Esto no se conseguirá si no se pintan los pensamientos bajo la forma en que se conciben. En el modo de pintar consiste la expresión, y por la expresión se distinguen los estilos. El que lee debe ver en el papel los signos de las cosas y las divisiones del pensamiento...»

La teoría de este grande é inquietante D. Simón Rodríguez, echado casi en olvido, resultaría por extremo complicada cuando se la quisiera observar. No

—————

(1) F. LOZANO Y LOZANO: *El maestro del Libertador*, página 197; ed. Ollendorff. París [1914].

simplifica, sino embrolla. Alejándonos de nuestra demótica escritura caeremos en los jeroglíficos de la
clerecía egiptana. Cada página sería un papel de música: se necesitaría de iniciación especial para interpretarla. Pero le sobra razón al maestro cuando cree,
como el emperador Augusto, que debe escribirse como
se habla; cuando opina por eliminar toda letra que no
se pronuncie, como la *h*, y reducir la *k*, la *q* y la *c*—
la *c* en sus sonidos fuertes—, á un solo signo ortográfico.

Según se advierte, González Prada coincide con el
maestro del Libertador.

Siempre le quedará al autor de *Páginas Libres* la
paternidad íntegra respecto al proyecto de restablecer las contracciones *del* y *dellos*, *della* y *dellas*,
deste y *destos*, etc. Y aun otra paternidad puede reconocérsele en justicia: la de elidir vocales por medio
del apóstrofo, á modo de franceses é italianos.

Pero no será por semejantes proyectos, aunque merezcan atención, por lo que su patria y la América lo
recordarán en lo futuro. Lo recordarán más bien por
su estilo; por haber encontrado la prosa que correspondía á su misión social: una prosa de contraveneno,
de estimulantes, de inyecciones de energía.

Cómo no iban á latir con presura los corazones peruanos, aun los más en letargo y aflicción, después del
triunfo de Chile, cuando rugía el apóstol: «Trabajemos con la paciencia de la hormiga y acometamos con
la destreza del gavilán. Que la codicia de Chile engulla guano y salitre; ya vendrá la hora en que su carne
coma hierro y plomo."

En efecto: debe insistirse en que nada tan á propósito, máxime para la muelle Lima, como este verbo de Isaías que iba á conmoverla desde los cimientos.

El destino suscitó semejante profesor de entereza en el Perú de 1886, porque el Perú debía removerse, renovarse, conservarse para contribuir á la civilización de nuestra América.

PRINCIPALES ERRATAS

QUE SE HAN OBSERVADO EN ESTE VOLUMEN

	DONDE DICE:	DEBE DECIR:
	la región es freno social de primer orden...	la religión es freno social, etcétera.
▲	*el gobierno* de Rosas...	el desgobierno de Rosas
7	Cuanto á Rivadavia y los unitarios, extraña uno mucho menos *su situación*	... extraña uno mucho menos su actuación
9	localista, no menos, repito...	localista, no menos localista, repito...
7	se pierde en los *meandrores* del asunto...	se pierde en los meandros del asunto
	(en la línea 11 debe leerse lo borroso como si dijera: "casi ni puertos")	
9	una vida pura austera	... pura, austera
	al través de los anteojos que *no llegan* del viejo Mundo	al través de los anteojos que nos llegan, etcétera.
	La doctrina de Monroe	*La doctrine de Monroe*

DONDE DICE:	DEBE DECIR:
El hombre no es bueno ni acaso lo sea nunca; lo confirma la Historia	El hombre no es bueno ni acaso lo sea nunca: lo confirma la Historia
El hombre no es bueno ni acaso lo sea nunca; lo confirma la Ciencia.	El hombre no es bueno ni acaso lo sea nunca: lo confirma la Ciencia.
llevan ó *llevaran* la guerra	llevan ó llevarán...
sobre cuernos de la luna	sobre los cuernos de la luna
el primer factor *del* renacimiento	el primer factor de renacimiento
la maneras de gran distinción	las maneras, etc.
incapaz de *bajarse* á practicar aquellas triquiñuelas	incapaz de abajarse á practicar, etc.
A la formación del espíritu de González Prada han *ocurrido* distintas corrientes del pensamiento...	A la formación del espíritu de González Prada han concurrido, etc.
En torno de Pan congréganse faunos y otras divinidades numerosas y de ríos y fuentes	En torno de Pan congréganse faunos y otras divinidades nemorosas, etc.

donde quiera que diga *Rozas*, al citar al tirano argentino, debe Rosas.)

ÍNDICE

EUGENIO MARÍA DE HOSTOS

(1839-1903)

Lightning Source UK Ltd.
Milton Keynes UK
UKHW02f1251170918
329045UK00014B/1071/P